KB134384

소크라테스가 세상의 리더들에게 묻다

# 진정성이란 무엇인가

소크라테스가 세상의 리더들에게 묻다

# 진정성이란 무엇인가

## AUTHENTIC

| 윤정구 지음 |

한언

## 진정성 있는 삶의 6계명

1. 돈보다 나침반을 선택하라.

2. 자신만의 신화적 스토리를 완성하라.

3. 혼자 앞장서 뛰기보다 동행과 같이 걸어라.

4. 소통은 귀가 아니라 가슴에 대고 하라.

5. 품성으로 선한 영향력을 행사하라.

6. 신성한 차이로 족적을 남겨라.

20세기 독일 막스 베버의 《프로테스탄티즘의 윤리와 자본주의 정신》의 21세기 버전을 읽는 느낌이었다. 세속적 직업의 성실한 수행을 신성한 소명으로 보고 이를 통해 축적한 부의 정당성을 자본주의 정신으로 표현한 프로테스탄티즘의 윤리가 자본가들의 탐욕으로 사라져버렸다. 이 책에서 윤정구 교수는 베버가 제안했던 자본주의 정신의 대안으로 '진성리더십의 윤리와 공동체 정신'을 제시한다. 이 책을 통해 한국에서도 진성리더십의 윤리가 기업경영의 바탕이 되어 21세기 건강한 공동체 사회의 패러다임으로 정착되기를 간절히 바란다.

_최여(홍익대학교 경상대학 교수, 희생적 리더십 이론의 창시자)

이제까지 새로운 리더십 패러다임 수준에 머물러 있던 진성리더십을 체계화·이론화한 최초의 책이다. 이 정도로 탄탄한 이론이면 충분히 외국에도 수출·보급할 수 있다고 생각한다. 진성리더십 이론은 다소 현학적일 수 있는데, 적절하고 풍부한 사례를 들어 알기 쉽게 설명하였을 뿐만 아니라, 이론서에 머물지 않고 실천 방향까지 제시한 명저다. 군, 사기업, 공기업, 사회적 영역을 망라해 자신만의 진정성 있는 스토리를 완성해가며 사람들로부터 존경받고 지속적으로 성과를 창출하는 리더가 되고 싶은 모든 사람들에게 필독을 권한다.

_최병순(국방대학교 교수, 국방정신전력 · 리더십개발원장)

리더십은 항상 리더 자신에게서 출발한다는 귀중한 교훈을 주는 리더십 이론서이자 실천서이다. 다양한 사례들과 깊이 있는 이론적 고찰로 진성리더십의 내용과 과정을 체계적으로 이론화하였다. 진짜 리더는 진정 무엇으로 사는지를 성찰하게 해주는 귀중한 지침서가 될 것이다. 회사에 입사하기 직전의 청년들부터 기업의 CEO에 이르기까지, 선한 영향력을 통해 지속가능한 성과를 추구하는 리더가 되고 싶은 사람이라면 반드시 일독할 것을 권한다.

_백기복(국민대학교 경상대학교수, 경영윤리학회 회장)

세종 때 숱한 인재들이 혼신을 다해 일한 것은 궁극적으로 국왕의 인품에 대한 신뢰 때문이었다. 이 책을 읽으면서 우리 역사 최고의 전성기를 만들어낸 세종대왕 국가경영의 비밀이 바로 진성리더십이었음을 알고 전율을 느꼈다. 인격을 갖춘 지도자가 스스로 모범을 보임으로써 다른 사람들을 감화시키고 공동체를 변화시킨다는 진성리더십이야말로 실로 리더십의 미래를 열어줄'오래된 새 길'이다.

_박현모(한국학중앙연구원 교수, 세종리더십연구소 연구실장)

목차

# 시대는 진정성을 원한다

지난해 미국을 넘어 세계로 확산됐던 '월가 시위(Occupy Wall Street)'
를 비롯해, 국가 부채로 흔들리는 유럽, 민주화의 격동기를 겪고 있
는 아랍국가, 개발도상국 등 최근 세계 각지에서 일어난 정치 · 경제
적 시위의 공통적인 구호는 '탐욕과 부패의 추방'이었다. 이러한 구호
에는 탐욕과 부패에 질린 사람들의 바람, '진정성이 통용되는 사회'
에 대한 열망이 담겨 있다. 이 시위들은 꼼수, 탐욕, 사기로 승부하는
가짜 리더들이 지배하는 시대를 넘어, 진정한 땀의 가치를 존중하고
진정성 넘치는 진성리더(Authentic Leader)의 시대에 대한 열망을 표
출하고 있다.

한국에서도 진정성 있는 리더에 대한 열망이 사회적 이슈로 떠오

른 지 오래다. 지금까지 한국사회는 진정성이 결여된 리더의 폐해를 어느 사회 못지않게 경험해왔다. 우리나라는 특히 정치 영역 리더의 진정성 부재 문제에 있어 뿌리 깊은 역사를 가지고 있다. 최근 인사청문회를 보면 '능력은 있으나 진정성(청렴성으로 대표되는)이 결여된 정치가'들의 문제가 주요 논제가 되었다. 장관 후보자 대부분은 '자기 자신에게 부끄럽지 않을 정도로 인생을 진솔하게 살아왔는가' 하는 진정성 측면에서 낙제점을 받았다. 심지어 대통령이 '리더가 갖춰야 할 덕목'으로 청렴성보다 능력을 위에 두는 시대착오적 논리를 펼쳐 진정성 논쟁에 불이 붙기도 했다. 결국 모든 후보자들은 '강부자, 고소영 정권'이라는 말이 나올 정도로 불법 재산증식, 세금 탈루, 위장 전입 등 진정성이 부족한 모습을 보였다.

사람들에게 정신적 지주가 되어야 할 종교 지도자들의 진정성도 가관이다. 종교 지도자들은 많은 신도들에게 존경의 대상이 된다. 또한 그들의 리더십은 신도들에게 역할모형으로 학습된다. 그렇기 때문에 다른 어떤 영역보다도 특히 종교 영역에서 리더십의 영향력이 크다고 볼 수 있다. 훌륭한 성직자와의 만남을 통해 사회에 공헌하는 리더로 다시 태어난 사람들의 예는 셀 수 없을 정도로 많다. 또한 많은 사람들이 혼돈 속에서도 방황하지 않고 자신의 길을 찾아 꾸준히 나아갈 수 있는 것도, 그들에게 북극성과도 같은 역할을 해주는 훌륭한 성직자들이 있기 때문이다. 결국 이들의 바람직한 리더상이 신도들의 마음에 자리 잡아 사회적 시민행동의 원동력이 된다.

그러나 최근 대형 교회의 목회자들을 중심으로 드러난 탐욕은 진정성과는 거리가 멀어, 사회적으로 큰 파장을 일으키고 있다. 최근 대형 개신교 교회의 목사들을 중심으로 불거진 스캔들에 대한 국민들의 반응은 국민들이 성직자들의 진정성에 회의를 품고 있음을 보여준다.

이들뿐만이 아니다. 한 국가의 사회 질서를 책임지는 판검사들도 진정성이 결여되기는 마찬가지다. 대부분의 한국 사람들은 '검사'라고 하면 떠오르는 단어가 '떡검, 성접대, 뇌물' 등이라고 한다. 그 정도로 이들의 부패가 심각한 것이다. 심지어 비교적 청렴할 것이라 여겼던 여검사들의 진정성도 더 이상 믿을 수 없게 됐다. 얼마 전, 변호사로부터 벤츠를 제공받고 사건 청탁을 들어준 여검사 사건이 결정적이었다. '정치검사'가 판을 치는 분위기를 반영하듯, 한 평판도 조사 결과 국민들은 검사를 정치인 다음으로 진정성이 떨어지는 집단으로 인식하는 것으로 나타났다. 전관예우로 자신들의 철밥통 채워주기에 바쁜 판사들두 진정성이 떨어지는 사회적 엘리트다. 영화 '부러진 화살'에 대한 뜨거운 반응은 국민들이 사법부를 불신하고 있음을 단적으로 보여준다.

다른 영역의 엘리트들도 마찬가지다. 한마디로 한국사회 지도층에게서 진정성을 찾아보기란 하늘의 별 따기다. 이들을 보고 배울 만한 것이 없다. 이런 사정은 한국사회가 건강한 시민사회로 성숙하는 데 장애가 되고 있다. 특히, 이들이 일반 국민들이 진성리더로 자라나는 토양이 되어야 한다는 점에서 문제가 더 심각하다. 소위 난다 긴다 하는 사회적 엘리트들의 득세에 서민들이 꿈을 잃어가고 있는 것이다.

진정성 있는 사회적 엘리트의 부재 때문에 파생되는 문제를 국가가 해결하지 못한다면 지금까지 향유해왔던 우리나라의 성장 버블이 꺼지는 것은 시간문제다. 한국에서 최근 점점 심각해지고 있는 고속성장 속의 빈곤, 중소 협력업체와의 동반성장 문제, 청년 실업, 비정규직 처우, 빈부격차 같은 양극화 현상은 진성리더를 키워야 하는 사회의 토양이 점점 산성화되고 있다는 증거다. 기업이 뿌리를 내리고 있는 토양인 사회가 계속 산성화된다면 결국 신자유주의 경제의 최대 수혜자인 기업들의 성장 동력도 조만간 시들게 될 것이다. 국민들은 신자유주의 원리만을 신봉하는 기업과, 경쟁에서 승리하는 것만이 목표인 기업들을 '사회라는 공동의 초지를 황폐화시키는 주범'으로 지목하고 있다. 그런 기업들이 주도하는 사회는 비극적 종말을 맞게 되어 있다.

　　진정성이 결여된 리더십은 단기적으로는 실적 경쟁에 불을 붙여 국가의 성장을 키워왔다. 하지만 장기적으로는 불평등과 부패를 가속화시킨 요인으로 작용했다. 예를 들어 2011년 기획재정부가 발표한 자료에 따르면 OECD 34개 회원국 중 경제성장률은 2위, 국내총생산(GDP)은 10위로 상위권이지만, 국민 1인당 GDP는 26위, 소득불평등을 나타내는 지니계수는 20위, 하위층 빈곤율은 28위로 하위권이다. 근로시간은 연평균 2,193시간으로 OECD 회원국 중 가장 길었다. 한편 국제투명성기구가 지난 12월 1일에 발표한 2011년 한국의 부패지수(CPI)는 183개 대상국 중 43위로 전년도에서 네 단계나 하락했다. OECD 회원국 중에서는 꼴찌 수준인 27위이다. 이 수치는 2008년 이후로 계속 하락세를 보였다. 부패와 불평등이 심해지면 국민들이 부담해야 할 사회비용이 상승하기 때문에, 이를 해결하지 않는 한 지속 가능한 성장을 달성하는 것은 불가능한 일이다.

조금이라도 진정성이 보이는 사회적 엘리트의 스토리가 알려지면 나라 전체가 열광할 정도로, 온 국민이 진정성에 목말라하고 있다. 그럼에도 불구하고 진정성 있는 리더를 어떻게 선발하고 육성해야 하는지 알려주는 책은 고작 번역서만 한두 권 소개되고 있는 정도다. 한국의 주요학술지에 아직까지 학술 논문도 수록되지 않은 것으로 알고 있다. 이 책이 진정성과 그 원리의 중요성을 널리 알려 한국사회의 진정성을 복원하는 일에 일조할 수 있기를 바란다. 또한 여기서 제시한 패러다임을 통해 한국에서도 진정성 있는 리더의 육성과 개발에 대한 관심이 촉구된다면 저자로서 더 바랄 것이 없겠다.

1961년 1월 20일 취임 연설에서 미국의 케네디 대통령은 "횃불은 새로운 세대에게 넘겨졌다"고 선언했다. 이 선언에 응답해 많은 미국 시민들이 자신의 분야에서 크든 작든 자신만의 신화적 스토리를 창출해 지금의 미국을 만들었다. 오늘날 한국의 상황이 이와 비슷하다. 시대의 사명을 담은 횃불이 기존의 병들고 부패한 기득권 세력에서 진정성 넘치는 젊은 세대에게로 넘어가고 있다. 역사적 전환점에서 바통을 이어받을 젊은 세대들은 시대를 어지럽히는 피리 소리보다는 시대의 나팔 소리에 귀를 기울여야 한다. 시대의 나팔 소리는 새로운 세대에게 진정성의 복원을 요청하고 있다.

# 1

진실(眞實):
진정성이란 무엇인가?

# 1 바로 지금, 진정성이 필요하다

───── 왜 진정성에 열광하는가?

진성리더의 가장 두드러진 특징 중 하나는
다른 사람을 자신의 도구로 사용하려는 욕심이 없다는 것이다.
_데이비드 쿠퍼

## 잃어버린 진정성을 찾아서

영국 〈타임스〉의 칼럼니스트인 아나톨 칼레츠키는 자신의 책 《자본주의 4.0》(컬처앤스토리, 2011)에서 지금까지의 자본주의를 대체하는 새 패러다임이 등장할 것이라 예고했다. 칼레츠키가 본 자본주의 1.0은 영국의 산업혁명과 미국의 독립선언에서 시작해 대공황으로 막을 내린, 애덤 스미스식의 자유방임 자본주의다. 자본주의 2.0은 대공황 이후 루스벨트의 뉴딜 정책, 존슨의 '위대한 사회', 영국과 유럽의 복지국가를 아우르는 정부주도의 수정자본주의이다. 자본주의 3.0은 60, 70년대에 글로벌 인플레 위기를 거치면서 이를 극복하기 위한 방안으로 마거릿 대처와 로널드 레이건, 밀턴 프리드먼 등이 주창했던 시장 중심의 신자유주의 패러다임이다. 자본주의 2.0은 문제 해결을 위해 정부가 적극 나서는 것이 옳았다는 주장이고, 자본주의 3.0은 시장이 해결하는 것이 옳았다는 주장이다.

자본주의 3.0은 시장경제에 기반을 둔 무한경쟁과 이윤추구 행위를 최고의 합목적적 행위라 여겼다. 한마디로 자본주의 3.0은 시장에 맡기면 모든 문제가 다 해결될 것이라는 믿음을 기반으로 한다. 시장이 제대로 기능하게 하기 위해서는 무한경쟁을 통한 이윤추구 행위만이 유일한 합목적적 행위로 정당화되었다. 그러나 기대와는 달리 시장이 제 기능을 다하지 못하는 조짐을 보이자 독과점과 같은 시장의 역기능을 이용해 탐욕을 채우고 부정을 저지르는 자본가들이 하나둘 등장하기 시작했다. 이들은 회사 내부 정보의 비대칭성을 이용해 장부를 조작하는 방식으로 이윤을 부풀려갔다.

21세기에 들어서면서 이들의 장부 조작 전모가 서서히 밝혀지기 시작했다. 거대 기업들의 회계장부 조작은 일반인의 상상을 초월하는 수준이었다. 선두주자는 2001년 파산을 신청한 엔론이다. 엔론 사건의 파장은 결국 미국에서 회계 기준을 강화하는 사베인스-옥슬리법(Sarbanes-Oxley Act)을 통과시키는 계기가 됐다. 이 법에 따라 엄격한 회계 기준이 적용되기 시작하자 많은 회사들의 회계 부정이 줄줄이 드러났다. 마치 때를 기다렸다는 듯 2002년에는 아델피아, AOL, 브리스틀-마이어스, CMS 에너지, K-Mart, 머크, 메릴린치, 타이코, 월드컴 등에서 회계 부정이 발각되었다. 2003년에 파말라트와 노텔, 2004년에 치쿼타와 AIG로 이어진 회계 부정 발각 릴레이는 2010년 리먼 브라더스의 파산과 최근의 월가 시위로까지 이어진다. 심지어 인텔의 CEO 앤디 그로브는 자신이 미국 기업인이라는 사실이 부끄럽다고 고백하기에 이른다.

칼레츠키가 새로운 패러다임으로 예고한 자본주의 4.0은 탐욕으로 병든 자본주의 3.0을 치유하기 위해 정부와 시장, 사회가 협업하는 '착한 자본주의' 패러다임이다. 앞으로 도래할 자본주의 4.0 시대의 과제는 '성공의 덫에 걸린 신자유주의의 문제를 어떻게 해결하여 모두가 상생할 수 있는 체제를 복원할 것인가'이다. 즉, 자유시장과 무한 경쟁에 의해서 죽어버린, '영혼이 살아 있는 공동체'를 복원해야 하는 것이다. 물론 한국도 예외가 아니다. 앞서도 얘기한 것처럼, 최근 점점 심각해지고 있는 양극화 현상을 시급히 해결하지 못하면 한국 경제는 조만간 버블이 꺼지고 점차 붕괴되는 수순을 밟게 될 것이다. 사회의 토양이 산성화되고 있어, 이대로라면 신자유주의 경제 최대의 수혜자인 기업들의 성장 동력도 결국 시들게 되어 있다.

글로벌 경영 패러다임은 산업 간의 경계가 허물어진 조직생태계의 '공진화(供進化)'를 전제로 한 플랫폼이 지배하는 방식으로 전환되고 있다.[1] 공동의 플랫폼에 기반을 둔 조직 생태계의 구성원들은 운명공동체이다. 운명공동체에서는 생태계의 다른 참여자들의 성공을 도와 생태계의 공진화에 앞장서는 조직만이 리더로서 지속가능한 성장을 할 수 있다. 즉, '다른 기업의 성공을 돕는 일에 성공한' 기업들이 생태계의 리더로 등장한다. 리더 기업들은 자신들이 플랫폼으로 삼고 있는 생태 네트워크에 뿌리를 내리고 공동체적 관점에서 사업을 전개할 수 있는 협업과 협력을 가장 중요한 경영의 화두로 내세우고 있다.

## 사명의 복원

기업 리더십의 측면에서도 변화한 패러다임에 맞는 새로운 리더가 요구되고 있다. 진성리더십(Authentic Leadership)은 이와 같은 시대적 조류를 반영해 등장한 개념으로, 미국 갤럽이 주최한 2004년 네브래스카 리더십 컨퍼런스에서 처음으로 소개된 패러다임이다. 여기에 모인 학자들과 실무자, 운영자들은 그때까지 리더십 이론과 프로그램이 리더의 스킬만을 강조했음을 지적했다. 리더십이 이윤 극대화에 눈이 먼 자본가들의 탐욕을 채워주는 도구로 이용되어 왔다는 것이다. 컨퍼런스 참가자들은 자본가들의 이러한 탐욕으로부터 선량한 종업원들을 해방시키기 위해서는 기업이 돈을 벌어야만 하는 신성한 이유, 즉 기업의 사명(Mission)을 되찾아야 한다고 주장했다.

조직의 잃어버린 사명을 되찾아 구성원들이 가슴 뛰는 삶에 몰입할 수 있도록 임파워시키는[*2] 리더가 바로 진성리더다. 그래서 진성리더가 설파하는 사명은 잠자는 조직과 사회의 존재이유를 일깨워주는 영혼의 종소리라고 할 수 있다. 본서에서는 진성리더를 '구성원의 가슴을 뛰게 하는 사명으로 구성원들을 임파워시켜 이들과 함께 사명이 현실로 구현되도록 선한 영향력을 행사하는 사람'으로 정의한다.

여기서 사명이란 '목적'과 동의어로 사용되는데, 조직이나 사람들이 이 세상에 '존재해야만 하는 이유' 혹은 삶의 '궁극적 목적'을 일깨워주는 영혼의 종소리라고 할 수 있다. 단, 목적이 스스로에게 자신의 존재이유를 설명하는 담론이라면, 사명은 다른 사람들에게 자신의 존재이유를 설명할 때 주로 사용된다. 유사한 개념으로 진북(True North)이 있는데, 자신과 조직의 존재이유인 진북을 찾아 떠나는 여행은 리더로서 보여줄 수 있는 모든 '진정성'의 정수를 보여준다. 진정성만이 진북을 찾을 수 있는 북극성, 즉 나침반 역할을 해주기 때문이다. 이 여행을 통해 진정성이 몸에 밸 즈음, 리더는 리더십의 만병통치약인 '품성'을 획득한다. 진성리더는 리더십 스킬만이 아니라 사명이 내재화된 품성을 기반으로 구성원들이 사명을 구현하는 데 선한 영향력을 행사한다. 이들은 진정성 있는 품성이야말로 리더로서 사람들의 심금을 울리는 유일한 소통의 도구라는 것을 잘 알고 있다. 진성리더는 사명으로 사람들의 가슴을 뛰게 하고 품성으로 이들의 심금을 울려 구성원들과 함께 치열하게, 하지만 서두르지 않고 세상을 더 따뜻하고 행복한 곳으로 바꿔나간다.

## 진성리더에 대한 몇 가지 오해

본 저서에서는 Authentic Leadership을 진성리더십이라고 명명하고 있다. 학자에 따라서는 진정성 리더십, 진실의 리더십 등 다양하게 명하고 있으나, Authentic Leadership의 핵심은 리더의 스타일이나 스킬이 아니라 품성(品性)이기 때문에 '진정성 있는 품성을 갖춘 리더'라는 의미로 진성(眞性)리더십이라 명명하였다.

진성리더에 대한 이론이 아직까지 논쟁 중이기 때문에, 사람들이 진성리더에 대해 오해하고 있는 측면도 많다. 그 오해에는 다음과 같은 것들이 있다.

첫 번째 오해는 진성리더는 기존의 리더십을 모두 부정한다는 것이다. 하지만 그렇지 않다. 진성리더도 일반 리더 못지않게 리더의 스타일과 리더십 스킬을 중요시한다. 다만 그 뿌리에 품성이 자리 잡고 있어야 한다는 점을 강조한다는 차이가 있다. 지금까지 알려진 변혁적 리더십, 카리스마 리더십, 리더십 상황이론, 감성 리더십, 행동이론, 특성이론, 슈퍼 리더십, 민주적 리더십 등에서 강조된 리더십 스타일과 스킬을 부정하는 것이 아니라, 그 뿌리가 리더의 품성을 바탕으로 할 때에만 선한 영향력을 발휘할 수 있다고 보는 것이다. 이처럼 리더십의 뿌리를 리더의 품성에서 찾는다는 점에서 진성리더십은 '근원적 리더십(Root Leadership)'이다. 아무리 뛰어난 리더십 스킬과 스타일도 그 뿌리가 품성에까지 내려지지 않으면 영원할 수 없다. 이런 리더십은 일순간 나타났다 시간이 흐르면 사라지는, 유행과도 같은 '유사 리더십(Pseudo Leadership)'일 뿐이다. 특히 증권 잡지와 대중매체가 기획해서 만든 현란한 스타 CEO들은 유사리더의 운명을 타고났다.

두 번째 오해는 진성리더의 기반인 품성은 타고난 것이라 바꿀 수 없다고 생각하는 것이다. 물론 품성은 타고난 측면도 있지만 오랜 기간의 훈련과 규율을 통해서 완성되기도 한다. 그리고 진성리더는 개발된 품성을 중시한다. 근대 심리학의 아버지인 윌리엄 제임스는 진정한 품성을 "일종의 정신적 혹은 윤리적인 태도로, 이것만 생각하면 마음속 깊은 곳으로부터 살아 있다는 진실한 자아의 느낌을 불러오게 하는 그 무엇"이라고 정의한다. 정신적·윤리적 태도는 사람들이 세상을 이해하는 도구이자 정신적 지도인 '정신모형'에서 나온다. 아름답고 건강한 정신모형에서 구현된 스토리가 습관화되어 자연스럽게 행동과 태도로 드러나는 상태가 품성이다. 진성리더는 치열한 훈련과 성찰을 통해 이와 같은 품성을 만들어가는 사람이다. 이렇게 완성된 리더의 품성은 진성리더의 신화로 영원히 남게 된다.

셋째, 진성리더는 마음씨 좋고 착한 리더라서 결단력이 부족하고 결과적으로 성과도 내지 못할 것이라는 오해다. 이는 잘못된 주장이다. 리더의 존재이유는 부하에게 영향력을 발휘해 스토리가 있는 성과를 창출하는 것이다. 즉, 성과를 내지 못하면 리더가 아니다. 리더가 아닌 사람을 두고 리더십에 대해 논할 수는 없다. 리더의 기본 조건을 갖추지 못한 사람에게서 진성리더십이냐 아니냐를 따지는 것은 냉장고나 핸드폰을 대상으로 인간성에 대해 논하는 것과 다를 바가 없다. 성과 측면에서 진성리더가 일반 리더들과 다른 점은 지속가능한 성과를 지향한다는 점이다. 반짝 단기적 성과를 내고 별똥별처럼 사라져가는 사람은 유사리더다. 지금까지 사람들은 유사리더를 진성리더로 착각하고 살아왔다.

넷째, 진성리더를 성인군자와 동일시하는 오해이다. 성인군자가 이미 완성된 사람이라면 진성리더는 자신의 존재이유인 진북을 찾아 여행 중인 사람이라고 할 수 있다. 한마디로, 진성리더는 자신의 존재이유를 찾아 학습하고 성장해가는 과정에 몰입해 있는 사람이지 이미 완성된 성인군자는 아니다. 설사 오늘 감옥에서 출소했다 하더라도 자신의 존재이유를 설명해주는 정신모형을 확립하고 이 정신모형의 스토리에 따라 자신을 끊임없이 단련시켜 사람들에게 나침반이 되고 있다면 이 사람도 진성리더로의 성장 과정을 경험하고 있는 것이다. 록펠러와 카네기도 자신의 과거에서 벗어나 진성리더로 거듭나기 전까지는 악덕 기업가였다. 카네기는 노조를 강력히 탄압한 악덕 기업주로, 그의 공장인 홈스테드에서 일어난 파업을 진압하기 위해 정부군이 파견되어야 할 정도였다. 록펠러는 어찌나 노동력을 심하게 착취했는지, 참다못한 노동자들이 일으킨 파업 현장에 민병대를 고용해 진압하는 과정에서 많은 사람이 살상됐다. 이를 '러들로 광산 학살사건'이라 하는데, 록펠러가 그 주범이었다. 진성리더십의 여행에서 중요한 것은 여행의 과정이지 목적지가 아니다. 진성리더는 끊임없이 성찰하고 학습하는 사람이다. 자신에 대한 학습과 성찰이 멈추는 순간, 진성리더의 정체성도 사라진다.

다섯째, 진성리더는 개인의 품성을 강조하기 때문에 조직의 상황은 무시한다는 오해다. 이 역시 잘못된 주장이다. 진성리더십에서는 리더십의 씨앗(진성리더)과 토양(진정성 있는 조직) 간의 상호작용을 중시한다. 기존의 상황이론에서는 리더의 자유의지가 상황적인 요인에 종속된다고 여겼다면, 진성리더십에서는 리더가 상황을 적극적으로 해석하고 재구성하여 바꾸어나갈 수 있다고 본다. 진정성 있는 조직의 특성은 CEO의 품성으로 발현된다. 진정성 넘치는 CEO가 있다는 것은 진성리더가 되기를 열망하는 조직의 구성원들에게는 비옥한 토양을 가꿀 거름을 가지고 있는 것과 같다.

진성리더로 성장하는 과정은 파울로 코엘료의 소설《연금술사》(문학동네, 2001)의 주인공 산티아고나, 캠벨이 쓴《신화의 힘》(이끌리오, 2002)에 나오는 영웅들의 행적에 비유할 수 있다.《연금술사》에서 주인공 산티아고는 영혼의 종소리에 이끌려 긴 여행을 떠난다.《신화의 힘》에서도 영웅들은 영혼의 종소리를 듣고 자신과 부족의 근원적 문제를 해결하기 위해 안락한 생활을 버리고 고난의 여행을 떠난다. 이들은 여행 중에 거대한 산과 강, 계곡, 끝이 보이지 않는 길을 만난다. 어둠의 세력도 만나고, 도적은 물론 적대적인 부족도 만나고, 길동무를 만나기도 한다. 이들의 여행에서 길잡이는 길을 잃었을 때마다 자신의 존재이유를 확인시켜주는 북극성이다. 북극성은 영혼이 잠들지 않도록 끊임없이 종소리를 들려준다. 영혼의 종소리는 산티아고가 어려움을 극복하고 연금술사를 만나 비법을 전수받도록 인도해주고, 영웅들이 고난을 뚫고 불로장생의 명약을 얻어서 금의환향하도록 인도한다. 이들의 여행에는 영혼의 종소리에 대한 믿음으로 온갖 고난을 이겨냈다는 공통점이 있다. 고난을 이기고 얻은 연금술이나 불로장생의 명약은 진성리더가 자신의 진북을 찾아 치열한 성장 과정을 거쳐 얻은 품성과 같다. 고단한 여행을 통해 품성을 완성하고, 품성의 완성을 통해 미숙했던 자신의 과거가 치유된다. 영웅들이 구한 명약이 자신뿐만 아니라 자신이 두고 떠났던 부족민들까지 치유해주는 만병통치약인 것처럼, 진성리더의 품성은 구성원들의 품성 획득에도 큰 역할을 할 수 있다.

범인(凡人)에게 인생은 왔다가 흔적도 없이 허무하게 돌아가는 나그네 길이라면, 진성리더에게 인생은 영혼의 종소리에 따라 자신과 세상에 신성한 스토리를 남기는 자신만의 영웅적 여행이다.

리더십 인사이트
## ▌산티아고의 결정적 선택

파울로 코엘료의 장편소설《연금술사》에는 자신만의 진북을 찾아 길을 떠난 사람의 여정에 대한 깊은 통찰이 담겨 있다.《연금술사》는 자신만의 진북에 귀를 기울이는 삶의 중요성을 보여주고, 진북과 대면하고자 하는 삶에 축복의 메시지를 전한다.

양치기 청년 산티아고는 양과 놀던 아이가 자신의 손을 잡고 이집트의 피라미드로 이끄는 꿈을 며칠 동안 반복해서 꾼다. 그러던 중 하루는 책을 읽고 있는데, 한 노인이 산티아고 앞에 나타난다. 노인은 산티아고에게 가지고 있는 양의 십분의 일을 주면 피라미드에 숨겨진, 연금술의 비밀이 있는 곳을 알려주겠다고 한다. 때마침 행운의 표식인 나비 한 마리가 두 사람 사이를 지나고, 산티아고는 제안을 받아들인다. 노인에게 두 개의 보석 '우림'과 '툼밈'을 건네받은 산티아고는 연금술을 찾기 위한 여행길을 떠난다. '자아의 신화를 살라'는 마음의 소리를 듣고 길을 떠난 것이다.

여기서 산티아고에게 연금술은 단지 철을 금으로 바꾸는 작업만을 의미하는 것이 아니다. 진정한 연금술은 자신만의 진북에 이르는 길로, 각자의 참된 운명인 '자아의 신화'를 사는 것이다. 진북을 찾기까지의 여정은 험난하다. 산티아고는 이 여정에서 많은 표적들을 만난다. 이 표적은 진북을 찾아나서는 사람들에게 반드시 필요한 나침반과 같은 것으로, 자신만의 진북에 대한 염원이 간절하지 않은 사람에게는 나타나지 않는다.

연금술을 찾아나서는 과정에서는 시험에 들게 하는 수많은 사건이 기다리고 있다.《연금술사》에서는 이 시험들이 진북에 이르는 길에서 부딪히게 될 큰 시험에 앞선 예비시험이라고 설명한다. 이 예비시험들을 포기하지 않고 통과함으로써, 진북을 찾는 여행을 마칠 힘의 원천이 생긴다. 이를 소설에서는 다음과 같은 대사를 통해 드러낸다.

"들어보게나. 누군가 꿈을 이루기에 앞서, 만물의 정기는 언제나 그 사람이 그동안의 여정에서 배운 모든 것들을 시험해보고 싶어 하지. 만물의 정기가 그런 시험을 하는 것은 악의가 있어서가 아니네. 그건 배운 가르침 또한 정복할 수 있도록 하기 위함일세. 대부분의 사람들이 포기하고 마는 것도 바로 그 순간이지. 사막의 언어로 말하면 '사람들은 오아시스의 야자나무들이 지평선에 보일 때 목말라 죽는다'는 거지. 무언가를 찾아나서는 도전은 언제나 '초심자의 행운'으로 시작되고, 반드시 '가혹한 시험'으로 끝을 맺는 것이네."

또한 젊은 시절에는 누구나 자신만의 신화를 찾아나서는 여행을 꿈꾸지만 나이가 들수록 현실에 안주하고 살아가는 삶에 대해서도 책에 잘 드러나 있다.

"그것은 자네가 항상 이루기를 소망해오던 바로 그것일세. 우리들 각자는 젊음의 초입에서 자신의 자아의 신화가 무엇인지 알게 되지. 그 시절에는 모든 것이 분명하고 모든 것이 가능해 보여. 그래서 젊은이들은 그 모두를 꿈꾸고 소망하기를 주저하지 않는다네. 하지만 시간이 지남에 따라 알 수 없는 어떤 힘이 그 신화의 실현이 불가능함을 깨닫게 해주지. 그것은 나쁘게 느껴지는 기운이지. 하지만 사실은 바로 그 기운이 자아의 신화를 실현할 수 있도록 도와준다네. 자네의 정신과 의지를 단련시켜주지."

소설은 여기서 그치지 않는다. 많은 사람들이 진북을 찾아 여행을 떠남에도 결국 중간에 포기하고 마는 이유와, 진북에 대한 믿음의 중요성에 대해서도 이야기한다. 진북에 대한 믿음이 굳건할수록 우주와 주변 사람들이 어떤 방식으로든 도와준다는 것이다.

"세상에는 위대한 진실이 하나 있어. 무언가를 온 마음을 다해 원한다면, 반드시 그렇게 된다는 거야. 무언가를 바라는 마음은 곧 우주의 마음으로부터 비롯된 때문이지. 그리고 그것을 실현하는 게 이 땅에서 자네가 맡은 임무라네."

# 2  자기 자신을 알라
### —— 진정성의 개념

다른 사람을 아는 것은 지식이지만 나를 아는 것은 지혜이다.
다른 사람을 지배하는 것은 힘이지만
나를 지배하는 것은 진정한 능력이다.
_노자

## 시작은 '나'부터다

진정성에 관한 철학적 기원은 '너 자신을 알라'라는 철학적 언명으로
유명한 소크라테스까지 거슬러 올라간다. 사실 이 말은 델포이의 아
폴론 신전에 새겨져 있었는데, 그것을 본 소크라테스가 자신의 좌우
명으로 삼은 것이지 그가 처음 한 말은 아니라는 주장도 있다. 진실
이야 어찌 됐건, 우주의 근원에 대한 물음을 주로 던진 당시의 다른
철학자들과는 달리 소크라테스가 자신의 내면에 대해 질문함으로써
철학의 방향이 바뀐 것은 사실이다.[3] 땅딸막하고 뚱뚱한 데다 툭 불
거진 눈에 들창코로 묘사되는 추한 외모와 달리, 소크라테스는 당대

의 누구보다도 아름답고 곧은 내면을 지녔었다. 그는 아테네 시민들에게 인간의 내면에 대한 근원적 질문을 던져 이들의 심성을 아름답게 개선하고 발전시키는 것이 자신의 사명이라고 믿었다. 소크라테스철학의 핵심은, 누구나 자신의 무지를 깨닫는 순간 현명한 사람이 될수 있다는 것이다. 그러려면 먼저 자신의 근원에 대한 본질적 질문을 통해 스스로를 막다른 곳에 몰아넣어야 한다. 그래야 자신을 근원으로부터 바라볼 수 있기 때문이다. 이렇듯 소크라테스는 진실한 내면과 외면의 차이를 성찰함으로써 참된 자신의 모습을 찾아가는 '진정성 철학'의 시조가 되었다.

현대에 들어서, 참된 내면에 대한 질문은 실존주의에 의해서 재조명되기 시작했다. 실존(Authentic Existence)이란, '실제로 존재하는 진정성 있는 인간의 모습은 무엇인가' 하는 물음에 대한 답을 찾는 철학이다.[34] 키르케고르는 인간의 실존을 '신 앞에 선 단독자'라 표현했다. 니체는 '인간의 삶을 가로막고 있는 모든 것으로부터 우매함을 떨쳐버리고 인간이 주체적이고 창조적인 모습을 회복했을 때'를 실존의 모습이라 보았다. 하이데거는 인간의 진실한 모습을 이해하기 위해 '현존재'라는 개념을 도입하였다. 현존재는 성찰을 통해 자신의 존재를 이해하고 있어야 한다. 하이데거는 현존재가 다른 것들에 대한 관심을 통해서 자신의 존재를 드러내기도 하고, 시간적 유한성 속에서 자신만의 담론을 만들어간다고 보았다. 사르트르는 실존주의적 휴머니즘에서 인간을 스스로 자유롭게 자신의 운명을 선택하고 스스로 개척해가는 존재로 규정했다. '존재는 본질에 앞선다'는 사르트르의 언명은 바로 인간의 주체성을 강조한 것이다. 즉, 인간은 사물처럼 어떤 목적을 염두에 두고 만들어지기보다는 자신이 주체적으로 목적을 선택하도록 만들어진 존재라는 뜻이다. 그는 인간의 목적은 행동에 의해서 선택된다고 보았기 때문에 사유보다는 행동을 강조하였다. 또한 인간은 자신의 목적을 직접 선택해야 하기 때문에 그 책임도 자신에게 있다고 보았다. 사르트르는 이미 만들어진 목적에 따른 삶을 살기보다는 자신의 운명을 스스로 선택해서 개척해나가는 주체적이고 실천적 인간에서 인간의 참모습을 찾으려 했다.

인본주의 심리학에서는 주로 진정성의 본질에 대한 탐구를 진행해왔다. 대표적으로 로저스는 인간의 삶에는 자신의 잠재력을 개발해 끊임없이 더 성숙한 존재로 실현시키려는 힘이 내재되어 있다고 보았다.[35] 성숙한 존재로서 자아를 실현해가는 과정을 진실한 자아와 허구적 자아 사이의 차이를 극복해가는 과정이라고 본 것이다. 허구적 자아는 개인의 근원적 욕구와는 무관하게 사회가 부여한 자아이다. 예를 들어, 당사자는 예술가로서의 재능을 가지고 있는데 부모가 의사로 키우고 싶어 하고 그렇게 될 것을 강요해왔다고 쳐보자. 이때 그 사람의 예술가로서의 자아는 진실한 자아가, 부모가 부여한 자아는 허구적 자아가 된다.

사람들은 허구적 자아를 성취할수록 '조건적 자기만족'에 빠져들고, 이 상태가 심해지면 진실한 자아를 부정하거나 둘 사이의 충돌을 의도적으로 피하게 된다. 결국 이런 과정을 통해서 자아는 점점 파편화된다. 진실한 자아는 새로운 체험에 대해 항상 열려 있는 자세를 취하고, 과거와 미래를 이어주는 현재에 충실함으로써 삶의 의미를 느끼며, 내면의 자아에 무한한 신뢰를 보낸다. 또한 내면의 자아를 탐구하는 자세를 가지고 있고, 선택을 통해서 자유를 만끽하며, 자신의 선택에 대해서 책임지려 한다. 그리고 다른 사람의 삶을 충만하게 해주는 일에서 창조적 힘을 느끼게 된다.

매슬로우의 의견도 비슷하다. 그는 사람들의 욕구를 5단계로 구분하고, 삶은 이 욕구를 달성해나가는 과정이라고 보았다.[36] 1단계는 가장 기본적인 생리적 욕구다. 2단계는 불안과 공포에서 해방되고자 하는 안전 욕구, 3단계는 사람들과의 관계를 맺으며 살아가려 하는 사회적 욕구, 4단계는 인정과 존경을 받고 싶어 하는 자기존중 욕구를 뜻한다. 마지막으로 5단계는 자신이 목적한 삶을 실현해보고자 하는 자아실현 욕구다. 매슬로우는 개인들이 모든 욕구 단계를 극복하고 자아실현의 욕구에 근접할 때 삶의 진정성을 느낄 수 있다고 봤다. 남들에게 존경받는 것보다 자아실현을 위해 노력하는 자아가 진정성에 더 가깝다는 것이다.

에릭슨은 성실성과 진정성을 구별해, 성실성은 타인의 관점이 많이 포함된 개념인 반면 진정성은 자아의 내면적 경험을 더 반영한 개념이라고 주장했다.[37] 성실성은 자아가 다른 사람들에게 어떻게 보이는지를 강조한 반면 진실성은 내면과 외면의 자아가 일치하는지의 여부를 반영한다는 것이다. 에릭슨은 외면적 자아가 사회적인 관계의 영향을 받는 것은 사실이지만 사회적 현실을 주체적으로 구성해나가는 것은 내면적 자아에 근거한다고 보았다. 이 내면적 자아와 현실 간에 괴리가 존재할 때, 진정성은 그 기반을 잃어버리게 된다. 이런 점에서 에릭슨에게 진성성은 절대적인 개념이 아닌 상대적 개념이라고 할 수 있다. 즉, 진정성이란 상대적으로 더 있는지 아닌지의 문제가 된다.

어빙 고프먼은 상징적 상호작용주의와 연극이론을 통해 진정성에 접근했다. 먼저 고프먼은 정신병동 분석에서 극단적으로 제도화된 인간의 허구적인 모습을 분석했다.[38] 즉, 일반인이 보기에 평상시에는 정상인과 다를 바 없던 환자들도 의사를 만나면 소리를 지르거나 이해할 수 없는 행동을 함으로써 본인도 모르게 정신병 환자의 역할을 충실히 수행한다는 것이다. 이렇게까지 극단적이지는 않지만 일반인도 사회적으로 기대되는 역할에 갇힌, 허구적인 자신의 삶에 어느 정도 충실하다는 것이 고프먼의 주장이다.

또한 고프먼은 인간들이 상호작용하는 것을 연극에 비유해 설명했다. 그는 인생을 '내면의 진정한 자아가 상처 받지 않도록 꾸며놓은 무대장치'라고 본다. 사람들은 내면의 자신이 손상되지 않도록 자신의 외모나 행동을 잘 꾸며서 다른 사람들에게 좋은 인상을 주도록 노력하는, 연극배우 역할을 수행한다는 것이다. 설사 상대의 내면을 엿보았다 하더라도 배우들은 상대가 당황하지 않도록 못 본 척 연기하며 살게 된다. 또한 일상생활에서 무대 앞쪽과 뒤쪽을 구분해 무대 뒤쪽의 삶이 밖으로 드러나지 않도록 철저히 관리한다.

고프먼은 체면이란 사람들이 내면의 자신을 드러내지 않기 위해 사용하는 도구라고 생각했다. 사람들이 자신의 진정한 내면이 손상되지 않도록 상대의 체면을 최대한 배려해가며 살고, 그러는 과정에서 자신의 체면도 지키는 분절된 삶을 살고 있다는 것이다.

가드너와 동료들은 긍정심리학을 근거로 진정성과 리더십의 개념을 접목했다.[29] 이들에 따르면 진성리더들은 '자신에게 솔직하기 위해' 고도로 내면화된 윤리적 관점으로 자신을 성찰해내는 자아인식 과정과 이를 통해 파악된 문제점을 고쳐나가는 자기규율을 실천한다. 또한 이 과정에서 생기는 모든 정보를 균형 있게 처리하려 노력하고, 부하와의 관계에서 투명성을 유지하는 것을 중요하게 여긴다. 그리고 긍정적 자기개발을 기반으로 조직을 위해 윤리적 풍토와 심리적 능력을 강화한다.

이들의 주장을 정리해보면, 진성리더는 직위나 현란한 리더십 스킬로 자신을 포장하기보다는 진정성 있는 삶의 목적을 진솔하게 드러내고 성찰한다. 이 성찰을 기반으로 자신을 단련시키고, 이를 통해 얻은 것을 다른 사람들과 공유한다. 한마디로 진성리더는 '진정성이 담긴 자신만의 진북, 즉 삶의 목적을 설정하고 이를 바탕으로 현재를 성찰하며, 성찰한 바를 실천하는 사람'이다. 또한 이들은 혼자 뛰기보다는 서로의 진북을 찾아가는 길에 도움이 되는 사람들과 진정성 있는 관계를 통해 함께 목적을 이룬다.

## 장자(莊子)의 진인(眞人)

동양철학에서 공자는 군자(君子)를, 맹자는 대장부(大丈夫)를, 노자는 성인(聖人)을, 장자는 진인(眞人)을 이상적인 인간상(人間像)으로 봤다. 이 중 장자의 진인이 진성(眞性)리더에 가장 가깝다. 진인은 부동심(不動心)으로 무장하고 끊임없는 학습으로 세상을 마음의 그릇에 담을 수 있는, 진정한 큰 자신을 발견하는 사람을 말한다. 장자의 설명에 따르면 사람의 마음은 환경에 의해 좌우될 뿐 아니라 외치(外馳)의 경향이 있다. 외치란, 사람이 어떤 곳에 앉아 있어도 마음은 다른 곳으로 달려나간다는 의미다. 그래서 밖으로 달려나가려는 마음을 돌려 본성을 찾아 들어가게 하는 도(道)를 체득해야 한다는 것이다.

장자는 현실 세계의 가치관이 상대적이고 유한한 만큼 그것에서 벗어나 무위(無爲)의 마음, 무한한 자유의 경지로 나아가야 한다고 생각했다. 이 경지는 쓸모 있음과 쓸모없음, 아름다움과 추함, 삶과 죽음, 꿈과 생시의 구분이 없는 상태다. 자신이 장자인데 나비가 된 꿈을 꾼 것인지, 본래는 자신이 나비인데 장자가 된 꿈을 꾸고 있는 것인지 모르겠다던 호접몽(胡蝶夢)의 일화처럼, 진인이 되기 위해서는 시간과 공간의 제약을 넘어설 수 있어야 한다.

시간의 제약을 넘어서기 위해서는 단기적인 시간 개념을 극복하는 방법을 익혀야 한다. 단기적 성과에만 매달려서는 학습과 성장이 불가능하다는 것을 깨닫고 시간을 자유자재로 통제할 수 있는 능력을 갖추어야 진인이 될 수 있다. 시간 없다는 불만을 입에 달고 살아서는 시간의 노예가 될 수밖에 없다. 시간의 속박으로부터 자신을 해방시키는 것이 진인의 첫 번째 조건이다. 또한 공간의 제약으로부터도 자신을 해방시킬 수 있어야 한다. 우물 안의 개구리는 우물 안의 세상밖에 이해하지 못한다. 큰 우물, 큰 바다를 찾아 공간의 제약에서 끊임없이 자신을 해방시키려고 노력하는 호연지기(浩然之氣)를 가져야 진인이 될 수 있다.

진인은 자신의 정체성을 끊임없이 확장시켜야 한다. 장자는 이렇게 확장된 정체성을 가져야만 진실함으로 타인을 넉넉하게 포용하고 활기찬 세상을 즐길 수 있는 안목이 생긴다고 말했다. 시간과 공간과 지식에 의해서 갈기갈기 분절되고 찢어진 세상을 살아가는 사람들의 눈에는, 세상이 갈등으로 가득 차 있고 승자만이 전부를 가져가는 복불복의 세상으로 보인다. 반대로 진인은 세상을 담을 수 있는 마음의 큰 그릇을 가지고 있기 때문에 실수를 해도 후회하지 않고 일이 잘되어도 자만하지 않는다. 진인은 높은 곳에 올라가도 무서워하지 않고, 물에 들어가도 젖지 않으며, 불에 들어가도 뜨거워하지 않는다. 시간과 공간의 제약을 넘어 통합된 자아를 발견하고 이 자아를 구현하기 위해 끊임없이 학습하는 진인의 개념은 진성리더십의 본질과 일맥상통한다.

# 3 신화의 정상은 진정성이다
###### ———— 21세기, 리더들의 진화[주10]

> 나는 이기기 위해서 산다기보다는 내가 가진 진실을 다른 사람들에게
> 하나라도 더 증명해 보이기 위해서 살고 있다.
> 나에게는 성공적 삶보다는 내가 가진 빛을 따라가는 삶이 더 가치가 있다.
> _에이브러햄 링컨

## 리더십의 신화

20세기 기업 환경의 변화는 비교적 완만했다. 이러한 시대에는 거함
(巨艦)을 지휘하는 사령관 같은 리더가 필요했다. 풍랑이 적고 기후
변화가 예측 가능한 경우라면 외부 상황에 신경 쓰기보다 선원들의
힘을 한데 모으는 일이 사령관에게 더 중요했다. 그래서 구성원들이
합심해 일할 수 있도록, 일정한 권위를 갖추고 온정을 베푸는 가부장
적인 이미지의 리더가 이상적인 리더로 인정받았다.

  그러나 21세기의 경영 환경은 마치 롤러코스터처럼 누구도 변화
의 방향을 쉽게 예측할 수 없게 됐다. 업종과 업종, 산업과 업종을 넘

어 생태계 내의 플랫폼을 가지고 경쟁해야 하는 초경쟁사회로 변했다. 스타벅스나 커피빈이 성공을 거두자 커피 업종과 전혀 상관이 없던 던킨 도넛, 맥도날드 같은 패스트푸드 업체들이 고급 커피를 저가로 제공하기 시작했다. 이렇듯 업종과 산업의 장벽을 넘어 경쟁에 진입하는 일이 다반사가 되었다. 이전의 기업이 평온한 망망대해를 거침없이 달리는 군함이었다면, 지금의 기업은 협곡을 헤치고 거슬러 올라가는 카누에 비유할 수 있다. 언제 어디서 암초를 만날지 알 수 없는 상황이라 구성원들의 다양한 시각을 통해 상황을 같이 읽고 해독해나가는 팀워크가 중요하다.

이러한 변화는 리더십에도 새로운 패러다임을 요구하고 있다. 하지만 아쉽게도 아직까지 많은 경영자와 리더들이 과거의 낡은 리더십 신화에 얽매여 있다. 심지어 이 신화를 진실로 받아들여 더욱 굳건히 지키려는 경향을 보이기까지 한다. 이제 과거의 리더십 패러다임이 만든 거짓된 신화들이 환경 변화 속에서 얼마나 무기력한지 알고 이를 기반으로 앞으로의 리더십 방향에 대해 알아볼 때이다.

### 신화 1 : 사공이 많으면 배가 산으로 간다

'사공이 많으면 배가 산으로 간다'라는 말에는 큰 오류가 있다. 바로 사공들이 언제나 동상이몽 중으로, 그들이 분분한 자기 견해만을 내세워 조직을 혼돈에 빠뜨린다고 전제한다는 점이다. 야구나 축구의 올스타팀이 뛰어난 실력의 선수들만 모였음에도 팀워크가 맞지 않아 제 실력을 발휘하지 못하는 것은 마치 이를 증명하는 것처럼 보인다.

이런 신화에 빠져 있는 리더들은 무언가 잘못되면 구성원들을 탓하기도 하고, 자신의 독단적 관행을 정당화한다. 그러면서도 정작 중요한, 리더로서의 책임은 방기한다.

그러나 만일 이 사공들의 목적지가 같다면 어떻게 될까? 가고자 하는 방향이 같은 사공들이 모인 배에서는 사공들의 다양한 견해와 아이디어, 능력을 일사분란하게 또 자율적이고 창의적으로 활용해 문제를 해결해나갈 것이다. 바로 이것이 오늘날 새로운 리더십에 필요한 모습이다.

리더는 사공이 많다는 사실을 탓할 것이 아니라, 뛰어난 능력을 가진 사공들과 협심하여 방향을 설정해야 한다. 여기서 방향은 함께 성취하고 이룩해야 할 미래의 비전이 된다. 리더라면 오늘날과 같은 초경쟁 상황에서 구성원들에게 나아가야 할 비전을 공유시켜 사명에 대한 믿음을 줄 수 있어야 한다. 그러지 못하면 아무리 뛰어난 능력을 가진 사공들이 있다 해도 배는 갈등과 혼란 속에서 결국 좌초하거나 침몰하고 말 것이다.

구성원들이 불확실성 속에서도 의미를 찾을 수 있게 만드는 리더를 '비저너리 리더(Visionary Leader)'라고 한다. 비저너리 리더는 날카로운 통찰력으로 사회적인 추세를 파악해 조직의 방향을 설정할 수 있어야 한다.[11] 이러한 리더는 조직의 새로운 정신적 이념으로서의 비전을 설정하고 전파할 뿐 아니라 어려운 상황에서도 비전에 대한 확고한 믿음을 지킴으로써 구성원들에게 희망을 보여준다. 넬슨 만델라는 28년간의 투옥 기간에도 남아프리카공화국을 평화로운 나라로 변화시키고자 하는 믿음을 견지하였고, 마침내 현실로 구현했다. 마틴 루터 킹 목사는 "나에게는 꿈이 있습니다"라는 구절로 유명한 연설문을 통해 인종차별 없는 세상에 대한 비전을 보여주었다. 처칠 역시 세계 대전의 위협 속에서도 '대의를 추구하는 한, 항상 수호천사가 우리를 지켜줄 것'이라는 믿음을 통해 영국 국민의 단결을 이끌어냈다.

이렇듯 비저너리 리더는 암울하고 불확실한 상황에서도 구성원들에게 비전을 통해 얻게 될 희망을 보여주고 비전을 달성할 수 있다는 자신감을 줌으로써 역경과 난관을 극복한다. 비전에 대한 강력한 믿음을 통해 자신을 따르는 사람들에게 진북을 보여주고 공유하는 능력이야말로 오늘날 리더십의 알파요, 오메가라고 할 수 있다.

### 신화 2 : 만 명의 직원을 먹여 살릴 수 있는 한 명의 천재를 찾아라

낡은 패러다임에서 바람직한 리더는 모든 영역의 역량들을 두루 갖춘 사람이었다. 즉, 과거에는 팔방미인 중의 팔방미인을 리더로 선출하는 것이 중요했다. 특정 영역의 전문가보다는 여러 영역을 잘 수행할 수 있는 제너럴리스트(Generalist)를 육성하고, 이들의 업적을 공유하는 시스템을 선호해왔다. 다시 말해 '한 명의 천재가 만 명의 직원들을 먹여 살릴 수 있다'는 믿음을 인재 육성의 핵심으로 여겨왔다. 고등학교 야구팀을 보면 한 선수가 4번 타자이면서 동시에 에이스 투수로 활약하며 팀을 우승으로 이끄는 경우를 종종 볼 수 있다. 그러나 이는 어디까지나 아마추어 팀의 이야기이다. 치열한 경쟁과 불확실성에 의해 승부가 갈리는 냉혹한 세상에서는 있을 법한 이야기가 아니다. 프로

팀에서는 스타플레이어 한 사람에 지나치게 의존할 경우 결코 좋은 성적을 낼 수 없다. 이런 점에서 미국 프로야구의 전설적인 타자였던 테드 윌리엄스 이야기는 시사하는 바가 크다. 보스턴 레드삭스의 선수였던 그는 역사상 최고의 타격 천재 중 한 사람이었다. 그는 마지막으로 4할 타율을 기록한 타자이고(1941년 .406), 통산 타율 .344(1939-1960), 홈런 521개, MVP 2회의 대기록을 남기고 '명예의 전당'에 입성했으며, 그의 등번호 9번은 레드삭스의 영구결번이 되었다. 하지만 그는 독선적인 선수였다. 타율이 낮은 선수들을 조롱하거나, 감독과 싸우고, 심판을 구타하고, 팬들에게 침을 뱉기도 했다. 하지만 같은 팀 선수 누구도 그를 나무라지 않았다. 팀 전체가 그의 능력에 빚을 지고 있었기 때문이다. 이런 윌리엄스의 독선에 입 다물고 있는 동안 팀의 분위기는 침체됐고, 결국 레드삭스는 그 기간에 단 한 번도 월드 시리즈에서 우승하지 못했다. 개인의 역량에 과도하게 의존함으로써 팀의 성과가 낮아진, 이른바 '역량의 독재' 현상이 일어난 것이다.

지적으로 아무리 뛰어난 능력을 가졌더라도 환경이 복잡해지고 불확실성이 높아지는 상황에서는 모든 정보를 제대로 읽어낼 수 없다. 이런 상황에서는 오히려 모든 사람이 리더와 같은 마음가짐으로 환경의 변화와 그 영향력을 읽어내고, 이를 통해 전략적 결정을 내릴 수 있어야 한다. 리더는 팔방미인처럼 혼자서 문제를 해결하는 사람이 아니다. 평범하지만 서로 다른 역량과 시각을 가진 사람들을 한 팀으로 구성하고, 리더십을 위임함으로써 보다 높은 성과를 낼 수 있도록 하는 사람이다. 다시 말해 팀원의 개인적 역량보다는 팀 전체의 역량을 이용할 수 있어야 한다. 예를 들어 팀원이 다섯 명이라면 다섯 명 모두 리더가 되어 각자 고유한 전문성을 기반으로 나머지 구성원들을 이끌 수 있어야 하는 것이다. 즉, 한 명의 천재가 아니라 조직 구성원 전체가 자신의 고유한 영역에서 회사를 이끌어갈 수 있는 CEO 같은 사원·관리자·임원이 되도록 해야 한다.

초경쟁의 불확실성 속에서 '한 명의 천재가 만 명을 먹여 살릴 수 있다'는 생각은 낡은 신화일 뿐 아니라 도박에 가깝다. 팀 역량에 기반을 두지 않은 리더십은 리더의 방종과 오판을 묵인하고, 팀원들의 잠재된 역량을 제한하게 된다. 탁월한 리더들은 개인 역량이 아닌 팀 역량을 중심으로 한 공유 리더십 혹은 분배 리더십을 실천한다.[주12] 또한 이들은 팀을 리더십의 기반으로 하고, 각 구성원들이 리더십을 나누어 수행하며 공동의 책임을 지도록 장려한다. 이런 리더들은 대외적으로는 팀을 대표하는 공식적 역할을 수행하고, 내부적으로는 구성원 간의 문제를 조율하고 그들을 지원한다. 바로 이것이 험난한 환경을 돌파하는 집단적 지혜를 모으는 가장 효과적인 방법이고, 조직의 장기적 번영을 위해 역량을 개발하는 지름길이기 때문이다.

### 신화 3 : 리더는 타고난다

과거의 리더십은 '위인론'에 가까웠다. 즉, 리더십이란 평범한 사람들이 가질 수 없는 특별한 것으로, 위대한 사람들만이 선천적으로 가지고 태어난다는 것이다. 이 같은 주장은 특성이론으로 발전해 지성, 남성성, 지배력, 자신감, 결단력, 성실성, 사교성 등을 리더의 고유한 특성으로 구분했다. 특성이론은 다시 카리스마 리더십으로 이어졌다. 카리스마를 학문의 세계로 끌어들인 막스 베버에 따르면 카리스마란 '하나님이 주신 특별한 재능'으로, 평범한 사람들이 가질 수 없는 능력이다. 따라서 리더에게 카리스마가 있다는 말은 은연중 비범함을 타고났다는 의미였다. 이들의 주장에 따르면 리더십은 결국 카리스마와 같은 능력을 가지고 태어난 사람을 찾아내고 선발하는 문제이지, 보통 사람을 훈련시키거나 육성해 키울 수 있는 것이 아니다.

그러나 위인론, 특성이론, 카리스마 리더십 등은 아직 확실히 검증된 바가 없다. 역사적으로 추앙받던 리더들이 뛰어난 재능을 타고났다는 것은 부인할 수 없지만, 많은 학자들은 조직을 성공적으로 이끈 리더와 그들의 타고난 특성 사이에 특별한 상관관계가 없다는 점을 밝혀냈다. 조직을 탁월하게 이끈 리더들은 어떤 특성을 타고난 사람들이라기보다는 오히려 학습을 통해서 리더로 거듭난 경우가 월등하게 많았다. 타고난 특성이 없다고 해서 리더가 되기를 포기할 필요는 없는 것이다.

카리스마에 대한 최근의 연구에 따르면 카리스마는 훈련을 통해 키울 수 있다고 한다. 특히 콩거와 카눙고는 리더의 카리스마란 타고나는 것이라기보다 귀인과정[13]을 통해 부하의 마음속에서 만들어지는 것이라고 주장했다.[14] 즉, 리더가 조직을 위해 부하들보다 탁월한 역량을 갖추고, 리더 개인의 목적을 넘어 조직의 비전을 위해 공헌하는 데 이 역량을 활용하면 이 모습이 부하들의 마음속에는 리더의 카리스마로 각인된다는 것이다. 부하는 '과연 내가 리더가 되면 저렇게 뛰어난 역량을 발휘하고 희생할 수 있을까?'라는 질문을 자신에게 던진다. 그리고 '그럴 수 없다'라는 결론을 내리게 되면, 이때부터 부하는 리더와 경쟁하기보다는 리더를 무조건 믿고 따른다. 다시 말해 리더의 뛰어난 역량이 부하들에게 존경과 의존감을 불러일으킬 때 비로소 부하들은 리더에게서 카리스마를 느끼는 것이다. 이는 리더가 훈련과 학습으로 자신의 역량을 구성원들과 차별화할 수 있다는 것을 보여준다.

짐 콜린스는《좋은 기업을 넘어 위대한 기업으로》(김영사, 2002)에서 리더십을 5단계로 구분하고, 평범한 사람들이 어떻게 가장 높은 5단계의 리더십을 행사하게 되는지를 밝혔다. 좋은 기업의 리더들은 대체로 리더가 모든 것을 좌지우지하는 4단계 리더십인 카리스마 리더십 수준에 멈췄지만, 위대한 기업의 리더들은 전문적 소양과 겸양을 내면화하는 5단계 리더십에 도달해 있었다. 5단계의 리더가 되려면 조직의 비전에 대해 누구보다 강한 믿음이 있어야 하고, 지속적인 자기훈련을 통해 전문성을 획득해야 한다. 그리고 이 전문성을 조직의 비전을 위해 사용할 수 있어야 한다. 성과를 달성한 공은 구성원에게 돌리고, 달성하지 못한 것은 자신의 탓으로 돌리는 겸손한 품성을 지녀야 한다. 콜린스가 말하는 5단계 리더십은 천부적인 재능의 문제가 아니라 5단계에 이르는 치열한 사투이자 훈련의 과정인 것이다. '리더는 타고난다'는 믿음을 가진 리더들은 자신의 책임을 제약한다. 그런 리더와 구성원으로 이루어진 조직 역시 건강한 변화와 개발의 문화를 받아들이지 못한다. 이런 개인과 조직이 불확실성의 세계에서 창조적인 해법을 찾아낼 리 만무하다.

자신과 조직의 운명에 대한 책임감을 가지고, 스스로 끊임없는 훈련을 통해 최고가 되려고 노력하는 리더야말로 조직의 잠재력을 깨우고 조직을 보다 높은 단계로 도약시킬 수 있다.

### 신화 4 : 한 번 리더는 영원한 리더이다

'한 번 해병은 영원한 해병'이라는 말처럼, 많은 사람들은 한동안 '한 번 리더는 영원한 리더'라고 생각해왔다. 경력이 연공서열에 따라 자동적으로 결정되던 시절에는 그 생각이 틀린 것이 아니었다. 그러나 오늘날 이 같은 주장은 특별한 목적으로 만들어진, 관료화된 조직에서가 아니면 찾아볼 수 없다.

오늘날은 '무경계경력(Boundaryless Career) 사회'이다. 조직 안에서 자신의 경력 사다리를 통해 승진하는 일은 그저 많은 경력 경로 중하나에 불과하다. 사람들은 자신의 경력을 인정해주는 회사로 얼마든지 이직할 수 있고, 회사 안에서도 연공을 떠나 리더가 될 수 있다. 아울러 리더십이 발아되는 환경 또한 시시각각 변하고 있다. 한 환경에서 성공한 리더십 스타일이 다른 환경에서 반드시 성공할 것이라든지, 연공서열과 과거의 성공만을 바탕으로 미래에도 성공할 것이라는 낙관은 그야말로 난센스다.

과거에는 리더십에서 상황을 변하지 않는 상수라 가정하고, 보편적으로 적용할 수 있는 리더십 행동과 스타일 및 특성과 스킬을 연구해왔다. 그러나 현대의 리더십 이론은 상황의 영향력을 무시할 수 없다고 가정하고, 각 상황에 따라 바람직한 리더십 특성과 행동 등을 찾는 연구들이 주류를 이루고 있다. 이를 '상황이론(Contingency Theory)'이라 한다. 예를 들어 피들러는 상황을 직무구조의 정형성, 리더와 부하의 관계 수준, 리더가 보유한 실질적 권한에 따라 구분했다. 그리고 상황이 좋을 때나 나쁠 때는 과업 중심적 행동을, 상황이 그렇고 그럴 때는 관계 중심적 행동을 할 것을 조언했다. 허쉬와 블랜차드도 상황을 부하들의 성숙도 즉, 부하의 몰입이나 능력 수준에 따라 분류해 보다 적합한 리더십 스타일을 제안했다. 또 하우스는 리더십의 문제를 부하들에게 과업에 대한 동기를 얼마나 잘 부여할 수 있는지의 관점에서 접근하고, 부하들이 목표를 달성하는 과정에서 발생하는 장애를 제거하기 위해 지식적 · 지원적 · 참여적 · 성취 지향적 행동을 상황별로 선택해 발휘해야 한다고 주장했다. 블룸과 이튼은 리더십의 문제를 설명하기 위해 상황에 따라 민주적, 독단적, 혹은 참여적으로 결정하는 의사결정 나무모형을 제시했다.

21세기 리더십 이론의 주류를 형성하고 있는 이 상황이론들은 리더를 상황에 적응해가는 수동적 존재로 간주한다. 하지만 동물과는 달리 인간은 상황에 수동적으로 반응하는 것이 아니라 주체적으로 상황을 해석하고 재구성한다. 예를 들어 비전을 통해 추종자들을 새로운 방향으로 이끄는 리더는 상황에 종속되어 있는 것이 아니라 상황을 주체적으로 새롭게 재해석하여 상황을 변화시켜간다. 그런 점에서 상황이론은 적극적으로 상황을 개척하고 재구성할 수 있는 리더의 능력을 간과한 것이다.

상황이론이 간과한 것이 또 있다. 리더십을 발휘하면 그 결과가 피드백되어 상황을 변화시켜 기존의 리더십이 더 이상 상황에 부합하지 않게 되는 '자기 부정적 상황'에 처할 수 있다는 것이다. 이른바 '리더십 성공의 역설(Paradox of Leadership Success)' 혹은 '성공의 독재(Tyranny of Leadership Success)'가 일어나는 것이다. 박정희 대통령은 1960년대 경제적 빈곤을 타파하기 위해 소위 말하는 '개발독재 리더십'을 행사했다. 이러한 리더십은 당시에는 주효했다. 하지만 이 리더십이 효과를 발휘해 경제가 살아났고, 빈곤이 사라지면서 국민들은 그간의 억압에서 벗어나 자유와 민주를 열망하는 민주시민으로 변해갔다. 이런 변화 속에서 박정희 대통령은 새로운 리더십 스타일로 변신하지 못했다. 오히려 자신의 성공을 보장해주었던 과거의 리더십 스타일에 더욱 맹목적으로 매달리다가 결국 비극적 최후를 맞고 말았다.

오늘날의 리더십을 제대로 이해하기 위해서는 리더의 상황적합성뿐 아니라 보다 역동적인 관점에서 상황을 적극적으로 해석하여 이를 다시 변화시킬 수 있는 리더 개인의 잠재력에도 주목해야 한다. 만약 리더가 변화된 상황에 맞는 역량을 새로 갖추지 못한다면, 적절한 시점에서 물러나고 후임자를 찾는 승계 문제가 중요한 이슈가 된다.

## 신화 5 : 리더는 백마를 타고 대군을 이끄는 장군이다

일반적으로 사람들은 리더라고 하면 백만 대군을 통솔하는 영웅적인 장군의 이미지를 떠올린다. 이런 이미지는 대규모 공장에서 지휘계통에 따라 일사불란하게 명령을 전달하는 리더의 이미지와 다르지 않다. 포스코의 박태준, 현대의 정주영, 삼성의 이병철, 대우의 김우중 회장 등이 그런 예이다.

지식과 창조화의 시대에는 전통적인 리더들과는 다른 새로운 리더십이 필요하다. 사람들은 일방적으로 지시를 받아 일을 처리하는 단순 노동자들이 아니라 독립적이고 자율적으로 자신의 과업에 대한 결정권을 가진 지식 근로자들로 바뀌었다. 이런 시대의 리더는 영웅적인 장군이 아니라 부하가 스스로 리더가 될 수 있도록 돕는 스승이 되어야 한다. 만쯔와 심스는 이를 '슈퍼 리더'라 칭했다.[15] 슈퍼 리더는 앞장서서 진두지휘하는 장군이 아니라 뒤에서 받쳐주고 밀어주는 육성의 리더를 말한다. 이들은 스승이 되어 기꺼이 부하를 리더로 육성한다. 그래서 답을 주기보다는 질문을, 말하기보다는 듣기를 선호한다. 또 부하가 실수를 두려워하지 않도록 독려하고 실수로부터 배울 수 있도록 자극한다. 정보를 권력의 지렛대로 이용하기보다는 부하들과 공유함으로써 팀워크를 형성하고 공동의 목표를 달성하는 수단으로 활용한다.

슈퍼 리더의 대표적인 인물로는 예수를 들 수 있다. 예수는 12제자들에게 고기를 준 것이 아니라 고기 잡는 법을 가르쳐줌으로써 기독교를 전 세계적인 종교로 만들 수 있었다. HP는 체계적인 멘토링과 코칭을 통해 리더를 길러 〈포춘〉 선정 500대 기업에 자사 출신의 CEO를 가장 많이 배출한 기업이라는 영예를 얻었다. 이런 리더의 진정한 힘은 자신이 허브가 되어 상생의 네트워크를 구축함으로써 거대한 잠재력의 원천을 보유하게 된다는 것이다.

그린리프가 창안한 '서번트 리더십'은 부하의 욕구를 충족하는 것이 리더십 성공의 평가 기준이 된다는 점에서 슈퍼 리더십과 맥을 같이한다. 서번트 리더는 명령하고 지시하는 것이 아니라 부하들보다 낮은 자리에서 그들의 성장을 돕기 위해 청지기 역할을 수행한다. 이들 역시 말하기보다는 듣기를 선호하고, 부하의 아픔에 공감하며, 통찰력으로 비전을 찾아 나서고, 공동체의 구성원으로 살아가는 기쁨을 공유한다. 이와 같은 청지기의 역할은 일찍이 예수의 삶과 노자의 사상에 잘 드러나 있다.

예수님이 제자들의 발을 다 씻기신 후 자리에 돌아와 말씀하시기를 내가 주와 또는 선생이 되어 너희 발을 씻겼으니 너희도 서로 발을 씻기는 것이 옳으니라. 내가 너희에게 행한 것같이 너희도 행하게 하려 하여 본을 보였노라. 내가 진실로, 진실로 너희에게 이르노니 종이 상전보다 크지 못하고 보냄을 받은 자가 보낸 자보다 크지 못하니 너희가 이것을 알고 행하면 복이 있으리라(요한복음 13:12-17).

군주 중 가장 으뜸인 군주는 자신이 성군임을 백성들이 모르게 행하는 군주이고, 그다음으로 훌륭한 군주는 백성들이 그가 성군임을 알고 칭송하는 군주이다. 다음은 백성들이 두려워하는 군주이고 그다음은 백성들이 멸시하고 경멸하는 군주이다. 가장 으뜸인 군주는 백성들의 일을 숨어서 도와 백성들로 하여금 우리가 힘을 합쳐서 스스로 이뤄냈다고 자랑할 수 있는 기쁨을 주는 군주다(노자《도덕경》BC 6세기 경).

## 신화 6 : 조직의 성패는 리더의 역량에 달려 있다

많은 사람들이 조직의 성패가 리더의 역량에 달려 있다고 믿는다. 그러나 이러한 믿음은 심리학적 귀인의 오류에 근거한 것이다. 사람들은 중요한 사건에 대해 이를 이해하고 설명하려는 속성을 가지고 있다. 설명의 합리성 여부를 떠나 설명이 있다는 사실 자체가 불확실성 속에서 어떻게 행동할 것인지를 결정하는 데 도움을 주기 때문이다. 불확실성을 줄이려는 본능은 주먹구구식으로라도 상황을 설명하려는 이론을 만들어낸다. 그래서 사람들은 모두 돈, 사랑, 건강 등 인생의 중요한 문제에 대해 자기 나름의 이론을 가지고 있다. 이런 이론들은 대부분 과학적 검증 과정을 거쳐 받아들인 것이 아니다.

회사의 성패를 설명할 때도 마찬가지다. 한 회사의 성공과 실패를 제대로 파악하려면 회사의 시스템, 직원들의 공과, 회사가 처한 상황적 변수 등 모든 요소를 고려해야 한다. 하지만 이는 학문적으로도 보통 복잡한 일이 아니기 때문에 우리는 이를 단순화하여 설명할 수 있는 이론을 만든다. 즉, 모든 변수를 '사람'과 '상황'의 문제로 이원화시키고, 상황은 파악과 분석이 너무 복잡하니까 주로 사람이라는 변수로 설명해버리는 것이다. 이를 기본적 귀인오류 중에서 '행위자 – 상황 차이 귀인오류'라고 한다. 이 오류에서는 회사의 모든 문제를 회사의 대표인 CEO의 행동으로 귀인해버린다. 다시 말해 회사의 성공과 실패는 모두 리더에게 달려 있다고 믿는 것이다.

이 같은 경향을 더욱 부추기는 것은 매스컴이다. 사람들은 매스컴의 보도를 자신이 가지고 있던 생각과 가정의 증거로 생각하게 된다.

매스컴의 보도 내용이 자신의 생각과 같다면 사람들은 확신을 가지고 이 사실을 적극적으로 전파하는 메신저 역할을 한다. 제임스 마인들은 사람들이 리더십을 너무 좋아한 나머지 모든 결과를 리더의 탓으로 돌리는 이런 현상을 '리더십의 로맨스(Romance of Leadership)'라 불렀다.[주16]

한 조직의 성패가 리더에게 달렸다는 사실을 완전히 부정할 수는 없다. 하지만 조직의 성공에는 종업원의 역량, 내부 시스템, 실행력, 조직이 처한 환경 등 다른 변수 역시 매우 중요하다. 리더의 역할은 이 많은 요소 중의 하나일 뿐이다. 그럼에도 불구하고 다른 요소들을 무시하고 모든 것을 리더로 귀인하여 설명하는 것은 과학적 태도가 아니다. 부정확한 정보처리 방식으로는 세상을 바라보는 시각이 왜곡될 수밖에 없고, 이 왜곡된 시각은 잘못된 의사결정을 내리게 한다.

리더십의 로맨스에 불을 붙인 주인공은 GE의 잭 웰치라고 할 수 있다. 웰치는 죽어가는 공룡 기업을 자신만의 리더십으로 기사회생시켜 최고의 기업으로 만들었다. 매스컴은 이 사실을 대대적으로 홍보했고, 사람들은 한 리더의 위대함에 탄복했다. 회사를 훌륭한 기업으로 만드는 데 있어 잭 웰치의 리더십이 마치 모범답안인 것처럼 보였다. 그러나 과학적 연구 결과들은 이와는 전혀 다르다. GE와 대등한 많은 회사와 CEO의 리더십을 연구한 결과, 놀랍게도 잭 웰치와는 전혀 유사하지 않은 리더십의 리더들이 많았다. 짐 콜린스의 《좋은 기업을 넘어 위대한 기업으로》를 보면 카리스마가 넘치기보다는 겸손하고 부드러운 SAS의 굿나이트, 종업원에게 웃음을 주기 위해 스스로 광대 역할을 자처하는 사우스웨스트 항공의 캘러허 같은 리더들도 잭 웰치 못지않게 기업을 잘 운영했다. 오히려 세계적 수준의 회사들 중 리더가 잭 웰치와 같은 리더십을 행사한 것이 실패의 지름길이 된 곳도 있었다.

오늘날 세계적 수준의 리더들은 리더십에 대한 일반인들의 오해를 충분히 인지하고, 회사가 잘될 경우에는 그 공을 종업원들에게 돌리고 대신 회사가 어려워질 경우는 그 책임을 스스로 짊어진다. 기업의 성공에 있어 많은 부분이 리더에게 달린 것은 사실이지만, 그와 같은 공과에 지나치게 빠져들면 세상에 대한 정확한 통찰을 잃게 된다는 점을 잘 알고 있기 때문이다.


## MBA 학생들과의 토크쇼 1

앞에서 살펴본 리더십의 6가지 신화에 대해 설명을 마친 후, 21세기가 원하는 리더십에 대해 MBA 학생들과 토의를 한 적이 있다. 아래는 그때 나온 질문과 그에 대한 나의 대답을 요약한 것이다. 학생들의 프라이버시를 위해 이름은 생략한다.

학생 1 : 리더십의 여섯 가지 신화마다 장단점과 강약점이 있는 것 같은데, 서로를 보완할 수 있다고 봅니다. 그렇다면 이 여섯 가지를 모두 갖춘 사람은 훌륭한 리더가 될 수 있지 않을까요?

윤 교수 : 반드시 그렇다고 할 수는 없습니다. 사실 리더에게 가장 중요한 것은 앞서 살펴본 스킬과 스타일보다 더욱 근본이 되는 '진정성'입니다. 아무리 뛰어난 스킬을 가졌다 해도 그 바탕에 진정성이 없다면 구성원들에게 선한 영향력을 행사할 수 없기 때문이지요. 〈양치기 소년〉 우화에서 주인공인 양치기 소년은 진정성을 보이지 못해 신뢰를 잃었지요. 결국 마을 사람들은 진짜 늑대가 나타났을 때조차 소년의 말을 믿지 않습니다. 이 소년이 앞선 여섯 가지 리더십 스킬을 모두 익히고 있었다고 해서 사람들이 소년의 말을 믿어줬을까요? 결코 그렇지 않았을 겁니다.

학생 2 : 경영자들에게 진정성이 중요한 요소였다고는 해도 지금까지는 그다지 강조되지 않았던 걸로 알고 있습니다. 그런데 왜 지금에서야 이렇게 강조가 되는 걸까요?

윤 교수 : 좋은 질문이군요. 학생이 지적한 것처럼 진정성은 항상 중요한 덕목이었음에도 지금까지는 진정성이 결여된 리더들이 경쟁에서 우위를 점하고 앞서나가는 것처럼 보였던 게 사실입니다. 하지만 이는 단기적인 성과였을 뿐, 장기적이고 영속적인 성과를 올릴 수 있는 것은 결국 진정성 있는 리더, 진정성 있는 조직입니다. 경영 환경이 불확실하고 어려운 상황일수록 진정성은 더 빛을 발합니다. 그리고 21세기 경영 환경은 한 치 앞도 내다보기 힘들 정도로 불확실하게 변화하고 있지요. 그렇기에 21세기 리더들은 진정성으로 정면승부를

해야 합니다. 리더의 진정성 있는 스토리야말로 불확실성을 정면으로
돌파하게 하는 핵심 열쇠이기 때문입니다. 그렇기 때문에 진정성 있
는 리더야말로 21세기의 '근원적 리더'라고 할 수 있지요.

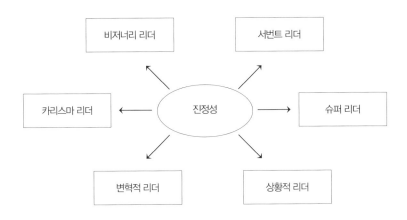

〈그림1〉 리더십의 근원

윤 교수 : 그림을 보십시오. 만약 리더에게 진정성이 바탕이 되어 있
지 않다면 어떻게 될까요? 부하들은 리더의 모든 리더십 스타일과 스
킬이 비전과 사명을 달성하는 도구가 아니라 자신들을 이용하기 위
한 도구가 아닌지 의심할 것입니다. 거짓으로 진정성을 꾸미고 있는
리더라면, 비저너리 리더조차도 비전이 달성되는 순간 자신의 이익만
을 앞세우고 부하를 외면하기도 합니다. 진정성 없는 카리스마는 마
지막 순간에 부하들을 위협하는 '칼 있으마'로 돌변할 수도 있습니다.
상황이론 리더십도 진정성 없이는 리더들이 구성원을 이용하는 데 사
용될 뿐이죠. 슈퍼 리더십이든 서번트 리더십이든 단지 리더의 욕구

를 채우기 위해 활용되는 순간, 부하를 기만하는 기술로 전락합니다. 한마디로 진정성 없는 '유사리더'는 부하를 자신의 성공을 위한 도구로 이용할 뿐입니다.

학생 3 : 말씀하신 유사리더는 진정성의 중요함을 모르는 것 같은데, 그들이 진성리더가 되려면 무엇이 필요할까요? 그들도 진성리더가 될 수 있을까요?

답변 3 : 유사리더들도 리더십 스킬과 스타일은 갖추고 있습니다. 자신의 목적이 달성될 때까지는 진정성도 갖춘 것처럼 연출을 하지요. 이들은 리더십의 효력을 높이는 데 진정성이 필요하다는 사실을 알고 있기에, 필요한 경우라면 '악어의 눈물'을 연출합니다. 하지만 이들은 진심으로 진정성을 갖춘 것은 아닙니다. 이들은 법의 허용 범위와 내면의 진정성 사이를 넘나들며 위험한 게임을 하는 셈이지요. 심지어 인생이란 서로 속고 속이는, 단 한 방으로 모든 것이 결정되는 게임이라 여기는 사람도 있습니다. 그래서 법의 테두리 바깥에서 승부를 걸기도 하지요. 하지만 이들의 진정성이 연출된 것에 불과하다는 사실이 발각되면, 그때까지 쌓아온 명성이 한순간에 무너집니다. 거짓된 진정성으로 부하들과 세상을 한두 번은 속일 수 있겠지만, 영원히 속여 넘기지는 못합니다. 요즘처럼 정보의 민주화가 이루어진 시대에서는 유사리더의 행적은 결국 드러날 수밖에 없습니다.

학생 4 : 유사리더와 달리 진성리더는 돈에만 매달리는 사람들이 아닐 거라 생각합니다. 그렇다면 그들에게 성공이란 어떤 것인가요?

윤 교수 : 그렇습니다. 진성리더에게 성공이란 남과의 경쟁에서 이기고 눈에 보이는 성과를 얻는 것이 아닙니다. 그들은 '다른 사람들의 성공을 돕는 일'에서 자신의 성공을 찾습니다. 즉, 다른 사람이 성공하도록 돕는 데 실패했다면, 진성리더에게 그것은 진정한 성공이 아니지요. 기업생태계에서 공동의 플랫폼을 가진 기업끼리는 운명을 같이한다고 할 수 있습니다. 같은 플랫폼 내의 다른 기업들을 모두 경쟁자나 적으로만 여긴다면 플랫폼 자체가 흔들릴 수 있지요. 그렇기에 진성리더들은 같은 플랫폼의 모든 구성원과 함께 나아가는 방향을 모색합니다. 바로 여기서 진정성이 요구되는 것이지요. 21세기는 진정성을 기반으로 하지 않으면 누구도 생존할 수 없는 시대로 변하고 있습니다. 구시대의 리더들은 진정성을 선택 사항으로 여기며 부담스러워했지만, 앞으로의 리더들에게는 성공을 위한 가장 기본적이고 필수적인 자산이 될 것입니다.

# 유사리더의 눈물은 악어의 눈물

워렌 베니스는 자신의 저서《워렌 베니스의 리더》(김영사, 2008)에서 리더를 '리더로서 조직이 달성해야 할 올바른 방향을 설정하는(Do The Right Thing)' 리더와, '조직이 정한 일을 올바르고 매끈하게 처리할 수 있는 실천 능력을 갖춘(Do It Right)' 리더로 구분했다. 올바른 방향을 설정하는 것은 비전을 설정하는 작업과 관련이 있고, 올바르게 일을 한다는 것은 설정된 비전을 잘 수행해낸다는 의미이다. 이처럼 비전을 제시할 수 있는 능력과 이를 실행해낼 수 있는 능력을 기반으로 리더의 유형을 다시 분류해보면 아래의 그림과 같은 4가지로 나뉜다.

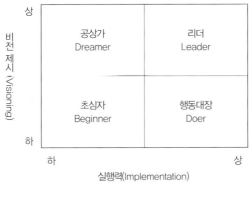

〈그림2〉 리더 매트릭스

비전을 제시할 수 있는 능력은 탁월한 반면 이를 실행에 옮길 수 있는 능력이 부족한 경우 이들은 공상가에 불과하고, 반대로 실행력은 뛰어난 반면 비전의 방향을 제시할 수 있는 능력이 떨어질 경우 행동대장

스타일의 리더가 된다. 좋은 리더는 결국 이 두 가지 능력이 모두 탁월한 사람들이다.

진성리더십은 베니스가 설정한 훌륭한 리더들 중에도 진짜인 척하지만 알고 보면 진짜가 아닌 유사리더(Pseudo Leader)가 있다는 점을 지적해준다. 유사리더는 리더십을 행사함에 있어 내면적인 자아와 외면적인 자아가 분절된 상태에서 리더의 직책으로 균열을 포장하는 사람들이다. 자신의 성공을 위해서 남을 이용한다는 사실을 숨겨야 할 때 유사리더임이 드러난다. 즉, 내면적 자아는 자신만의 성공을 추구하고 외면적 자아는 이를 숨기기 위해서 악어의 눈물을 흘려가며 진정성을 연출한다. 유사리더는 내면의 자아와 외면의 자아 간의 균열을 자신의 직책 속에 숨겨가며 리더십을 과시하곤 한다. 자신에게도 진솔한 영향력을 행사하지 못하면서 다른 사람들에게 리더임을 과시하는 사람들은 엄밀히 말해 '리더십의 사기꾼'이다. 반면 진성리더들은 남들의 성공을 돕는 일에 성공하는 것을 자신의 사명으로 여긴다. 따라서 내면적 자아와 외면적 자아 간에 균열이 있을 수 없다. 진성리더는 진정성이 남들에게도 전달되도록 리더십을 행사하는 사람이다. 이들은 자기 자신에 대한 진솔함을 바탕으로 리더십을 발휘하기 때문에 선한 영향력을 행사할 수 있다.

# 4 행복한 회사

## 진성리더들

돈 많이 주는 회사보다는
들뜬 마음으로 출근할 수 있는 회사를 찾아라.
_워런 버핏

## 진성리더십의 다양한 모습

대부분의 회사들이 탐욕으로 오염되어 갈 길을 헤매고 있는 동안에도 북두칠성과 같이 영롱한 빛을 발하며 혁신적 가치를 선도하는 회사들이 있다. 이 회사들을 살펴보면 한 가지의 공통점이 있다. 바로, 이 회사들의 CEO는 진성리더라 부르기에 부족함이 없다는 사실이다. 사회 각 영역에는 기라성 같은 진성리더들이 존재하나, 본서에서는 산업 영역에서의 진성리더들에 초점을 맞출 것이다. 산업 영역에서 진성리더로 거론되는 사람들을 북미를 중심으로 살펴보면 GE의 제프리 이멜트, 스타벅스의 하워드 슐츠, IBM의 샘 팔미사노, 제록스의 앤 멀케이, P&G의 래플리, 버크셔 헤서웨이의 워런 버핏, HP의 데이비드 패커드, 3M의 윌리엄 맥라이트, 하포의 오프라 윈프리, SAS의 굿나이트, 뱅가드의 존 보글, 이케아의 잉바 캄프라드 등이 있다.

여기서는 최근 화제의 중심에 있는 스티브 잡스와 하워드 슐츠의 리더십을 비교해봄으로써 진성리더십의 단면을 살펴볼 것이다. 또한 한국의 대표적 진성리더이자 유한양행 창업자인 고(故) 유일한 박사의 진성리더십을 살펴보자.

## 스티브 잡스

2011년 10월 5일, 생을 마감하기까지 스티브 잡스의 삶은 세상에 신성한 족적을 남기기 위한 자신과의 투쟁이었다. 그는 인생을 '자신의 진북에 도달하는 과정에 이어지는 점들'이라 표현하고 있다.

스티브 잡스는 탄생하자마자 부유한 변호사 집안에 입양되기로 예정되었으나 변호사 집안에서 여아를 바랐기 때문에 입양되지 못했다. 생모가 아이에게 대학교육을 시켜준다는 각서를 건설 노동자인 양부모로부터 받고 그를 입양시킨 과정은 운명의 장난과도 같았다. 그러나 자신의 운명을 통제할 수 있는 나이가 되면서부터 스티브 잡스는 삶을 자신만의 사명으로 통제했다. 그가 자신의 삶을 미래의 어떤 기점을 중심으로 점들이 존재하고 이 점들이 연결되는 과정이라고 묘사한 것은 자신의 북극성이 되어준 사명을 표현한 것이다.

스티브 잡스는 자신의 사명을 찾는 과정에서 한동안 방황하기도 했다. 1974년 인도에서 요가와 불교에 빠져 지내던 7개월 동안 만들어진 심플하고 단순한 사명이 애플의 모든 디자인에 그대로 드러난다. 죽음 앞에 서 있을 때 현존재를 극명하게 깨달을 수 있다는 하이데거의 언명처럼, 스티브 잡스는 췌장암 수술을 앞두고 사명을 가다듬어 자신을 성찰했다. 그는 췌장암 수술 이후 33년간 거울을 보며 죽음 앞에 서 있는 자기 자신을 상상해가며 성찰해왔다고 회고했다.

스티브 잡스는 인생에서 몇 번의 시련을 겪었다. 그는 이 시련을 자신의 사명을 검증하는 기회로 이용했다. 사명은 오직 시련을 통해서만 단단한 마음의 근육으로 발전한다. 건설 노동자인 부모가 학비를 댈 수 없어서 학교를 그만두어야 했을 때도 친구의 기숙사 방에 얹혀살면서 훗날 매킨토시 컴퓨터에 장착될 서체 공부에 빠졌다. 캔을 주워 내다 팔아 식비를 마련하는 고단한 삶도 꿈을 담은 스티브 잡스의 강렬한 사명을 이길 수는 없었다. 자신이 영입한 CEO에 의해 자신이 만든 회사인 애플에서 모든 직책을 박탈당하고 쫓겨났을 때도 애니메이션 회사인 픽사를 세워 사명을 구현하는 일을 포기하지 않았다. 시련을 통해 자신의 사명을 단련하고 검증한 기간을 보냈다고 볼 수 있다.

스티브 잡스의 사명은 2005년 6월 12일 스탠포드 대학 졸업식 연설문 중 스튜어트 브랜드의 〈The Whole Earth Catalog〉 폐간호 마지막 문장에서 인용한 'Stay Hungry, Stay Foolish'라는 말에 극명하게 드러나 있다. Stay Hungry는 자신의 미래의 모습을 담은 사명과 지금까지 삶을 이끌어주었던 현재의 삶과의 차이를 통해 정신적으로 배고픈 상태를 끊임없이 유지하는 삶을 살라는 언명이다. 이와 같은 사명을 구축했다면, 사명에 대한 믿음을 가지고 이를 단련시켜 단단한 근육으로 만드는 일에 측은할 정도로 몰두하라는 뜻이 담긴 말이 Stay Foolish다. 남들이 더 쉽고 편한 길에 대해서 감언이설로 아무리 유혹해도 흔들리지 않고 자신의 사명에 대한 믿음을 지키라는 뜻이다. 세상 물정 모르는 바보라고 손가락질을 받아도 자신의 사명에 집중하고 이를 구현하여 결국 자신이 추구한 길이 옳았음을 입증해야 한다는 뜻이기도 하다.

스티브 잡스는 자신의 사명으로 단련된 믿음을 통해 세상에 신성한 족적을 많이 남겼다. 최초의 개인용 컴퓨터라고 볼 수 있는 매킨토시를 만들었고, 아이튠즈, 앱스토어, 아이폰 등 세상의 지형을 바꿔놓은 창의적 제품들을 내놓았다. 이와 같은 작품들은 스티브 잡스의 창의적이고 비전 지향적인 사명이 애플로 전수되어 확장 정렬되었기 때문에 가능한 일이었다. 또한 이런 사명을 기반으로 하지 않고 단지 제품에만 몰두했다면 세상을 바꾸는 신성한 족적은 한두 가지 제품에만 국한되어 세상에서 쉽게 잊혀졌을 것이다. 결국 진성리더의 믿음으로 단련된 사명이 이와 같은 창의적 제품들의 태반 역할을 수행한 것이다.

스티브 잡스는 사명을 세우고 구현하는 일에 평생을 보냈다는 점에서 세기적 진성리더임이 분명하다. 하지만 다른 사람들과의 진실된 인간관계를 형성하는 데는 많은 문제를 보였다. 사후 출간된 자서전에 의하면, 잡스는 자신의 생부와 생모에 대한 반감을 가지고 있었다. 그는 양부모를 '100% 내 부모'라고 표현했고, 생부와 생모에 대해서는 '나의 정자와 난자 은행일 뿐'이라고 비난했다. 또한 매킨토시 출시 이후 직원 4분의 1을 해고하면서 "너희들은 B급"이라 했고, 납품사가 일정을 못 맞추자 "빌어먹을 고자 녀석들"이라고 욕을 퍼부었다. 애플 공장을 방문한 미테랑 프랑스 대통령 부인이 컴퓨터 대신 직원 복지와 근로 조건을 계속 묻자 그는 "그렇게 복지에 관심이 많으면 직접 와서 일하라고 해"라고 중얼거렸고, 통역사가 "영부인께서 방문해주셔서 고맙다"라고 거짓 통역을 했다는 일화도 있다. 애플 디자인 책임자 조너선 아이브는 "잡스는 상대에게 효과적으로 상처를 입히는 방법을 잘 알고 그것을 실천했다"고 증언했다. 잡스는 자신을 '속마음을 감추지 못하는 사람' 혹은 '필터가 없는 사람'이라고 묘사하기도 했다. 이처럼 스티브 잡스는 사람들을 존중받아야 할 대상이 아니라 천재 아니면 바보로 취급하려는 경향이 강했다.

## 하워드 슐츠

스타벅스의 창업자 하워드 슐츠는 스티브 잡스만큼 세상에 큰 차이를 만들어내지는 못했지만, 관계적 진정성으로 많은 사람들의 존경을 받고 있는 진성리더다. 하워드 슐츠의 사명은 어렸을 때 뉴욕 브루클린의 빈민가에서 경험한 가난에서 비롯된다. 그의 아버지는 가족들을 위해 몇 개의 파트타임을 뛰며 최선을 다해 일했지만 역부족이었고, 결국 폐암으로 사망한다. 어렸을 적 하워드 슐츠는 아버지의 무능함에 대해 증오심을 갖고 있었다. 대학을 졸업한 후 제록스의 마케팅 부서에서 일했고, 이후에는 가정용품을 생산하는 해머플래스트의 부사장 자리에까지 올랐다. 그러던 차에 스타벅스의 에스프레소 맛에 반해 대기업 부회장 자리를 박차고 나와, 그 당시 4개의 점포를 가지고 있던 스타벅스의 마케팅 책임자로 합류한다. 이때 슐츠는 자신의 사명을 깨닫는 '각성사건'을 경험한다.

어느 날 그는 얼굴이 익은 단골손님에게 인사를 건넨다. 이 손님은 이런 저런 이야기를 주고받던 중 울먹이면서 자기는 직장으로부터 해고당해 여기 외에는 갈 곳이 없어서 매일 매장을 찾는 것이라고 고백한다. 슐츠는 그 중년 남성을 보고, 아무리 열심히 일해도 경제적으로 무능했던 아버지를 떠올렸다.

이때부터 '최고의 커피를 만든다'는 비전을 '영혼이 담겨 있는 회사를 만든다'는 사명으로 전환했다. 그리고 비전보다는 사명의 요소를 강화시킨 회사의 모습을 만들어나갔다. 아버지처럼 사회적으로 홀대받는 사람들에게 안정적인 고용 기회를 제공해 중산층의 삶을 살 수 있게 해주는 회사를 만들기로 결심한 것이다. 다른 대기업에서 관심을 두지 않았을 사람들에게 1주일에 최소 20시간의 정규 취업 기회를 제공했다. 사람들에게 중산층의 삶을 복원해주려는 회사의 사명이 그 뼈대를 갖추기 시작한 것이다. 이때부터 슐츠는 사원들을 종업원이 아닌 파트너로 대우하고 주식을 배분했다. 또한 직원의 배우자에게도 보험혜택을 부여하는 등 사원의 복지를 통해 사명을 구현해나갔다.

회사에 여력이 생기자 슐츠는 그간 업계에서 착취의 대상이었던 커피 생산 농가에도 적정 가격을 보증하고, 이들에게 커피 제배 관련

농법을 교육했다. 그리고 이들이 속한 지역사회에도 자신의 사명을 전파해나갔다. 슐츠는 회사란 일을 즐기면서 생을 보낼 수 있는 사회적 공간이 되어야 한다고 생각한다. 마찬가지로 스타벅스를 집, 직장을 벗어나 사람들이 만나고 일하고 인터넷을 즐기고 독서를 할 수 있는 사회적 문화공간으로 만들어야 한다는 사명을 가지고 있었다. 스타벅스가 단순히 커피만을 팔았다면 지금처럼 성공을 거두지는 못했을 거라는 추측을 가능하게 하는 대목이다. 커피를 매개로 사람과 사람, 사람과 사회의 연결된 커뮤니케이션의 가능성을 찾았고, 가정이나 직장에서 느끼지 못한 또 다른 사회적 공간으로서의 매력을 덧붙였다. 스타벅스가 다른 기업에 비해 연봉 수준은 낮아도 직원들의 충성심만큼은 어떤 기업보다 높은 이유는 사명에 대한 슐츠의 진정성을 종업원들이 믿고 있기 때문이다.

## 유일한 박사

한국을 대표하는 진성리더로 유한양행의 창립자 유일한(柳一韓) 박사를 꼽을 수 있다. 1971년 4월 8일, 당시 시가로 36억 2천만 원에 해당하는 전 재산을 사회에 환원한다는 내용의 유언장이 세상에 공개돼 많은 사람들을 놀라게 했다. 하지만 그가 남긴 것은 단지 몇 푼의 돈이 아니라 시대적 사명이었다. 그는 다음과 같은 유언장을 남겼다.

손녀 유일링에게는 대학 졸업 때까지의 학비 1만 달러를 마련해준다.
딸 재라에게는 유한중 · 고등학교 안에 있는 땅 5,000평을 물려준다.

이 땅을 유한동산으로 꾸며주기 바란다. 아들 일선은 대학까지 가르쳤으니 앞으로는 스스로의 힘으로 살아라. 나머지 내가 가진 모든 재산은 한국 사회 및 교육 신탁 기금에 보내, 뜻있는 교육 사업과 사회 사업에 쓰도록 하라!

유일한 박사는 이 편지를 남긴 채 일흔일곱의 나이로 홀연히 세상을 떠났다. 그리고 그의 유언대로 학생들이 뛰노는 '유한동산'에 잠들었다. 그 당시 대재벌이었던 그가 가진 것이라고는 구두 두 켤레와 양복 세 벌 그리고 손때 묻은 가방, 안경, 만년필, 지팡이가 전부였다.

유일한 박사가 죽은 뒤 20년이 흐른 1991년 어느 날, 딸 유재라 여사는 200억 원을 아버지의 뜻을 따라 아낌없이 사회에 내놓았다. 기업에서 얻은 이익은 그 기업을 키워준 사회에 환원해야 하며, 만약 무엇이 더 중요한지 순위를 정해야 한다면 국가, 교육, 기업, 가정 순이라고 믿었던 유일한 박사의 정신적 이념을 실천한 것이다.

유일한 박사의 원래 이름은 유일형이다. 동학혁명, 갑오경장, 청일전쟁 등으로 나라 안팎이 급격한 변화의 소용돌이 한가운데 있었던 1895년 1월 15일 평안남도 평양에서 독실한 기독교 신자인 부친 유기연과 모친 김기복 씨의 9남매 가운데 장남으로 태어났다. 유일한은 아버지의 뜻에 따라 9살에 혈혈단신 미국으로 유학을 떠났다. 유일한의 아버지는 서구 문물의 강대함을 어린 유일한이 보고 배워서 조선을 강하게 키우라는 뜻으로 초등학생을 혼자 유학 보낸 것이다. 유일한은 고등학교를 미식축구 장학금으로 마치고 미시간대학의 상학과에 입학한다. 그는 대학 4학년이었던 1919년 4월 14일 필라델피아에서 열린 '한인자유대회'에 참가하여 〈한국 국민의 목적과 열망을 석명(釋明)하는 결의문〉을 작성한다. 이를 계기로 당시 재미한인사회에 큰 영향력을 행사하던 인물들인 안창호, 서재필, 이승만, 박용만 등을 만나게 된다. 이들은 제각기 독립운동의 방법에 대해 입장 차이를 보였다. 유일한 박사는 서재필과는 두터운 교분을 맺은 반면 이승만과는 사이가 좋지 않았다. 동포들이 걷어준 독립운동 자금을 사사로이 사용하고, 독립운동의 열정보다는 정치가로서의 야심이 많았던 이승만의 행보에 적잖이 실망한 것이다.

대학을 졸업한 뒤에는 잠시 미시간 중앙철도회사에 다니다 곧 뉴욕에 있는 GE의 회계사로 자리를 옮겼다. 그곳에서 일하는 동양인은 유일한 박사뿐이었다. 능력을 인정받아 1년 남짓 지났을 때 동경지사 책임자로 내정되는 등 출세 가도가 눈앞에 펼쳐졌지만, 그는 회사를 그만두었다. '이곳에 계속 있으면 나야 걱정 없이 살 수 있겠지만, 고국의 동포들을 놔두고 나 혼자 호의호식할 수는 없다'는 생각 때문이었다. 그리고 이내 디트로이트로 옮겨, 나라를 위해 쓸 자금을 모으고자 장사에 몰입한다. 어느 정도 자본을 축적한 뒤, 장차 한국 진출을 염두에 두고 1926년 미국에서 유한주식회사를 세웠다. 사장에 서재필, 부사장에 정한경이 취임했고, 자신은 재무를 맡았다. 유한양행의 상표이자 신용의 상장이 된 버들표가 처음 등장한 것도 이때다. 버드나무가 새겨진 조각은 서재필이 '뜨거운 여름날 사람들이 햇빛을 피해 마음 놓고 쉴 수 있는 시원한 그늘이 돼라'는 뜻으로 준 것이었다.

또한 한국인임을 잊지 말고 모진 비바람에도 꿋꿋이 견디는 버드나무와 같은 삶을 살라는 뜻도 담겨 있었다. 유일한은 서재필의 말을 가슴 깊이 새기고, 대한민국의 독립을 위해 국민의 건강부터 챙겨야겠다는 사명을 세운다. 유한양행의 '양행'은 오대양 육대주를 의미한다. 처음부터 사업 영역을 세계로 하겠다는 글로벌 마인드와 큰 포부가 잘 나타나 있다. 그의 나이 31세 때의 일이었다. 독립을 위해서는 국민의 건강부터 챙겨야 한다는 유일한의 사명은 회사를 경영하는 모든 일에 녹아 있었다.

첫 약품인 금계납과 장충산의 광고가 〈동아일보〉에 실린 것은 수개월 후인 1928년 7월 9일이다. 유한양행의 약품 광고는 기존 제약회사들의 것과는 달랐다. 당시 약품 광고들은 대부분 어떠한 질환에 효능이 있는지에 대한 언급 없이 '만병통치약'이라는 식이었던 데 반해 유한양행은 구체적인 질환과 효능을 명시했다. 또한 버들표 마크와 부인인 의사 호미리, 약사 나찬수의 이름을 적어 넣었다. 제품의 신뢰성뿐만 아니라 국민의 건강을 챙기는 회사의 책임을 분명히 하기 위한 조치였다. 이 결과 많은 사람들은 버들표만 찍혀 있으면 믿어도 된다고 생각했다.

30년대 후반 유한양행의 사세가 확장일로에 있던 때였다. 만주와 국내의 시장 조사를 마치고 돌아온 한 간부가 유일한 사장에게 그 결과를 보고했다. 국내에도 마약 중독자들이 날로 증가하고 있으니 헤로인이나 모르핀 등을 제조해서 팔면 돈이 될 것이라는 내용이었다. 유일한은 이 간부를 심하게 꾸짖고, 지금까지 유한양행에서 무엇을 배웠는지를 따져 물었다. 다른 제약회사들이 이윤만을 생각해 앞다퉈 마약 성분이 함유된 진통제 판매에 열을 올릴 때에도 유한양행은 요지부동이었다. 이윤이 덜 남더라도 가정에서 필요한 상비약을 생산·판매하는 데 주력했다. 약을 만드는 과정에서도 손실분 함량까지 고려해 생산하도록 했다. 또한 30년대 후반 유한양행은 보관시설비가 엄청난 반면 수요는 매우 적어 그 누구도 취급하려 하지 않았던 긴급약품과 맹장염 혈청 등의 보관시설을 갖추고 전국 각지의 병원에서 요청하면 어느 때라도 신속하게 전달하기 위해 철도와 특별협약을 맺었다. 국민의 건강부터 챙긴다는 유일한 박사의 사명이 그대로 드러난다. 유일한 박사를 '자본주의의 논리보다 자본주의의 윤리에 철저했던 인물'로 평가하는 이유도 여기에 있다.

1936년에 종업원 지주제를 통해 '종업원들이 주인과 같은 주식회사'로 바꾸었다. 지금이야 우리사주제라는 제도가 있지만, 1936년에 이런 제도를 생각하고 실천했다는 사실이 놀랍다. 당시로써는 자본주의 본고장인 미국에서도 생각하기 힘든 제도였다.

한창 성장하고 있던 유한양행은 1962년도에 주식상장 작업을 하고 있었다. 당시 기업공개 작업에 착수하고 있던 직원들은 회장이 제시한 액면가 100원은 너무 낮다고 말했다. 시장가치로 본다면 최소한 600~700원 정도가 합리적인 가격이라고 생각한 것이다. 그러나 유일한 사장은 유한이 한 개인의 소유가 아니라 우리 국민의 것이기도 하다며 액면가 100원을 그대로 밀어붙였다. 아니나 다를까, 주가는 직원들의 예상대로 상장 후에 1,000원까지 올라간다.

유한에는 유일한의 친인척이 근무하기도 했다. 그러나 유일한은 자신의 가족이 회사 경영에 관여하는 것을 원하지 않았다. 결국 죽음을 앞두고 당신이 살아 있을 당시에 회사에 있던 친인척을 모두 내보냈다. 임원들은 비록 친인척이라고 하더라도 채용한 사람을 그런 식으로 무조건 해고하는 것은 말도 안 된다고 말리기도 했다. 그러나 회사에 들어온 가족이나 친인척이 파벌을 형성할 것을 두려워한 유일한은 1969년에 일체의 경영권을 전문 경영인에게 물려주고 경영 일선을 떠난다. 회사는 전문적인 지식을 갖춘 사람이 운영해야 한다는 신념 때문이었다.

정치자금을 제공하지 않아 권력으로부터 미운털이 박힌 유한양행은 이승만과 박정희 정권 시절 수차례 세무사찰을 받았지만 탈세 사실이 밝혀진 적은 한 번도 없었다. 오히려 세무사찰 후 담당기관으로부터 우량납세·모범업체로 선정돼 표창장까지 받았다. 유일한 박사는 평생 정치 참여는 물론 정치와 관련된 발언조차 삼갔다.

유일한 박사는 엄격한 윤리적 잣대를 남에게 일방적으로 강요하지 않았다. 오히려 스스로 모범이 되어 다른 사람들이 따를 수 있도록 했다. 회사에서 사택을 지어주자 개인 주식 배당금에서 비용을 지불했고, 유한양행에서 만든 약조차 직접 돈을 주고 사서 먹었다. 이렇게 근검절약해 모은 돈으로 "교육에 대한 투자는 반대급부를 바라지 말아야 한다"며 꾸준히 교육 사업에 투자했다. 유일한 박사는 기업가보다 교육자로 불리는 것을 더 좋아했다. 심지어 여권의 직업란에도 교육자라고 써넣을 정도였다.

유일한 박사는 6·25전쟁 후 국가 재건을 위해서는 인재 양성이 급선무라고 판단, 개인 소유의 유한양행 주식 3할을 신탁재산으로 해 1952년 12월 고려공과기술학교를 설립했다. 학비는 물론 의식주까지 무료로 제공했다. 그리고 1962년 10월에는 재단법인 유한학원을 설립했다. 1964년 3월에는 한국고등기술학교(유한공고 전신)의 첫 신입생을 받았다. 유일한 박사의 교육관은 매우 독특했고 분명했다. 인재를 기르거나 육영사업을 할 때는 보통 인문계열의 엘리트를 대상으로 한 교육을 중시하는 풍토였지만, 그는 일관되게 직업기술 교육을 선택했다. 나라가 부강해지려면 무엇보다 기술이 있어야 하고, 그러기 위해서는 생산현장에서 땀 흘려 일할 수 있는 인재를 키워야 한다는 게 그의 지론이었다. 전란으로 황폐해진 이 땅에 첫 육영사업으로 고려공과기술학교를 설립한 것이나 유한공고를 세운 것도 이 같은 교육관에 따른 것이었다. 이해득실을 놓고 보자면 사실 유한양행으로서는 구태여 공고를 세울 필요가 없었다.

말년에 접어들어 기업 경영의 일선에서 한발 물러선 유일한 박사의 낙은 유한양행이 한눈에 내다보이는 사택의 창가에 서서 사색에 잠기는 자기만의 시간을 갖는 것과, 그리 멀지 않은 곳에 있는 유한학원을 방문하는 일이었다. 유한학원에 대한 그의 바람은 유언장에 다음과 같은 한 줄로 잘 나타나 있다.

유한동산은 학생들이 마음껏 뛰놀수 있도록 울타리를 치지 마라.

# MBA 학생들과의 토크 쇼 2

스티브 잡스와 하워드 슐츠, 유일한 박사에 대한 설명을 마친 후 MBA 학생들과 이에 대해 토론을 나누었다. 아래는 당시에 나온 주요 질문과 나의 답변을 정리한 것이다.

학생 1 : 세 명의 진성리더가 모두 색깔이 달라 조금 혼란스럽습니다. 특히 스티브 잡스는 다른 두 명과 달리 주변 사람들과 관계가 좋지 않았던 걸로 알고 있습니다. 그런데도 그를 진성리더라고 할 수 있나요?

윤 교수 : 날카로운 지적이군요. 사람들과 진정성 있는 관계를 만들지 못했다는 점에서 스티브 잡스는 시대가 낳은 '미완의 진성리더'라고 할 수 있겠습니다. 그럼에도 불구하고 사람들이 그에게 열광하는 이유는 무엇일까요? 바로, 자신의 사명과 스토리를 통해 그가 아니면 보여줄 수 없었던 세상을 보여주었고, 많은 기업과 사람들을 먹여 살릴수 있는 애플의 플랫폼을 이루었기 때문일 겁니다. 만약 더 오래 살았더라면 완숙된 진성리더가 될 수 있었을 것이라는 기대 때문에 많은 사람들이 그의 죽음을 애도하고 있는 게 아닐까 생각합니다.

학생 2 : 제가 진성리더를 '인격적인 사람'과 혼동하고 있었던 것 같습니다. 스티브 잡스를 보면 꼭 그렇지만은 않은 것 같은데, 인격 이외에 진성리더에게 중요한 요소는 무엇이 있을까요? 스티브 잡스에게서 그 요소들을 찾아볼 수 있는 것입니까?

윤 교수 : 네, 그렇습니다. 물론 인격적인 면도 진성리더에게 중요하지요. 하지만 인격 자체가 리더십의 목적이 될 수는 없습니다. 진성리더는 단지 마음씨 좋은 옆집 아저씨 같은 사람이 아닙니다. '자신만의 플롯으로 스토리를 구현하는 과정'이 가장 중요하지요. 다른 사람이 남길 수 없는, 자신만의 진정성 있는 족적을 남기는 것이 진성리더의 사명이라고 할 수 있어요. 성품은 이에 대한 수단이지요. 결국 자신으로 인해 세상이 얼마나 더 따뜻해지고 행복해졌는지를 증명할 수 있어야 진정한 진성리더입니다. 그런 면에서 스티브 잡스는 자신의 사명에 대한 스토리로 세상에 큰 족적을 남긴 진성리더라 할 수 있습니다. 그는 자신의 삶을 '진북에 이르는 길을 이어주는 점들'이라 묘사했죠. 이 점들을 잇는 과정에서 자신만의 진정성 있는 스토리에 대해 많이 고민했던 것으로 보입니다.

학생 3 : 그렇다면 스티브 잡스와 너무 다른 모습을 보여주고 있는 하워드 슐츠는 어떤 점에서 진성리더라고 할 수 있는 것인가요? 스티브 잡스와 비교해서 알고 싶습니다.

윤 교수 : 제가 기다리던 질문이 나왔군요. 사실 하워드 슐츠는 아직까지 스티브 잡스만큼 큰 스토리를 남기지는 못했지요. 하지만 그도 커

피를 통해 나름의 스토리를 창출했고, 지금도 해나가고 있습니다. 그리고 스티브 잡스와 달리 사람들을 배려하는 따뜻한 마음으로 진정성 있는 관계를 창출했지요. 바로 이 점이 진성리더로서 하워드 슐츠의 가장 큰 장점이라고 할 수 있습니다. 사명을 같이하는 사람들이 어울린 공동체로 기업을 운영할 수 있다는 '사회적 가치 혁신'을 염두에 두고 만들어진 기업이 바로 스타벅스입니다. 진성리더는 자신만의 진정성 있는 스토리를 만들어나갈 수 있는 머리와, 이 스토리를 다른 사람과 함께 구현할 수 있는 진정성 있는 마음을 가져야 합니다. 그리고 이 둘을 통합할 수 있어야 진정한 의미의 진성리더가 되겠지요. 스티브 잡스와 하워드 슐츠를 이런 점에서 비교해보면 이해가 쉽습니다. 스티브 잡스는 자신만의 진정성 있는 플롯을 만들어나가는 창의적 두뇌, 하워드 슐츠는 진정성 넘치는 따뜻한 마음을 더 많이 가지고 있다고 봅니다. 만약 스티브 잡스의 두뇌와 하워드 슐츠의 마음이 합쳐진다면, 아마도 진성리더의 표본과도 같은 리더가 되지 않았을까요?

학생 4 : 유일한 박사에 대해서는 유한양행의 창업자라는 것 외에 아는 게 없었습니다. 오늘 이야기를 듣고 보니 존경스러운 분이군요. 그렇다면 이 분을 세계적인 진성리더들과 비교해도 무리가 없을까요?

윤 교수 : 유일한 박사의 대단한 점은, 그가 활동하던 당시 한국은 자본주의의 불모지였다는 것입니다. 그런 곳에 최초로 자본주의의 모범적 스토리를 구현한 것이죠. 진성리더라는 씨앗과 이 씨앗이 잘 성장

할 수 있는 토양이 있어야 진성리더십이 성과를 거둘 수 있습니다. 하지만 정말 뛰어난 진성리더들은 척박한 토양에서도 사명을 구현하고, 나아가 토양 자체를 개척하기도 합니다. 유일한 박사는 앞으로 백 년이 지난 후에도 귀감이 될 만한 자본주의의 표준을 보여주었다는 점, 척박한 토양에서도 자본주의의 씨앗을 피웠다는 점에서 존경받아 마땅합니다. 자신의 큰 뜻을 다 구현하지 못한 것은 순전히 한국의 정치와 경제적 상황이 너무 척박했기 때문이지요. 진성리더로서 유일한 박사는 록펠러나 카네기 못지않다는 게 제 생각입니다.

학생 5 : 지금까지는 세 진성리더의 차이에만 너무 집중한 것 같은데, 그렇다면 저는 세 명의 공통점은 무엇인지 묻고 싶습니다.

윤 교수 : 여러 차례 강조했듯이, 진성리더는 자신만의 스토리와 이를 구현하기 위한 진정성 있는 마음이 있어야 합니다. 하지만 이것만으로는 부족합니다. 바로, 어떤 난관이 있어도 모두 이겨내고 자신의 스토리를 구현해낼 수 있는 의지력이 있어야 하지요. 방금 살펴본 세 명 모두 진정성 있는 영혼의 종소리, 즉 사명을 통해 구성원들의 영혼을 일깨워 가슴 뛰는 삶을 살게 했다는 공통점이 있습니다. 스티브 잡스는 창의적이고 독창적이며 디자인이 뛰어난 제품으로 세상을 행복하게 만들겠다는 사명을 가지고 있었지요. 하워드 슐츠는 자신의 커피로 창출한 공간에서 평범한 사람도 의료보험 걱정 없이 중산층으로서 가족과 함께 살아갈 수 있는 회사를 만드는 것을 사명으로 삼

고 있습니다. 커피처럼 향기롭고 인간적인 사회적 혁신 기업을 만드는 것이지요. 유일한 박사의 사명은 대한민국 국민의 건강을 책임지는 사업으로 기업다운 기업을 일구어 여기서 얻은 부를 사회에 환원하는 것이었습니다. 각자 사명은 달랐지만, 이를 통해 세상을 더 따뜻하고 살기 좋은 곳으로 만들었지요. 그런 면에서 이 셋의 공통점을 찾을 수 있겠습니다.

리더십 인사이트
## 진성리더십 연구의 비조(鼻祖)

진성리더십 패러다임의 정립에는 빌 조지의 영향이 컸다. 그는 자신의 경험을 바탕으로 《진실의 리더십》(윈윈북스, 2004)이라는 저서를 펴냄으로써 현업을 바탕으로 한 진성리더십을 수면 위로 부상시켰다. 그는 실무적 차원에서 진성리더를 '공동의 가치와 공동의 목적을 중심으로 구성원들을 임파워시키고 리더로서의 잠재력을 개발시켜 구성원 스스로가 설정한 가치와 목적을 달성할 수 있도록 진정성을 가지고 이끌어주는 사람'이라고 정의했다. 이들은 구성원들과 진솔함을 토대로 신뢰관계를 구축해간다. 조지에 따르면 진성리더는 다섯 가지 원칙에 따라서 리더십을 행사한다. 첫째, 자신의 목적을 정확하게 알고 있고 이를 달성하기 위해 리더십 여행을 시작한다. 또한 목적을 공유함으로써 리더와 구성원들에게 사명의 불씨를 제공한다. 둘째, 자신이 어려운 상황에서도 지켜야 할 가치를 중요시한다. 이들의 가치에는 정직성이 반드시 포함되어 있다. 셋째, 구성원들을 머리로 이끌기보다는 마음으로 이

끈다. 이들의 마음속에는 구성원들에 대한 측은지심과 동병상련이 담겨 있다. 넷째, 구성원들과 장기적 몰입의 관계를 유지하고 있다. 다섯째, 자신이 맡은 일에서 결과를 산출한다. 진성리더는 결과에 대한 책임의식 없이 부하들에게 항상 너그러운 마음으로만 대하는 사람이 아니다. 자신이 맡은 임무는 책임감 있게 완수하고, 성과에 대한 기준을 지속적으로 높여가는 사람이다.

# 2

선택(選擇):
삶의 목적을 경영하다

# 5 영혼의 먼지를 닦는 삶

─── 진북을 찾아 떠나는 리더십 여행

삶의 진정한 목적은 영혼에서 일상의 먼지를 닦아내는 것이다.
_파블로 피카소

## 신을 모실 성당을 짓고 있습니다

진성리더들의 삶은 삶의 궁극적 목적이자 존재이유인 진북, 즉 사명을 찾아 떠나는 여행이다. 일반적인 리더와 진성리더의 차이도 여기에서 드러난다. 일반 리더들도 자신만의 진북을 가지고 있을지 모르지만, 이 진북은 목표에 예속되어 있다. 그들에게 중요한 것은 목표이지 삶의 목적이 아니다. 일반 리더들은 다른 사람들에게 리더십을 행사할 때도 진북의 좌표를 설정하지 않은 상태에서 목표만을 강조하는 경향이 있다. 반면 진성리더들은 목표란 삶의 목적인 사명에 봉사할 때만 의미가 있다고 믿는다. 진성리더들에게 삶의 종착지인 진북의 좌표가 고정되어 있지 않은 상태에서는 중간중간 기착지인 목표의 방향이 의미가 없다. 진북은 모든 사람들의 마음속에 담겨 있다. 하지만 이 진북을 찾은 사람보다 영원히 찾지 못하고 인생의 목표만을 찾아 헤매다 인생의 끝을 맞이하는 사람들이 더 많다. 진북은 사람들에게 존재이유를 설명해준다. 따라서 진북을 찾는 여행에는 가슴을 뛰게 하는 진정성이 묻어난다.

세 석공 이야기는 목적지향적 삶의 중요성에 대하여 이야기해준다. 지나가던 나그네가 일하고 있는 세 명의 석공과 마주쳤다. 그들은 땀을 뻘뻘 흘리며 큰 돌을 다듬고 있는 중이었다. 나그네가 물었다.

"무슨 일을 그리 열심히들 하고 있습니까?"

첫째 석공이 불만에 가득 찬 눈초리로 퉁명스럽게 대답했다.

"보면 몰라요? 노역에 동원되어 돌을 다듬고 있지 않습니까."

둘째 석공도 역시 힘없이 답했다.

"먹고 살기 위해 돌을 다듬고 있는 중입니다."

반면 세 번째 석공은 행복이 가득한 목소리로 이렇게 말했다.

"신을 모실 큰 성당을 짓고 있는 중입니다."

똑같은 일을 하고 있을지라도 목적의 유무에 따라 일은 가슴 뛰게 하는 신성한 의미를 함축할 수도 있고 세속적인 의미만을 부여받을 수도 있다.

진성리더들은 자신과 조직의 신성한 목적인 진북을 세워 구성원들과 함께 이 진북을 찾아 여행을 떠나고 여행의 안내자가 된다. 따라서 목적을 찾지 못한 진성리더는 있을 수 없다. 직장인들도 이처럼 목적을 향해 이끌어주는 안내자가 없다면 물질적 보상만을 위해 힘겹게 돌을 쪼고 있는 석공처럼 단순한 월급쟁이에 불과하다. 이들은 설사 월급이 1억이 넘는다 하더라도 단순한 월급쟁이일 뿐이다. 하지만 자신만의 목적에 대한 스토리를 발견한 직장인은 더 이상 단순한 월급쟁이가 아니다. 하는 일은 월급쟁이 일이지만 신성한 성당을 만드는 예술가가 될 수도 있고 장인이 되거나 기업가 또는 과학자나 성직자가 되기도 한다. 세상에 태어나서 흔적도 없이 사라져가는 별똥별과 같은 삶을 사는 것이 아니라 세상에 영원히 남을 자기만의 족적을 남기기 위해 가슴 뛰는 삶의 스토리를 써가는 사람으로 거듭나게 되는 것이다. 그러기 위해서 회사들은 조직의 사명을 명료화하여 이것을 기반으로 구성원들이 자신의 사명을 펼칠 수 있는 플랫폼을 제공해야 한다. 사명이 없는 조직에서 일한다는 것은 개인적 사명을 시도해볼 플랫폼이 없는 것과 같다. 어떤 의미에서 조직의 사명은 개인들의 사명들이 뿌리를 내려 나무로 자라고 울창한 숲으로 변화할 비옥한 토양이다.

## 시계보다 나침반을 따라가는 삶

스티븐 코비의 《소중한 것을 먼저 하라》(김영사, 2002)에는 결혼한 딸과 스티븐 코비의 대화가 나온다. 아이를 돌보느라 본인의 일을 거의 하지 못하는 딸이 자신의 처지에 대해서 한탄한다. "아버지, 애 키우느라 내 할 일을 거의 하지 못하고 있어요. 하나님이 내게 주신 은사를 사용할 기회가 전혀 없어요. 이것이 일종의 시간 낭비는 아닌가요?" 이에 대해 코비는 "시간관리 같은 것은 신경 쓰지 마라. 달력을 없애버려라. 그리고 지금 네가 네 인생에서 가장 중요한 아이를 돌보는 것에 감사하고 즐기도록 해라. 명심해라. 인생에서 가장 중요한 것은 시간이 아니라 방향이다. 시계를 따라가지 말고 나침반을 따라가라."

코비가 지적한 '소중한 것을 먼저 하는 삶'은 영혼의 종소리에 의지해 자신의 진북을 찾아 나침반을 따라가는 삶, 즉 목적관리의 삶이다. 반면 시계를 따라 자신이 달성해야 할 목표만을 따라가는 삶은 목표관리의 삶이다. 목적과 목표를 혼동하여 사용하는 사람들이 많은데, 이 둘은 천지 차이다. 목적(Purpose)은 영혼의 종소리, 즉 자신만의 존재이유이자 세상에 남겨둘 신성한 족적인 사명을 말한다. 반면 목표(Goal)는 사명과는 상관없이 정해진 시간에 달성해야 할 과제를 의미한다.

큰 목표를 다른 말로 비전이라고 한다. 따라서 목표관리의 삶은 비전에 의존하는 삶이다. 목표에만 근거한 삶은 지극히 세속적인 삶이다. 목표는 사생활에 불과하기 때문에, 중간에 어려운 일이 닥쳐서 목표를 포기해도 아무도 신경을 쓰지 않는다. 그래서 목표는 아무런 죄책감 없이 언제든 쉽게 포기할 수 있다. 반면 목적에 근거한 삶은 세상에 어떤 신성한 족적을 남기겠다는, 세상을 상대로 한 공공연한 약속이다. 공개적 약속을 지켜내려면 아무리 어려운 일이 닥쳐도 쉽게 포기할 수 없다. 목적지향적 삶이 역경을 이겨내는 힘이 되는 이유이다. 일반 리더는 목적에 대한 스토리가 없는 상태에서 세속적인 목표 관리에 자신의 모든 것이 경도된 삶을 산다. 이들은 항상 시간과 일에 쫓기는 삶을 살고 있다. 결국 목표관리의 삶은 사람들을 일과 시간의 노예로 전락시킨다.

목적관리의 삶을 추구하는 사람과 목표관리의 삶을 추구하는 사람의 일하는 방식의 차이는 숙련된 운전자와 초보 운전자 간의 차이에 비유할 수 있다. 초보 운전자는 먼 시야를 확보할 여유가 없이 주변에서 일어나는 일에 모든 신경을 집중한다. 여기저기에서 나타나는 돌발적 사건에 모두 신경을 쓰다가 결국은 사고를 당한다. 반면 숙련된 운전자의 시선은 비교적 먼 곳에 고정되어 있고, 이것을 토대로 가까운 곳에서 일어나는 변수들을 처리하기 때문에 비교적 안정적이다. 목적관리의 삶은 시선이 자신의 진북에 고정되어 있어서 주변의 상황에 흔들리지 않는다. 하지만 진성리더를 시계와 나침반 둘 중 하나를 선택하는 사람이라 오해해서는 안 된다. 진성리더는 목적관리와 목표관리를 정렬시켜 통합한다.

목적과 목표가 한 방향으로 정렬될 때 무서운 집중력이 발휘된다. 이는 레이저의 원리와 같다. 모든 원자들은 빛을 방출하는데, 보통 원자들은 불규칙한 시간에 불규칙한 방향으로 빛을 발산한다. 이 빛들을 모아서 한 방향으로 정렬시키는 것이 레이저 빔의 원리이다. 내부의 전자들이 협력할 수 있는 환경을 만들어 같은 시간에 같은 방향으로 빛을 발하도록 유도하는 것이다. 진성리더는 목적과 목표에서 나오는 서로 다른 방향의 빛을 정렬시켜 한 방향으로 모을 줄 아는 사람이다. 이와 같이 정렬된 빛은 세상의 어떤 장애도 이겨내 사람들이 최종 목적지인 진북에 이르게 하는 원동력이 된다. 목표와 목적 간의 양자택일 문제를 넘어 목표를 목적에 정렬시켜 주변 사람들의 모든 열정을 한곳으로 집중하게 만드는 것이 진성리더의 역량이다.

세계 최초로 행복에 대해 연구한 결과를 집대성한 칼 힐티(1833~1909)는 자신의 저서 《행복론》(예림미디어, 2004)에서 '인생에서 가장 행복하고 의미 있고 보람되고 가슴 뛴 날이 언제인가'라는 질문에 자기의 사명을 깨닫게 된 날이라고 답했다. 에이브러햄 링컨은 청년 시절 노예시장에서 노예들이 백인들에 의해 매매되는 비극을 보았을 때 자신의 사명을 깨달았다. '언젠가 때가 되면 저 제도를 내가 바꾸고야 말겠다'는, 가슴 뛰는 사명에 대한 몰입이 링컨으로 하여금 노예 해방이라는 대업을 성취하게 한 것이다. 간디도 기차의 일등칸에서 유색인이라는 이유로 짐짝처럼 내몰리는 경험을 하게 되자 안락이 보장된 변호사로서의 삶을 포기하고, 압제에 시달리고 있는 사람들을 해방시키겠다는 사명에 눈을 뜬다. 자신의 사명에 눈을 뜨면 사람들은 그때까지와는 180도 다른, 리더로서의 삶을 선택한다. 즉, 사명에 대한 각성이 곧 모든 사람들을 리더로 만드는 위대한 변화의 원천이다.

## 삶의 소명서를 써보자

사명을 설정하기 위해서 자주 이용되는 방법이 '하나님 앞에서의 삶의 소명서'를 써보는 것이다. 자신을 김소명이라고 상상해보자. 한국에는 천 명의 김소명이 존재한다. 어느 날 하나님께서 천 명의 김소명을 불러놓고 심판을 하기로 결심하셨다. 천 명의 김소명이 세상을 너무 어지럽히고 있어서 한 명만 남겨놓고 나머지는 없애버리기로 결정한 것이다. 심판의 날에 천 명의 김소명은 하나님께 자신이 왜 세상에서 살아남아야 하는지, 즉 자신의 사명에 대해 소명해야 한다. 이 소명이 받아들여지면 삶을 보존할 수 있지만, 그렇지 못할 경우 다른 사람을 위해 자신의 생명을 양보해야 한다. 여기서 사명이란 다른 999명의 김소명을 제치고 자신이 세상에 살아남아야만 하는 이유이다. 이때 자신의 사명을 자신이 '다른 사람과의 경쟁에서 어떻게 이겨낼 수 있는지'의 관점에서 설명했다면 하나님이 굳이 이 사람을 세상에 남겨둘 이유가 없다. 사명은 자신이 살아남음으로 인해 세상이 얼마나 행복해지고 건강해지고 따뜻해지고 아름다워질 수 있는지에 대한 설명이기 때문이다.

진성리더의 사명은 자신이 세상에 존재하는 동안 타인과 공동체에 어떤 족적을 남길 수 있는지와 관련 있다. 진성리더들은 자신의 존재이유가 사욕을 성취하는 것이라기보다는 다른 사람들의 행복에 어떤 기여를 했는지를 통해서 증명된다고 믿는다. 이들의 사명은 자신을 비롯해 많은 사람들의 가슴을 뛰게 만드는 삶의 원천이다.

진성리더들의 사명은 각자 달라도 그들에게는 남들의 성공을 돕고 자신들이 이 세상에 존재함으로써 세상이 좀 더 따뜻하고 살기 좋고 행복한 세상으로 변화한 것을 직접 목격하기를 바란다는 공통점이 있다. 즉, 혼자만의 성공을 넘어 자신들의 존재로 인해 다른 많은 사람들이 성공하고, 그 결과 세상에 긍정적이고 '신성한 차이'가 만들어지는 것을 목격하는 것이 이들의 사명이다. 신성한 차이는 사람들이 세상을 보는 시선이 한층 따뜻해지고 아름다워지고 건강해지게 만드는 차이이다.

이와 같은 사명을 구현하기 위해선 진성리더들은 지금까지의 삶의 방식을 지양하고 더 매력적이고 더 신성한 삶의 스토리를 선택하고 이것을 자신만의 신화로 만들어야 한다. 《연금술사》의 저자 파울로 코엘료에 따르면 나무가 10만 그루나 있는 숲에도 똑같은 모양의 잎사귀는 한 쌍도 없다고 한다. 마찬가지로 비슷해 보이는 진북을 향해 가더라도 두 사람의 여행이 똑같을 수는 없다.

리더십 인사이트
## 워런 버핏과 세 자녀들

버크셔 헤서웨이의 회장 워런 버핏은 가치투자의 황제로 잘 알려져 있다. 그의 별명은 오마하의 마법사, 오마하의 현인, 오마하의 기적 등으로 다양하다. 검소한 생활이 몸에 배어 있고, 재산의 상당 부분을 기부해왔기 때문에 붙은 별명이다. 그는 종국에 재산의 99%를 기부할 것이라 약속했고, 이미 그 대부분을 빌 게이츠 재단을 통해 실행했다. 그는 2008년에는 세계 최고, 2011년에는 세계에서 세 번째 부자에 등극했다.

버핏은 한 인터뷰에서 자신이 소유한 버크셔 헤서웨이의 회장직을 장남 하워드 버핏에게 물려줄 것임을 강력히 시사했다. 버핏은 회사 경영은 전문경영인에게 맡기더라도 회사의 문화를 지키기 위해서는 그의 장남이 최적임자라고 설명했다. 장남은 일리노이 주에서 옥수수와 콩을 재배하는 농부이다. 아버지의 언질에 대한 하워드의 반응은 시큰둥하다. 하워드는 회사를 맡을 수도 있겠지만 자신이 그간 소중하게 가꾸어온 농사를 포기하면서까지 회장직을 맡지는 않겠다고 선언했다. 공부보다는 농기계에 관심이 많았던 하워드는 캘리포니아 대학 어바인 캠퍼스를 중퇴하고 23세 때인 1977년부터 농사일에 몰두했다. 사진에도 관심이 많았던 하워드는 아프리카로 사진 여행을 떠났다가 주민들이 가뭄과 질병에 시달리는 모습에 충격을 받고 아프리카 토양에 강한 농작물 개발과 이들을 위한 소액대출 사업에 뛰어들었다.

버핏의 둘째 아들 피터는 스탠포드 대학에 입학했지만 1년 만에 학업을 포기하고 본인이 좋아하는 음악의 길로 들어섰다. 영화 '늑대와 춤을'의 사운드트랙 제작에 참여한 실력파 작곡가다. 그는 한 인터뷰에서 "내가 행복한 것은 최고 부호의 아들이라서가 아니라 음악을 선택했기 때문"이라고 당당하게 말했다.

버핏의 장녀 수전은 자선재단을 운영하며 저소득층 교육을 지원하는 사업을 한다. 이들의 공통점은 아버지가 일군 부만 믿고 자신이 소중하게 생각하는 일을 포기하지 않았다는 점이다. 버핏은 평소에도 자녀들에게 생활의 기반으로 쓸 수 있는 최소한의 돈만을 물려줄 것이라고 공언했다. 자녀들은 아버지의 말을 철저히 믿고 자기 인생의 사명을 설계하는 데 몰두했다.

워런 버핏의 약속은 생활 곳곳에서 에피소드를 통해 드러났다. 하워드가 농사에 뛰어들고 싶다는 뜻을 비치자 버핏은 자신의 땅을 빌려줄 테니 임대료는 시세대로 내라는 조건을 붙이고 땅을 빌려주었다. 수전이 부엌이 낡아 리모델링을 하고 싶다며 아버지에게 4만 달러를 빌려달라고 했더니 "멀쩡한 부엌을 왜 뜯어고치려 하느냐"며 거절했다. 빌 게이츠는 워런 버핏의 집을 방문했을 때, 큰 기대를 하고 갔지만 식탁 의자는 가죽이 찢어져서 스펀지가 나와 있고 의자에는 그 흔한 방석조차도 없어서 놀랐다고 고백했다. 그렇게 인색한 그이지만 게이츠 재단에 2006년 6월 23일 인류 역사상 최고의 기부액인 300억 달러를 내놓았다. 다음은 돈에 대한 워런 버핏의 철학이다.

"솔직히 돈 많은 것에 대해 죄의식은 없다. 그러나 돈은 사회가 갚기를 요구하면 갚아야 할 어음과 같다고 생각한다. 물처럼 써버릴 수 있지만 사회가 요구하면 갚아야 하기 때문에 그럴 수 없다. 즉, 내 돈으로 만 명을 고용해서 매일 내 초상화를 그리게 하면 명목상 GDP는 올라가겠지만 내 초상화가 사회에 주는 효용성이 없기 때문에 그래서는 안 된다. 만 명에게 에이즈를 퇴치하는 연구를 시키거나 노인들을 돌보는 요양기관을 위해 쓸 수도 있지만 그렇게 쓰는 것도 사회적 효용성을 극대화한다고 보지 않는다. 나는 물질적인 행복도 믿지 않는다. 내 나름대로 사회적 효용성을 극대화하는 일에 돈을 쓰겠지만, 내가 죽을 때는 마음 놓고 모든 돈을 자선단체에 기부할 것이다."

# 6 배움의 열정이 있다면 누구나 '청년'이다

### 진성리더의 학습 원리

배움의 열정만이 청년과 노인을 구별해준다.
스스로 배우고 있는 동안은 청년이다.
_로절린 앨로

## 달리기 선수 형제 이야기

사명의 종소리에 따라 성장한 미래의 모습과 현재 모습 간의 차이를 성
찰해내고 이를 채우는 것이 진성리더들의 학습 과정이다. 진정성 있는
조직의 학습도 마찬가지다. 초보적 조직 학습은 새로운 지식을 공유해
조직의 성과를 높이는 것이다. 그리고 이보다 고차원적인 학습은 좋은
조직을 넘어 많은 사람들이 존경하는 신화적 조직으로 성장한 모습을
담은 '정신모형'을 작성하고, 이 둘 간의 차이를 줄이는 과정이다.

진성리더의 학습은 파울로 코엘료의 《연금술사》에서 삶의 근원적
원리를 배우기 위해 여행을 떠난 산티아고의 여정과 닮았다. 산티아

고는 연금술사의 꿈을 안고 싸구려 광물을 금으로 정련해내려는 세속적 욕망과 그러는 과정에서 인생의 황금을 만들어가는 신성한 욕망 간의 창조적 긴장 속에서 여행을 계속한다. 여기서 연금술을 통해 제련해낸 것이 바로 리더의 품성이다. 자신만의 연금술을 터득하기까지 조직이나 사람들은 학습을 지속한다. 학습을 멈추고 현실에 안주해 살아가는 순간 진성리더로서의 여행은 바닥을 드러내게 된다.

달리기 선수인 형제가 있었다. 둘은 초등학교 시절부터 뛰어난 실력으로 대회에 나갈 때마다 한 번은 형이, 다른 한 번은 동생이 번갈아가며 우승을 하곤 했다. 그런데 어느 날부터는 형이 무슨 원리를 터득했는지 동생이 아무리 노력을 해도 형의 기록을 깰 수 없었다. 동생이 형에게 찾아가 한 수 가르쳐달라고 졸랐다. 동생의 간청에 형은 노하우를 전수해주었다. 형은 동생이 달리기를 발로만 하고 있다는 지적을 해주었고, 정말 잘 달리려면 손으로 달리는 법을 알아야 한다고 조언했다. 동생은 형의 조언에 수긍했다. 동생의 머릿속에 지금까지 다리 힘을 기르기 위해서 타이어를 묶고 언덕을 오르내리던 생각이 주마등처럼 스쳐지나갔다. 문제는 손으로 달리는 법을 터득하지 못해 손과 발이 엇박자를 내면서 가속도를 낼 수 없었던 것이다. 원리를 깨달은 동생과 형은 다시 주거니 받거니 해가며 전국체전을 휩쓸었다. 한 번은 동생이 우승하고 다음번에는 형이 우승하는 식이었다. 그런데 집에 우승 트로피가 가득 찰 무렵 또 동생이 이해할 수 없는 일이 벌어졌다. 또 다시 형의 기록을 따라잡을 수가 없었던 것이다. 동생은 다시 형을 찾아가 한 수 가르쳐달라고 간청했다. 동생의 간청에 오랫동안 미소만 짓던 형이 한마디 던졌다. "너는 달리기를 손과 발로만 하는 거라고 생각하는 것 같은데, 진짜 잘 달리는 사람은 마음으로 달리는 법을 아는 사람이다. 마음으로 달리는 법을 터득하기 위해선 우선 한국에서 최고라는 자만심의 감옥에서 자신을 구해내 적어도 아시아에서 최고 혹은 세계에서 최고가 되어 있는 자신의 모습을 마음속에 그리고 달리는 연습을 해야 한다"고 조언했다.

동생과 형이 손으로만 더 잘 달리는 법을 연구하여 더 나은 기교를 발견하였거나 발로만 잘 달리는 법을 연구하여 새로운 방법을 찾아냈다면 가장 초보적인 학습인 일원학습(Single Loop Learning)을 하고 있는 것이다. 일원학습은 자신에게 부여된 자극에 대한 반응으로 이득을 최대화하고 손해를 최소화할 수 있는 반응을 찾아내는 학습이다. 지식의 습득을 통해 문제 해결에 효율적인 방법을 찾는 것으로, 학교에서 이루어지는 대부분의 학습이 일원학습이다.

동생이 형의 조언에 따라 손과 발 사이의 엇박자가 리듬을 깨거나 속도를 죽이고 있다는 것을 깨닫고 이 둘 간의 차이를 줄여 새로운 기록을 낸 것은 이원학습(Double Loop Learning)이라고 한다. 동생은 이원학습을 통해 달리기에 대한 좀 더 근원적인 원리를 깨달아 자신이 기존에 가지고 있던 달리기에 대한 이론을 더욱 완벽하게 만들었다. 기존의 원리만을 따르다 보면 문제가 생기는데, 이 문제는 '실수'를 통해 드러난다. 이에 대한 피드백을 통해 기존의 원리를 고쳐나가는 것이 바로 이원학습이다. 그래서 이원학습은 '실수를 통한 학습'이라고 할 수 있다.

마지막으로 이 형제는 어느 순간 손과 발을 맞추는 것만으로는 한 단계 더 높은 기록을 낼 수 없다는 것을 깨닫고, 우물 안의 개구리에서 벗어나 큰물에 나가서 달리기를 해볼 생각을 하게 된다. 즉, 한국 최고를 넘어 아시아 또는 세계 챔피언이 되겠다는 꿈을 가지게 된 것이다. 지금의 자신과 아시아 챔피언이 되어 있는 미래의 자신과의 차이를 상상해봄으로써 지금과는 전혀 다른 방식의 훈련을 수행하고 이를 통해 둘 간의 차이를 조금씩 줄여나가는 여정을 시작한다. 이러한 과정에서 아시아 챔피언이라는 미래의 모습은 형이 이야기하는 '마음으로 달리는 것'의 기반이 되어 자신의 미래 모습을 담은 정신모형으로 각인된다. 삼원학습(Triple Loop Learning)은 자신의 미래에 대한 스토리를 자신의 미래 모습인 정신모형에 각인하고 이를 기반으로 현재의 스토리를 파악해 이 둘 간의 차이를 줄여나가는 학습이다.

이원학습이 잘못된 결과에 대한 피드백을 통해 현재의 정신모형을 고쳐나가는 방식의 귀납적 학습이라면, 삼원학습은 먼저 미래의 모습을 담은 새로운 정신모형을 설정하고 현재 정신모형과의 차이를 줄여나가는 방식의 연역적 학습법이다. 이원학습이 기존의 정신모형에 담긴 삶에 관한 가정들과 원리를 보완하여 수정하는 학습이라면 삼원학습은 정신모형 자체를 새롭게 변혁하는 근원적 학습 원리이다. 삼원학습은 지금 사는 방식대로 열심히 산다고 해서 이루어지는 것이 아니다. 미래의 삶을 이끌어줄 새로운 정신모형과 이에 대한 믿음이 전제되어야만 가능하다.

## 알프스 산맥의 로드맵

삼원학습에서는 학습하는 인간을 아마추어 과학자라고 규정한다. 즉, 과학자가 자신의 전문 영역에서 이론적 가정을 만들고 검증하는 절차를 수행하는 것처럼 사람들은 자신이 살아가는 세계와 관련된 가정을 만들고 검증해나간다. 그러나 일반인들은 과학자들처럼 객관적이고 전문적 절차를 거치기보다는 주관적 경험에 근거해 가정을 만든다. 이런 점에서 유사과학자라고 할 수 있다. 삼원학습 원리에 따르면 모든 개인과 조직은 세상을 이해하는 자신만의 주관으로 검증한 이론적 가정들을 정신모형이라는 마음의 창고에 저장해 놓는다. 이는 어린아이나 성인이나 다르지 않다. 한편 자신이 검증한 이론적 가정들의 저장고인 정신모형은 자신을 둘러싼 세계를 이해하는 지도 역할을 수행한다.

과학적 입장에서 정신모형은 '인간의 뇌를 통해 복잡한 세상의 질서를 만들어 세상을 이해하고 적절히 행동하도록 만들어주는 이론체계, 즉 가정, 신념, 가치, 정체성으로 구성된 인지적 지도'로 정의된다. 지도도 없이 복잡한 세상에 나서는 것은 많은 사고와 어려움을 자초하는 일이다. 이와 같은 불확실성과 그 속에 내재된 위험에서 자신을 보호하기 위해서는 먼저 현상을 설명해줄 수 있는 나름의 이론이 구축되어 있어야 한다. 이것이 모든 인간이 자신만의 고유한 정신모형이라는 지도를 만들게 되는 근본적 동기이다. 어딘지도 모르는 깊은 산중에서 길을 잃는다면 지도가 없는 것이 얼마나 위험한지를 실감할 수 있을 것이다. 산악 전문가에게는 몇 달을 살아도 아무런 위험이 없는 안전한 산중이지만, 보통 사람은 바람소리 하나에도 깜짝 놀라며 위협을 느끼게 된다. 이처럼 정신모형이 없는 사람은 결국 스스로 만든 가정의 함정에 빠져 고통을 겪는다.

조직이든 사람이든 불확실성의 세계에 정신모형 없이 몸을 던진다는 것은 엄청난 모험이고, 이는 스트레스의 원천이 된다. 문명은 불확실성과의 싸움의 결과물이다. 불확실성으로부터 벗어나려는 것은 인간의 가장 근원적 욕구이다. 사람은 누구든 본능적으로 이론을 만들어 주변의 불확실성을 이해하고 통제하려는 노력을 기울인다. 아무리 조잡한 이론이라 하더라도 어떻게든 이론을 만들어놓아야 생존할 수 있기 때문이다.

정신모형에서 중요한 것은 이 지도가 얼마나 포괄적이고 심도 있고 객관적인가보다는 이 지도가 세상을 이해하고 자신과 세상에 의미 있는 행동을 할 수 있게 하는 기반을 마련해주는지 여부이다. 즉, 얼마나 훌륭한 정신모형을 가지고 있는가가 아니라 아무리 주관적이고 엉터리라 하더라도 지도를 가지고 있다는 것 자체가 중요하다.

1차 세계대전, 알프스에 배치된 헝가리 부대의 한 소대장은 어느 날 일단의 분대원들을 정찰 보냈다. 그런데 공교롭게도 그들이 떠나자 폭설이 내리기 시작했다. 눈은 이틀 동안 계속해서 쏟아졌고 아무리 기다려도 분대원들이 돌아오지 않았다. 소대장은 부하들을 사지로 보냈다는 죄책감에 잠을 이루지 못했다. 그러나 사흘째 되던 날, 정찰 나간 분대원들이 모두 무사히 귀환했다. 소대장은 부하들에게 자초지종을 물었다.

"눈보라 속에서 길을 잃었다고 여겨 죽음을 각오했습니다. 그런데 누군가가 주머니에서 지도를 발견했지요. 우리는 지도를 보고 마음의 평정을 되찾았고, 참호를 파고 폭설이 끝나기를 기다렸습니다. 그리고 지도를 따라 이렇게 부대로 돌아오게 된 겁니다".

소대장은 부하들을 구해준 그 고마운 지도를 넘겨받아 자세히 들여다보았다. 놀랍게도 그 지도는 알프스 산맥이 아니라 피레네 산맥 지도였다.

이 정찰대를 구출한 것은 올바른 지도가 아니라 지도를 가지고 있다는 사실이었다. 정신모형이 없는 사람들에게 세상은 무의미한 혼동의 회오리일 뿐이고, 자신은 이 혼동의 소용돌이 한가운데 힘없이 몸을 던진 가여운 신세로 전락한다. 정신모형 속에는 아마추어 과학자로서 자기 나름대로 검증한 다양한 삶의 스토리들이 차곡차곡 담기게 된다. 이 스토리에는 자신의 일, 사랑, 돈, 우정, 가족, 건강, 정체성에 관한 것과 함께 스토리와 스토리 간의 관계, 관계의 관계를 설명하는 보다 복잡한 스토리의 체계인 메타스토리들이 담겨 있다.

# 살아 있는 믿음이란

다음의 〈그림3〉은 가정체계로서의 정신모형이 검증되어 살아 있는 믿음체계로 바뀌는 과정을 순환고리로 묘사한 것이다. 과학적 가정을 통해 예측하고 이 예측을 경험으로 검증하여, 검증결과에 따라 기존의 가정을 받아들이거나 수정하는 과정의 순환으로 이루어지듯이 정신모형에 담겨질 자신만의 고유한 이론도 일단 이론적 가정에서 출발한다. 이론적 가정은 학교에서 배웠을 수도 있고, 주변에서 보고 들었을 수도 있으며, 책을 통해 알게 되었을 수도 있다. 중요한 것은 이때 이론적 가정은 아직 자신의 경험에 의해 검증되지는 않았다는 점이다. 인간은 이런 이론적 가정을 기반으로 행동해보고, 이 행동의 결과를 통해 처음에 가지고 있던 이론적 가정을 받아들이거나 기각한다. 이론적 가정이 수차례의 주관적 경험을 통해 유용한 것으로 검증되면 어느 시점에서는 묵시적으로 더 이상의 검증은 의미가 없다는 판단을 내린다. 이 순간부터 이론적 가정을 넘어 믿음(Big Assumption)으로 전환되어 정신모형에 저장된다. 일단 믿음으로 전환된 가정은 특별한 상황이 아닌 이상 그 객관성이나 진위에 대해 판단의 대상이 되지 못한다. 대신 정신모형 속에 저장되어 세상을 이해하고 보는 암묵적인 눈으로 전환된다. 사람들은 눈이 아니라 검증된 이론 체계인 정신모형을 통해 세상을 이해하고 판단한다. 이와 같은 정신모형의 역할이 바로 프레이밍(Framing)이다.

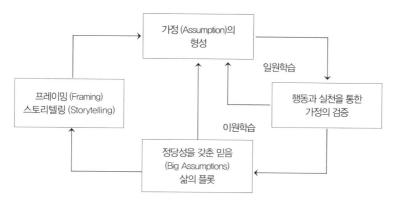

〈그림3〉 정신모형이 형성되는 과정

## 초록색 안경을 끼고 본 세상

프레이밍은 정신모형 속의 믿음에 따라 무엇을 어떻게 봐야 하는지를 결정해주기도 하고 어떻게 행동해야 하는지 지침을 제시해주기도한다. 고프먼은 프레이밍 분석에서 '삶이란 흩어져 있는 일상의 장면들을 프레임에 담아서 의미를 산출하는 과정'이라고 설명하고 있다.이 프레이밍을 만드는 사진기 역할을 하는 것이 정신모형 속의 검증된 믿음들이다. 세상은 정신모형 속에 담겨 있는 검증된 이론들을 재생하는 쪽으로 프레임들을 만들어나가면서 삶의 스토리를 재생시킨다. 따라서 믿음으로 변화한 정신모형 속의 검증된 이론들은 삶의 순간마다 일관된 스토리를 만들어주는 플롯 역할을 한다. 과학적 입장에서 정신모형은 검증된 이론적 가정의 체계이지만 일상생활의 해석학적인 입장에서 정신모형은 삶의 일관된 스토리를 만들어내는 플롯

박스이다. 플롯은 삶의 현장에서 체험한 다양한 에피소드를 프레이밍해서 일관된 스토리로 엮어낸다. 정신모형이 구축되지 않아 삶의 플롯이 형성되지 않은 경우 이 사람의 삶은 단순한 에피소드의 무정형적인 나열에 불과하다. 이 사람은 그냥 살아갈 뿐이지 삶에 일관된 스토리가 없다. 그러나 탄탄한 플롯이 있는 사람들의 삶은 이 플롯에 따라 에피소드가 재구성되어 의미 있는 스토리를 만들어낸다. 정신모형의 플롯을 구축하지 못한 사람들에게 삶은 나그네처럼 왔다가 허무하게 사라지는 에피소드의 연속일 뿐이다.

정신모형의 프레이밍 역할은 프랭크 바움의 《오즈의 마법사》에 잘 묘사되어 있다. 주인공 도로시는 천신만고 끝에 마법사 오즈가 살고 있는 에메랄드 성에 도착한다. 그런데 성에 들어가기 전에 만난 문지기는 안으로 들어가려면 초록색 안경을 착용해야 한다고 말한다. 초록색 안경을 통해서 본 에메랄드 성은 온통 초록색이다. 나중에 도로시는 에메랄드 성의 모든 것이 초록색으로 만들어진 게 아님을 깨닫는다. 오래전부터 성에 살고 있는 모든 사람들과 방문객들이 초록색 안경을 끼고 있었지만 그 사실을 잊어버린 채 살고 있음을 알게 된 것이다.

마찬가지로 우리는 정신모형이라는 안경을 끼고 세상에 대한 스토리를 만들고 있는데 사람들은 그 사실을 모른다. 정신모형 속의 이론적 가정들이 자신만의 방식으로 검증되는 과정을 거쳐서 믿음으로 변화했기 때문이다. 사람들은 믿음을 분석의 대상으로는 삼지 않는다. 믿음으로 채워진 정신모형의 안경은 사람들에게 세상을 자신이 믿는 대로 보고 재구성하게 하는 눈의 역할을 한다.

삼원학습은 지금까지 획일적으로 쓰고 있던 초록색 안경을 벗어 던지고 자신만의 시각으로 세상을 볼 수 있는 새 안경을 만드는 작업 이다. 남들과는 다른 자신만의 신화적 스토리를 쓸 수 있는 것은 바로 자신에게만 맞는 정신모형을 찾았기 때문이다. 자신의 안경을 찾지 못한 사람들이 아무리 열심히 살아도 그들에게 인생의 신화적 스토리는 먼 나라 이야기이다.

긍정심리학자 마틴 셀리그만도 자신의 저서인《긍정심리학》(물푸레, 2009)에서 정신모형을 세상에서 일어나는 사건들에 대해서 느끼고 해석하는 스토리텔링 박스라고 묘사하고 있다. 이 믿음의 박스가 어떤 스토리를 프레이밍하는지에 따라 우리는 불행해지기도 하고 행복해지기도 한다. 이 스토리텔링 박스가 어떤 프리즘으로 이야기를 생산해내는지에 따라 우리는 어떤 행동을 하거나 혹은 하지 않는다. 또한 적극적으로 행동하기도 하고 수동적으로 행동하기도 한다. 삼원학습에서는 더 생산적이고 아름답고 건강한 스토리를 생산해낼 수 있는 정신모형을 만들고 검증하는 과정이 학습의 핵심이다.


## 잠자고 있는 영혼을 깨우다

삼원학습은 본인이 창안한 진성리더들의 학습 원리로, 영혼의 종소리인 사명에 따라 정신모형 자체를 바꾸는 것에서부터 시작한다. 우리가 삶의 지도로 쓰고 있는 정신모형 속에는 세상과 자신에 대해 설정한 다양한 이론적 가정들을 나름의 방식으로 검증해 축적한 믿음들이 저장되어 있다. 이 정신모형 속의 이론들은 대부분 이미 많은 검증과정을 통해서 믿음으로 변화한 체계여서 더 이상 옳고 그름의 대상으로 거론되지 않는다. 이처럼 우리 행동에 막대한 영향을 미치는 이론이지만 믿음이나 신념으로 변화해서 더 이상 판단의 대상이 아닌 암묵적 지도의 형태로 변화한 이론들이 담겨 있는 정신모형을 '정신모형 I '이라고 한다. 정신모형 I 의 속성은 우리의 행동과 태도에 막대한 영향을 미침에도 이론들이 암묵적이어서 특별한 경우가 아니면 옳고 그름에 대한 판단의 대상이 되지 못한다는 것이다. 정신모형 I 은 과거의 경험을 통해서 검증된 이론들의 체계로 현재의 삶에 적합한 습관적 행동(Theory In Action)을 가이드해준다.

정신모형 I 이 지금까지 살았던 방식에 의해서 만들어진 모형이라면 정신모형 II 는 사명에 따라 자신이 미래에 성장해 있는 모습을 상정하고 이에 대한 믿음을 발전시켜 만든 모형이다. 정신모형 II 는 현재의 연장선이 아니라 현재와는 질적으로 다른 미래의 삶에 대한 플롯을 구성할 때에만 생성된다. 초기의 정신모형 II 를 구성하는 이론들은 아직 검증이 완료되지 않은 상태여서 선언적 주장(Espoused Theory)으로 끝날 가능성이 있다. 하지만 정신모형 II 의 사명이 나름의 검증 과정을 통해 믿음으로 발전될 경우 정신모형 I 에 대항하는 학습의 메커니즘을 구성한다. 암묵적 지도인 정신모형 I 는 평상시에는 모습을 드러내지 않다가 명시적 지도인 정신모형 II 가 만들어져 이것을 기반으로 자신을 성찰할 때 비로소 그 실체를 드러낸다. 정신모형Ⅰ이 지배하는 삶에서 벗어나는 데 정신모형Ⅱ가 필수불가결한 이유이다.

<그림4> 삼원학습의 학습 원리

정신모형Ⅰ을 벗어나 정신모형Ⅱ의 존재를 깨닫게 하는 사건이 바로 '각성사건'이다. 링컨은 노예들이 인간 이하의 취급을 받고 고통을 받는 것을 목격한 각성사건을 통해 정신모형Ⅰ에서 벗어나 이들을 구원해줄 리더로서의 삶을 선택하고 새로운 정신모형Ⅱ를 발전시켜나갔다. 넬슨 만델라는 백인의 안전과 기독교 문명을 보장하려는 정책인 '아파르트헤이트(Apartheid)'가 흑인에 대한 압제로 변질되는 것을 목격한 순간, 잠자고 있던 영혼을 깨우는 종소리를 듣게 된다. 남아공 흑인 족장의 아들로서 편한 인생을 살 수 있었음에도, 그는 압제에 대항해 흑인들을 구원하는 남아공 최초의 대통령이라는 정신모형Ⅱ의 스토리를 만들어 투쟁에 나섰다.

정신모형Ⅰ과 Ⅱ의 공통점은 그 속에 담긴 이론이 단순한 지식을 넘어 행동과 태도를 좌우할 정도의 믿음체계가 되어 있다는 점이다.

이 믿음체계는 전혀 다른 상황에서도 비슷한 스토리를 만들어내는 플롯의 역할을 한다. 정신모형이 플롯의 역할을 할 수 있는 것은 그 안에 믿음으로 변화한 가정들이 있기 때문이다. 정신모형 I 은 과거의 플롯에 기반해 현재를 설명하는 스토리를 만들어내는 반면, 정신모형 II 는 미래의 사명에 기반해 현재를 설명하는 스토리를 만들어낸다. 정신모형 I 이 빙산의 숨겨진 부분이라면 정신모형 II 는 빙산의 드러난 부분에 비유할 수 있다. 우리는 정신모형 II 가 형성되기 전까지는 자신이 얼마나 우물 안의 개구리 같은 삶을 살아왔는지 깨닫지 못한다. 이런 점에서 사람들은 누구나 자신의 내면에 '성인아이'를 감춘 채 살고 있다. 성인아이란 몸과 지식, 사회적 신분 등 외적인 것들은 성인처럼 성숙했지만 내적인 자아는 자신의 정신모형의 감옥에 갇혀 어린아이 수준인 상태를 말한다. 자신의 내면에 성인아이가 있다는 사실을 인정하고 용서하며, 이 성인아이를 정신모형 I 의 감옥에서 구해낼 수 있는 정신모형 II 를 만들어야 삼원학습을 할 수 있다. 즉, 삼원학습이란 정신모형 II 의 사명을 기반으로 성장한 미래의 자아가 정신모형 I 에 갇혀 있는 과거의 자아를 구해내고, 용서하고, 치유하고, 자긍심을 찾아주는 과정이다.

리더십 인사이트
## 오프라 윈프리가 찾은 오프라 윈프리

오프라 윈프리는 살아있는 여성 진성리더를 대표하는 사람이다. 그녀는 세기의 토크쇼인 '오프라 윈프리 쇼'를 기획하고 방영하는 회사인 하포를 경영하고 있다. 여기서는 CEO로서의 오프라 윈프리가 아니라, 자신의 내면에 숨은 성인아이를 발견하고 용서해 삶의 리더로 거듭난 오프라 윈프리에 주목할 것이다. 그녀 인생의 전환점은 36살이 되던 해에 자신의 쇼에 출연한 트루디 체이스라는 여성과의 만남이었다. 체이스는 오프라 쇼에 출연해서 어렸을 때부터 강간을 당해왔던 자신의 불행한 과거를 털어 놓고 있었다. 인터뷰 도중 오프라는 더 이상 듣고 있을 수가 없어 제발 그만 이야기하라고 소리친다. 하지만 생방송 중이었기에 카메라는 방송을 중단할 수 없었다. 방송 내내 그녀는 하염없이 울고만 있었다. 오프라에게 체이스의 이야기는 지금까지 부끄러운 과거라여겨 숨기고 있었던 자신의 고백과도 같았던 것이다.

오프라는 아버지가 누군지도 모르고 자랐다. 그녀의 어머니는 생계를 위해서 어린 딸을 외할머니에게 맡기고 미시시피로 일자리를 구하러 떠났다. 외할머니는 가장 혹독한 삶의 순간에도 오프라에게 무한한 사랑을 보여주었다. 어렸을 때 받은 할머니의 사랑이 없었더라면 오프라도 삶의 끈을 놓았을지도 모른다. 할머니는 자신은 문맹이었지만 오프라에게는 책을 구해다 주었다. 어린아이가 혼자서 글자를 깨우쳐 책을 읽는 신기한 모습을 지켜본 동네 사람들은 할머니에게 오프라가 남들이 갖지 못한 특별한 재능을 가졌다고 칭찬을 아끼지 않았다. 너무 어려서 재능이 있다는 말의 뜻을 알 수 없었던 오프라는 나중에서야 할머니의 사랑 덕분에 자신의 숨은 재능을 발견할 수 있었다는 것을 알았다. 그녀는 아홉 살이 되던 해에 할머니와 헤어져서 엄마를 따라 밀워키로 이사를 한다. 오프라의 비극은 이때부터 시작된다. 성적으로 조숙해보였던 오프라는 9살 되던 해에 사촌에게 강간을 당한다. 이후 5년 동안 친척과 친지들에게 수도 없이 강간을 당하고 14살 때 조산까지 하게 된다. 그녀는 이렇게 사는 것이 자신의 운명이려니 생각해 방탕한 생활에 몸을 맡겼고, 감호소에서 생활하기도 했다.

대학에 진학하고 방송국에 취업해 자신의 쇼를 운영할 때까지 그녀는 자신의 부끄러운 과거를 철저히 숨기고 살았다. 자신의 숨기고 싶은 과거와 다시 조우한 것이 바로 트루디 체이스와의 만남이다. 이날 방송 내내 한없이 울기만 한 오프라는 깊이 깨달은 것이 하나 있었다.

자신에게는 감춰진 성인아이가 있었다는 사실이다. 또한 은연중에 이 성인아이를 자신의 감옥에 가두고 비난해왔는데, 이를 멈추고 자신을 부끄러운 과거에서 해방시키지 않고는 주체적으로 살아갈 수 없음을 깨달았다. 깨달음은 실행으로 이어졌고, 오프라는 이 성인아이의 존재를 인정했다. 나아가 자신의 과거를 용서하고 감사하고 사랑을 느낄 수 있었다. 오프라는 이 각성사건을 계기로 자신의 사명을 명료하게 구축했다. 자신이 그랬듯 다른 사람들도 내면에 숨겨둔 성인아이를 인정하고 스스로의 삶을 책임지는 사람이 되도록 돕는 것을 사명으로 삼았다. 그녀는 먼저 자신의 숨겨진 과거에 대해 진솔하게 고백했다. 어렸을 때 남자친구에게 잘 보이기 위해 마약을 한 이야기, 약으로 다이어트를 하다 실패한 이야기 등등 모든 것을 진솔하게 털어놓았다.

그녀의 쇼에 나오는 사람들의 이야기는 한결같다. 말하기 힘든 과거를 진솔하게 털어놓음으로써 자신의 정신모형I에 갇혀 있던 성인아이를 감옥에서 해방시켜 정신모형Ⅱ를 구축하고 이에 근거해 주도적 삶을 선택한 사람들의 이야기이다. 출연자들의 삶을 재조명해 시청자들에게 희망을 줌으로써 '오프라 윈프리 쇼'는 전 세계 수억 시청자들이 애청하는 프로그램으로 태어났다. 또한 최근에는 방송에만 그치지 않고 흑인의 정체성을 찾아 아프리카의 소녀들을 위한 자선 활동도 활발하게 펼치고 있다.

# 7 마음의 지도를 그리다
### 정신모형에 대한 이해

> 삶의 목적을 잃어버리는 순간, 사람들은 온갖 멍청한 일에
> 맹목적으로 돌진하게 된다.
> _프리드리히 니체

## 생의 임파워먼트

정신모형은 마음의 지도이다. 정신모형 I 은 과거를 기반으로 암묵적으로 구성된 마음의 지도인 반면, 정신모형 II 는 현재와는 엄격히 단절된 미래를 염두에 두고 명시적으로 구성된 마음의 지도이다. 정신모형 I 에 의해서 구축되는 이론들은 불확실한 상황을 회피하고, 이상황에서 어떻게 상대를 이겨나갈 수 있는지에 초점이 맞추어져 있다. 이런 목적을 달성하기 위해, 합리성을 잃어버리지 않는 범위에서 어떻게 하면 상황을 자신의 의지대로 통제할 수 있는지가 가장 큰 관심사다. 또한 본인 스스로 검증해 올바르다고 믿는 이론적 가정들을

지켜나가기 위한 방어기제로 무장되어 있기도 하다. 반면 정신모형 Ⅱ는 진성리더의 삼원학습을 이끄는 가장 중요한 기제로, 진성리더와 진정성 있는 조직의 학습을 관장한다. 진성리더는 다른 사람이 아닌 자신 스스로가 만든 정신모형Ⅱ대로의 창조적인 삶의 스토리를 영위하는 사람이다.

정신모형Ⅰ에서 나온 스토리들은 과거지향적이다. 과거 자신이 얼마나 잘난 사람이었는지에 대한 향수 어린 이야기를 하는 것은 이 정신모형Ⅰ이 시킨 일이다. 정신모형Ⅰ에서의 가정들은 과거에 많은 검증을 통해 만들어진 것이므로 더 나은 것이 나오지 않는 한 그대로 유지되고 보호되는 경향이 있다. 하지만 세상은 끊임없이 변화하고 있기 때문에 정신모형Ⅰ은 시간이 갈수록 현실을 설명하고 예측하는 능력이 현저히 떨어진다. 정신모형Ⅱ는 사명을 따르는 리더로서의 삶을 선택하고, 이를 기초로 현재 삶의 스토리를 재구성한 것이다. 정신모형Ⅱ의 이론적 가정들은 미래를 향한 학습과 성장에 대한 이야기이다. 정신모형Ⅱ는 지금의 삶에서 탈피하여 리더로서의 삶에 대한 열망을 키우는 임파워먼트의 원천이다. 정신모형Ⅰ은 불확실성을 줄여나가려는 욕구로 인해 저절로 만들어진다. 반면 정신모형Ⅱ는 리더로서의 사명에 따른 삶을 살기로 선택하고 그 삶에 대한 믿음으로 발전시킨, 학습과 성장의 동기로 '만들어낸' 것이다. 특히 진성리더들은 누구보다 매력적이고 아름다우며 건강한 정신모형Ⅱ를 가지고 있다. 이 정신모형이 진성리더의 아름다운 품성을 형성해주는 씨앗이 된다.

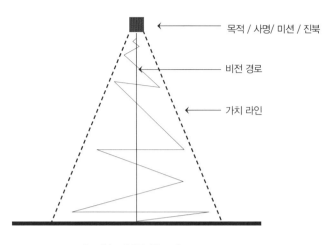

목적 / 사명/ 미션 / 진북

비전 경로

가치 라인

〈그림5〉 진북을 찾는 지도

　진성리더의 정신모형Ⅱ는 자신에 대한 정체성, 철학, 세상에 대한 나름의 신념과 이론, 선호도, 각성사건 등등 미래를 이해하고 항해해 나가는 데 눈이 되는 다양한 변수로 구성된다. 이 중 진성리더의 성장과 관련해 가장 중요한 변수는 사명(목적), 가치, 비전, 정체성이다. 이들 변수는 삶의 근간인 플롯을 구성한다. 사명은 진성리더가 세상에 존재해야 하는 신성한 이유 즉, 존재의 목적을 설명해주고 진성리더에게 진북을 가르쳐준다. 진북은 조직이나 개인이 불확실한 환경에서 길을 잃지 않고 제대로 찾아가게 하는 나침반 역할을 한다. 가치는 존재이유인 사명과 성장의 경로인 비전에 따라서 길을 정할 때 반드시 지켜야 할 의사결정 지침들이다. 이 지침들이 존재하기 때문에 엉뚱한 비전을 설정하거나 타인에게 해가 되는 의사결정을 하지 않게 된다. 비전은 성장한 자신의 미래에 대한 생생한 그림이다. 비전의 종착역은 삶의 존재이유인 목적이다. 따라서 목적이 설정되면 이 목적에 도달하는 중간 기착지로 비전의 행로가 결정된다. 정체성은 진성리더가 어디에서 출발해서 지금 어디에 서 있고 어디를 향해 가고 있는지를 설명함으로써 리더로서의 신화적 삶을 증명해준다.


## 세상을 비추는 횃불, 목적(사명)

정신모형에서 삶의 플롯을 구성하는 변수 중 진성리더에게 가장 중요한 것은 삶의 목적이다. 목적이 정확하게 설정되어 있는 경우에만 이것을 기점으로 중간 기착지들에 해당되는 비전 경로와 벗어나서는 안될 범위인 가치를 설정할 수 있다. 진성리더와 일반 리더와의 차이는 목적을 중시하는지 아니면 목적 없이 비전만을 중시하는지에서 드러난다. 일반적 리더들은 목적을 비전의 파생상품 정도로 생각한다. 비전을 따라 살다 보면 자동적으로 생긴다고 여기는 것이다. 그러나 진성리더들은 목적이 설정되지 않으면 비전을 설정하는 방향을 잡을 수없다고 본다. 따라서 목적을 먼저 설정하고 그 좌표에 따라 비전의 경로들을 설정한다. 이때 목적은 모든 것의 기원이 되는 중심축 역할을 수행한다. 또한 목적이 설정되면 목적에 이르는 비전은 다양한 방식으로 그 경로를 개척할 수 있다고 본다. 그러나 진성리더와는 달리 보통 리더들은 옳고 그른 하나의 비전이 있다고 믿는다.

'우물쭈물하다가 내 이럴 줄 알았지'라는 풍자적 비문(碑文)으로 유명한 버나드 쇼는 일찍이 삶의 목적에 대해서 다음과 같이 서술한 바 있다.

"특별한 목적을 위해 자신이 자주 사용되고 있다는 느낌이야말로 인생의 진정한 즐거움일 것이다. 세상이 나를 행복하게 만들어주지 않는다고 불평하는 데 허송세월하기보다는 온 힘을 바쳐 내가 살고 있는 공동체를 위해 내가 할 수 있는 최대한을 해내는 것을 임무로 여기며 살고 싶다. 더 열심히 살면 살수록 내 생명이 연장되기라도 하는 것처럼 내가 죽을 때쯤 나 자신이 목적을 위해서 완전히 소진되는 삶을 살 것이다. 목적을 위한 삶은 그 자체로 그냥 즐겁다. 이 점에서 인생은 타들어 꺼져가는 촛불이라기보다는 한순간만이라도 세상을 환히 비춰주는 횃불이라 말하고 싶다. 다음 세대에게 넘겨줄 때까지 이 횃불을 최대한 밝게 만드는 것이 나의 임무이다."

진성리더들의 삶이 설렘의 횃불로 활활 타오를 수 있는 것은 삶의 존재이유인 목적의 신성함 때문이다. 어느 누구도 위대한 목적을 혼자서 성취할 수 없다. 이미 위대한 목적을 성취한 사람들이나 이 위대한 목적에 믿음을 공유한 사람들의 도움이 필수이다. 목적을 성취한 사람들은 누군가가 자신에게 그랬듯이, 목적이 인도하는 신성한 삶을 추구하는 사람을 도와주는 것이 자신의 의무라고 생각한다. 이들을 도와주는 것은 자신의 존재를 더욱 의미 있게 하는 일이기도 하다. 이들에게는 오히려 자신의 사명에 대해 이야기하고 도움을 청하는 사람들이 있다는 사실이 고마울 따름이다. 그러나 목적에 몰입한 사람들은 굳이 자신의 세속적 영달만을 위해 올인하는 사람에게까지 도움의 손길을 주지는 않는다. 진성리더가 설파한 목적이 구현될 때, 주변의 많은 사람들은 자신의 삶이 확장되는 것을 느끼게 된다. 목적지향적 삶을 영위하는 사람들은 모두가 삶의 동지들이다. 따라서 목적이 명확하고 절실할수록 다른 사람들의 도움을 받을 가능성이 더 커진다.

위대한 개인과 조직은 자신들의 사명을 명확히 밝히고, 이 사명이 안내하는 삶을 통해 다른 사람을 돕고 또 도움을 받고자 했다. 간디는 비폭력 저항 운동에 흐르는 사명을 다음과 같이 묘사했다. "압제에 대한 두려움을 떨치고, 세상의 모든 압제에 항거할 것입니다. 압제에 대해서는 오직 비폭력적 진실로만 항거할 것이며, 이를 위해서라면 나 자신은 어떤 고통과 희생도 감내할 것입니다." HP의 창립자 데이비드 패커드도 HP는 '사회에 대해서 기술적으로 도움을 주기 위해서' 존재한다는 점을 명확히 밝혔다. 존슨 앤 존슨의 짐 버크 회장은 존슨 앤 존슨이 존재해야만 하는 이유를 '세상 사람들을 고통과 질병으로부터 해방시키기 위해서'라고 규정했다. 디즈니의 월터 디즈니 회장은 '세상에 행복을 퍼뜨리기 위해서' 디즈니가 존재한다고 선언했다. 메리 케이 화장품의 메리 케이 애쉬 회장은 회사를 설립한 이유를 '화장을 통해서 사회적으로 기회를 부여받지 못했던 여성들에게 무한한 기회를 제공하기 위해'라고 밝혔다. 페이스북을 창립한 마크 저커버그는 페이스북의 존재이유를 '공유의 힘을 통해 열려진, 서로 소통하는 세상을 만들기 위해서'라고 밝혔다. 트위터의 창립자 잭 도시는 '세상의 모든 사람들을 그들이 가장 소중히 여기는 것에 즉각적으로 연결시키기 위해' 트위터가 존재한다고 말했다. 구글의 설립자 래리 페이지와 세르게이 브린은 자신들의 사명을 '세상의 정보를 모든 사람이 보편적으로 접근하고 이용 가능하게 하는 정보의 민주화'라고 설명했다.

사명은 그것이 회사의 것이든 개인의 것이든 자신들이 존재하기 때문에 세상이 어떻게 더 따뜻해지고 건강해지며 행복해지는지 그 이유를 설파한다. 이는 세속적인 것이 아니라 신성한 것이다.

진성리더의 사명은 각자의 마음속에 담겨 있는 것이지 남들이 설정해주는 것이 아니다. 진북은 자신에 대한 성찰과 훈련을 거듭할 때, 어느 날 자신의 마음속에서 결정적으로 발견되는 것이다. 자신의 삶에 대한 선택 없이 남의 삶을 따라 해서는 진북을 찾을 수 없다. 영혼의 목소리에 귀를 기울이는 사람들만이 자신의 진북을 찾게 된다. 진북은 독창적으로 세상에 기여하겠다는 자신만의 신성한 약속이다. 진북은 영웅적인 리더들에게만 존재하는 것은 아니다. 세 석공 이야기에서 본 것과 같이 평범한 삶 속에서라도 진정성의 여행을 시작한 모든 사람들에게는 필수적이다. 목적이 이끄는 삶만이 지금까지 혼탁한 세상에서 잃어버렸던 인생의 의미를 성찰하여 거룩함을 회복할 수 있다. 과거에 대한 진솔한 성찰 그리고 죽음을 염두에 둔 '존재에 대한 자각'으로부터 삶의 목적을 발견할 때, 우리는 혼돈을 헤쳐 나갈 용기와 자부심을 회복할 수 있다. 진북은 진성리더가 되기를 선택한 사람이 길을 잃었을 때 용기를 가지고 다시 길을 찾아 나서게 하는 나침반의 역할을 한다. 진북이 없는 삶은 존재이유인 영혼의 목소리가 없기 때문에 혼돈과 환란의 도가니일 뿐이다.

# 삶의 가이드라인, 가치

진성리더들에게 사명 다음으로 중요한 정신모형의 구성요소는 가치
이다. 가치는 조직이나 개인이 중요한 의사결정을 내릴 때 가이드라
인이 되는 것으로, 목에 칼이 들어와도 포기할 수 없는 삶과 경영의
원칙을 말한다. 가치는 앞의 〈그림5〉에서처럼 목적이 정해졌을 때 그
곳을 기점으로 항해할 수 있는 범위를 정한 펜스와 같다. 마치 강물이
바다로 흘러가도록 도와주는 강둑처럼 이 펜스가 존재하기 때문에 사
람들은 그 밖으로 벗어나지 않는다. 펜스 안에서는 자유롭고 신축적
으로 사명에 이르는 다양한 길들을 개발할 수 있다.

  가치와 비슷하게 사용되는 개념으로 역량이 있는데, 엄밀히 따지
면 둘은 차이가 있다. 가치가 정체성을 구성하는 변수라면 역량은 경
쟁력의 우위를 결정하는 변수이다. 가령 정직성은 역량이 될 수도 있
고 가치가 될 수도 있다. 역량으로서의 정직성은 이 역량 때문에 다
른 사람과의 경쟁에서 이길 수 있는 힘이다. 가치로서의 정직성은 어
려운 상황에서도 이 가치를 지키는 것이 중요하기 때문에 비록 나의
경쟁력에 손상을 가져온다 하더라도 꼭 고수해야 한다. 가치는 정체
성을 이루는 핵과 같아서, 이를 포기한다는 것은 마치 이름을 바꾸는
것과 마찬가지다.

  정직성이 가치인지 역량인지는 상황이 어려울 때 극명하게 판별
된다. 상황이 어려워 살아남기 위한 전략으로 정직성을 포기하고 다
른 것을 선택했다면 이때의 정직성은 가치가 아니라 역량이다. 역량

은 경쟁력에 도움이 되지 않을 때 당연히 포기하고 다른 역량으로 대치되어야 한다. 하지만 상황이 어려울 때도 자신이 설파한 가치에 충실했다면 정직성은 정신모형에서 단단한 믿음체계로 굳어진다. 역량과 달리 가치는 변화가 아니라 충실히 지켜질 때 그 진정한 힘이 드러난다.

《진실의 리더십》(원원북스, 2004)의 저자 빌 조지는 많은 가치 가운데 정직성(integrity)이야말로 진성리더에게 반드시 필요한 가치라고 강조한다. 정직성이라는 가치는 거짓을 말하지 않을 뿐 아니라 불편한 진실이라도 솔직하게 이야기할 수 있는 용기를 필요로 한다. 그는 리더들은 정직성의 선을 두 개 그어놓고 그 안에서 의사결정을 내린다고 말한다. 하나는 바깥의 큰 선으로 법과 규제, 윤리적 기준이다. 다른 하나는 그보다 작은 선으로, 자신의 가치를 규정한 것이다. 유사리더들은 큰 선의 범위 안에서 의사결정을 내리는 것을 자랑으로 여기지만 진성리더는 자신이 규정한 작은 선 안의 가치에 기반을 두고 더 엄격하게 결정을 내리는 것을 자랑으로 생각한다. 정직성은 법이나 윤리의 테두리를 벗어나지 않았다 하더라도 자신이 설정한 가치의 기준에 맞지 않을 때 '아니오'라고 당당하게 이야기할 수 있는 용기다. 이런 기준에 비추어보면 거짓말은 아닐지라도 필요한 정보만을 걸러내 상대에게 알려주는 것은 정직하지 못한 행동이라고 할 수 있다.

쿠제스와 포스너는 1980년대부터 미국관리자협회의 지원을 받아 관리자들이 가장 중시하는 가치에 대한 목록을 조사했다.[17] 선택 대안으로 제시한 225개의 다양한 가치 중 수년간 일관되게 선택된 가치는 정직성과 도덕성이었다. 이와 같은 연구 결과는 진성리더십에서 강조하는 가치와 정확하게 일치한다. 최고의 정직성은 자기 자신에 대한 진실함을 기반으로 자신에게 먼저 리더십을 행사할 수 있을 때 나타난다. 이처럼 정직성의 의미는 모든 것이 하나로 통합된 상태, 즉 내면의 자아와 행동하는 자아 간에 분절 없이 완전히 하나가 되어 있는 진실한 상태를 말한다. 진실은 궁극적으로 거짓이나 허위에 이기기 마련이다. 진성리더들은 이와 같은 진실의 힘을 믿는다. 정직과 윤리성을 가치의 중심에 두는 진성리더들은 머리를 굴리거나 정치적 술수로 얻은 성과보다는 측은해 보일 정도로 열심히 땀 흘려 일궈낸 성과를 더 높게 평가한다. 땀의 공평성(Sweat Equity)은 정직하고 성실한 사람들만이 구현해낼 수 있기 때문이다. 이처럼 진성리더들은 정직성을 최고의 가치로 설정하고 이를 구현하기 위해 남들보다 높은 도덕적 기준을 내면화하여 따른다.

## 열정의 발전소, 비전

진성리더의 정신모형에서 마지막 플롯을 구성해주는 변수는 비전이다. 목적이 삶의 진정한 방향을 찾아주는 역할을 한다면, 비전은 목적을 찾아가기 위해 필요한 에너지원인 빵과 같은 역할을 한다. 목적이 진성리더가 반드시 세상에 존재해야만 하는 영혼의 종소리를 들려준다면, 비전은 목적지에 도달하는 과정에서 성취할 성장의 목표를 가능해준다. 목적이 진성리더가 궁극적으로 도달해야 할 목적지라면 비전은 이 목적지에 도달하기 위해 설정된 중간 기착지이다. 따라서 목적이 존재하지 않는다면 비전은 표류하게 된다. 비전은 이 목적에 이르는 과정들을 이어주는 다리이기 때문이다.

비전은 목적을 향해 정렬되어 있다. 목적이 존재이유를 설명해주기 때문에 변화하지 않는 세계라면, 비전은 주어진 범위 내에서 언제든지 변화할 수 있다. 그래서 하나의 비전이 달성되면 다시 다음 단계의 비전이 설정되어야 한다.

비전의 생명은 생생함이다. 현재 자신의 키가 160cm라면 비전은 정해진 기간에 170cm 혹은 180cm로 성장한 자신의 미래의 모습이다. 이 모습은 무엇보다도 생생해야 한다. 이 생생함을 그리기 위한 방법으로 향후 5, 6년 후의 미래를 설정하고 일기를 써보는 것도 좋다. 혹은 〈피플〉이나 다른 유명 잡지와 인터뷰를 한다고 상상하고 기사를 작성해보는 것도 생생한 비전을 만들어내기 위해 많이 사용하는 방법이다. 기사를 작성하는 데 있어서 자신이 성장해 있는 모습을 시각화한 이미지도 같이 만들어보면 더 효과적이다. 혹은 시나 노랫말로 표현해볼 수도 있다. 그만큼 비전을 만드는 작업은 과학적이라기보다는 예술적인 작업에 가깝다.

비전은 목적에 도달하기 위해 필요한 희망, 낙관, 열정, 자부심, 행복감 등 긍정적 정서를 에너지로 산출한다. 특히 생생한 미래의 모습은 마음속의 열정과 자부심의 발전소가 된다. 열정과 자부심의 발전소는 플러스극과 마이너스극이 명확할 때 마음속에서 작동한다. 플러스극에 해당되는 것이 바로 미래에 자신이 성장해 있는 모습이고 마이너스극은 자신의 현재 모습이다. 이 열정과 자부심의 발전소는 플러스극과 마이너스극 간에 충분한 긴장관계를 유지할 때 작동하기 시작한다. 미래에 성장한 모습만 생각하고 현실을 명확히 인식하지 못할 경우 낭만가나 공상가로 전락하기 때문에 발전소의 불은 켜지지 않는다. 반대로 마이너스극만 존재할 때는 염세주의로 빠지기 쉬워 열정 발전소의 불은 켜지지 않을 것이다. 또한 돈만을 목표로 삼은 발전소의 불은 쉽게 꺼지기 마련이지만, 자신의 성장 자체를 목적으로 한 발전소의 불은 쉽게 꺼지지 않는다. 열정 발전소의 불을 지속적으로 켜기 위해서는 무엇보다도 자신이 좋아하는 일과 자신이 잘할 수 있는 일, 사회적으로 기여할 수 있는 일의 교집합을 토대로 플러스극을 설정할 수 있어야 한다. 발전소의 연료는 플러스극과 마이너스극 간의 갭이 줄어드는 경험, 즉 성장에 대한 개인적 체험이다. 미래의 성장된 모습을 생각하면 가슴 한구석이 울렁거리게 되는데, 이것이 바로 열정과 자부심의 에너지가 산출되는 증거들이다. 이런 에너지가 산출될 때 사람들은 하루빨리 차이를 줄여나가는 프로젝트를 수행하고 싶어지는 즉시성을 경험하게 된다. 잘 만들어진 비전은 이런 즉시성을 불러일으킨다.

사명과 가치, 비전으로 성장해 있는 자신을 구체적이고 생생하게 상상해보는 체험은 이들에 대한 믿음을 단단하게 굳혀준다. 상상적 체험도 실제적 체험 못지않게 체험으로서의 역할을 하기 때문이다. 사실 인간의 두뇌는 상상적 체험과 실제적 체험을 구별해내지 못하는 맹점이 있다. 상상임신이 그 일례다. 임신에 대한 강한 열망과 믿음을 가지고 있으면 몸에 변화가 일어난다. 배가 불러오고 월경이 멈추고 유두가 탱탱해져 실제로 임신했다는 착각에 빠진다. 사고로 손과 발이 다 잘려나간 사람들을 대상으로 한 실험에서도 뇌는 상상적 체험을 실제적 체험으로 착각하고 있다는 사실이 밝혀졌다. 자신의 팔다리가 아직도 건재하다는 착각에 빠진 환자들은 본래 팔다리가 있던 부분을 바늘로 찌르면 실제와 똑같은 통증을 호소한다. 기도의 힘은 이와 같은 두뇌의 작용을 적극적으로 이용한 것이다. 간절히 열망하는 상태에 대한 믿음을 기도를 통해 발전시키면 실제로 그와 같은 상태가 일어나는 체험을 하게 된다. 이와 같은 상상적 체험은 실제적 체험과 마찬가지로 자신이 가설적으로 상상한 상태를 검증해줌으로써 이를 단단한 믿음의 상태로 만들어놓는다. 정신모형 II에 구현된, 리더로 성장한 자신의 모습을 생생하게 그려봄으로써 상상적 체험을 구성할 수 있고, 이 상상적 체험은 미래의 자신에 대한 믿음을 검증해서 단단하게 만들어준다. 추상적인 비전은 이와 같은 생생한 상상적 체험을 산출해내지 못하고 결국에는 머릿속에서 고사당해 플라스틱 비전으로 전락한다.


## 창조된 정체성

자신의 진정한 모습을 그린 것을 흔히 정체성(Identity)이라고 한다.

정체성은 누구의 모습을 기반으로 한 것인지를 나타내는 가로축과 기반이 되는 시점이 미래인지 과거인지를 나타내는 세로축에 따라 〈그림6〉과 같이 네 종류로 구분해볼 수 있다.주18 '창조된 정체성'은 자신만의 사명, 비전, 가치로 무장한 정신모형Ⅱ를 구현하고 있는 자신의 모습을 그린 것이다. 정신모형Ⅰ의 세계는 '반영된 정체성'이나 '기억된 정체성'의 세계이다. 진성리더로서의 삶은 이 정신모형Ⅰ에 갇힌 채 과거의 '프로그램된 정체성'에서 벗어나 정신모형Ⅱ로 무장한 '창조된 정체성'에 따른 리더십 여행 과정에 비유할 수 있다. 창조된 정체성은 현재와 과거에 집착하는 자신을 넘어 미래에 대한 장기적 안목을 갖게 하고, 자신만의 시각으로 남들의 인생을 포용하게 하는 근원이다. 또한 진북을 찾아 인생을 더 깊이 관조하게 하는 근원이기도 하다. 과거의 정체성에 묻혀 사는 사람들이 과거로부터 석탄만을 캐내는 광부의 삶을 살고 있다면, 창조된 정체성을 가진 사람들은 과거라는 원석에서 인생의 다이아몬드를 가공해내는 연금술사의 삶을 살고 있다고 할 수 있다.

진성리더들은 새로운 미래를 항해할 수 있는 자신만의 고유한 정체성의 세계인 정신모형Ⅱ를 만들어 정신모형Ⅰ의 문제점을 파악하고 이 둘 간의 차이를 메워가는 삼원학습을 실천한다. 삼원학습은 결국 마음의 변혁을 통한 학습이다. 마음의 변혁을 가능하게 하는 원동력은 정신모형Ⅱ를 구성하고 있는 사명, 가치, 비전의 힘이다. 사명, 가치, 비전은 리더로서의 가슴 뛰는 삶의 스토리를 구성해주는 플롯이다. 영혼의 종소리에 귀를 기울여가며 사명이 달성된 상태를 상상해보는 것만으로도 무한한 행복감에 가슴이 뛴다. 가치는 리더십 여행에서 반드시 지킬 것은 지켜나가겠다는 자부심으로 가슴을 뛰게 한다. 비전은 열정을 산출한다. 결국 정신모형Ⅱ에 몰입해 있는 진성 리더들은 하나같이 다 가슴 뛰는 삶의 스토리로 자신을 임파워시키는 삶을 산다. 정신모형Ⅰ에만 의존한 삶은 영혼이 잠자고 있는 상태여서 아무리 열심히 살아도 삶은 지루하고 피곤할 뿐이다. 정신모형 Ⅰ에만 의존한 삶은 플롯이 없어서 삶의 편린들이 에피소드로 단기 기억 속에 남았다가 사라져버린다. 많은 사람들이 아무리 열심히 살아도 세상에 흥미진진한 스토리 하나 못 남기고 허무하게 사라져가는 이유이다.

미래지향

| 타아지향 | 프로그램된 정체성<br>(Programmed Identity)<br><br>남들의 말에 따라 설계한<br>자신의 미래 | 창조된 정체성<br>(Created Identity)<br><br>영혼을 흔드는 자신만의 사명,<br>비전, 가치로 무장한 자신 | 자아지향 |
| --- | --- | --- | --- |
| | 반영된 정체성<br>(Reflected Identity)<br><br>주변사람의 기억 속에 남아<br>있는 자신의 과거 | 기억된 정체성<br>(Remembered Identity)<br><br>과거에 자신이 이뤄 놓은<br>영광이나 실패에 매몰된 정체성 | |

과거지향

〈그림6〉 정체성의 분류

# 나는 세상에 어떤 스토리를 남길 것인가

묘비명은 진성리더의 삶에 대해 사람들이 수여한 빛나는 졸업장이다. 묘비명에는 진성리더가 생전에 정열을 쏟았던 삶의 목적이 고스란히 녹아 있기 때문이다. 다음은 삶의 목적이 잘 녹아 있는 묘비명들의 예다.

알렉산드로스 대왕의 묘비에 새겨진 '용기 있게 살고 영원한 명성을 남기고 죽은 것은 아주 멋진 일이도다'라는 글귀는 그의 존재이유를 설명해주고 있다. 에이브러햄 링컨의 묘비명은 '국민의 국민을 위한 국민의 국가는 영원할 것이다'이다. 노예 해방과 민주주의를 위해 살다간 그의 족적과 이러한 노력이 영원히 계승되기를 바라는 염원이 담겨 있다. 링컨의 이 묘비명은 훗날 케네디의 연설문에 등장해 민주주의를 위한 그의 노력이 사람들의 마음속에 여전히 살아 숨쉬고 있음이 증명된다. 요한 페스탈로치의 묘비에는 '남을 위해 일했을 뿐 자신을 위해선 아무것도 하지 않았다'라는 묘비명이 남아 있다. 평생을 자신보다는 소외된 사람들의 교육을 위해 봉사하고 희생한 그의 족적이 담겨 있다. 발명가 게일 보든의 묘비에는 '나는 시도하다 실패했다. 그러나 또 다시 시도해서 성공했다'라는 글귀가 실려 있다. 학습의 원천은 실패라는 사실을 세상에 공표한 것이다. 게일 보든의 정신을 이어받은 토마스 에디슨의 묘비명은 '상상력, 큰 희망, 굳은 의지는 우리를 성공으로 이끌 것이다'이다. 새로운 발명으로 세상에 행복을 주기 위해서는 부단히 실패할 수밖에 없고, 결국 실패가 학습의 원동력이므로 좌절하지 말고 꿈을 가지고 실패를 계속해야 한다는 그의 굳은 의지가 담겨 있다. 앤드류 카네기의 묘비에는 '자기보다 훌륭한 사람을 곁에 모으는 능력을 가진 사람이 여기 잠들다'라는 문구가 실려 있다. 많은 부를 모았지만 결국 그 많은 부를 사회에 되돌려주고 세상을 떠난 기업가답게 기업의 성공은 돈보다는 큰 목적을 향해서 전력투구하는 사람들을 모으는 것에 달려 있다는 조언을 담고 있다. 프리드리히 니체의 묘비에는 '이제 나는 명령한다. 짜라투스트라를 버리고 그대 자신을 발견할 것을'이라는 문구가 실려 있다. 결국 짜라투스트라라는 최고의 권력에 대한 열망은 허무한 것이며 중요한 것은 자기 자신을 발견하는 점이라는 진성리더십의 원리를 깨우쳐주고 있다. 민주당과 공화당을 초월해 미국의 가장 인기 있는 대통령이었던 로널드 레이건은 '옳은 일은 언제나 승리한다'라는 묘비명을 남겼다. 자기 정파의 이익을 챙기기보다는 사회의 정의를 구현하기 노력해온 그의 삶이 고스란히 담겨 있다. 토마스 제퍼슨의 묘비명은 '독립선언문의 기초자, 버지니아 종교자유법의 기초자'이다. 그가 평생을 바친 위대한 미국을 위한 프로젝트명이다. 프란츠 슈베르트의 묘비에는 '음악은 이곳에 소중한 보물을 묻었다'라는 묘비명으로 음악을 위한 그의 신성한 족적을 보물이라 표현하고 있다.

누구나 자신의 진북을 알아내기 위해 묘비명을 작성해볼 수 있다. 묘비명 작성 시뮬레이션을 하려면 자신이 지금까지 살면서 소중했던 인물들을 전부 자신의 장례식에 초대한다는 상상을 해보는 것이 좋다. 배우자, 자녀, 제자, 선후배, 동료, 상사, 친구, 고객 등 지금 나와 소중한 관계를 맺고 있는 모든 지인들을 초청하는 것이다. 장례식이니만큼 이들은 나의 행적을 회상하면서 내가 어떤 족적을 남겼는지 돌아가면서 이야기할 것이다. 관속에 누워서 이들로부터 나의 이야기를 차례대로 듣게 된다면 과연 어떤 이야기를 듣고 싶은지를 상상해보자. 이들로부터 듣고 싶은 내 삶의 족적을 종합하면 결국 나의 비문이 완성된다. 이런 과정을 통해서 만들어진 나만의 비문이 바로 현재를 살고 있는 나에게는 사명이 될 것이다.

**리더십 인사이트**
## 생의 졸업장들

진성리더가 사명으로 생을 마감하는 순간, 사람들은 세상을 더 행복하게 만든 공로를 기리기 위해 그들에 대한 졸업장을 마음에 새긴다. 다음은 후학들의 마음에 새겨진 진성리더들의 '생의 졸업장'들이다.

김구(1876-1949) : 민족의 등불이 된 구국 운동가

전태일(1948~1970) : 자신을 불태워 노동환경 개선에 불을 지핀, 노동운동의 상징

장준하(1918~1975) : 독재에 맞선, 우리나라 민주화의 등불

조영래(1947~1990) : 사회적 약자의 편에 선 인권 변호사

이휘소(1935~1977) : 노벨 물리학상 수상자들의 존경을 받는 세계적 이론 물리학자

함석헌(1901~1989) : '씨알'들을 위한 삶을 살다 간 시민운동가

유일한(1895~1971) : 자신보다는 국민을 생각하며 살다 간 기업인

손기정(1912~2002) : 조국의 가슴을 울린 금메달

나운규(1902~1937) : 한국 영화를 예술의 경지로 끌어올리고 애국심

을 고취시킨 영화인

윤동주(1917~1945) : '죽는 날까지 하늘을 우러러 한 점 부끄러움이 없

기를' 바란 참회 시인

성철스님(1912-1993) : 탐욕의 시대에 무소유의 삶을 몸소 보여준 스님

이중섭(1916~1956) : 민족의 혼을 힘찬 소의 모습으로 표현한 화가

백남준(1932~2006) : 비디오 아트의 문을 연 예술가

김수환(1922-2009) : 종교인으로서 추구해야 할 모든 가치를 몸소 보

여준 추기경

법정스님(1932-2010) : 시기와 다툼으로 얼룩진 종교계에서 화합을

위해 살다 간 스님

박완서(1931-2011) : 남북 분단과 여성의 삶을 문학으로 승화시킨 작가

# 8 마음의 근육 만들기
—— 자아인식과 자기규율

할아버지가 무릎에 손자를 앉혀놓고 이야기를 하고 있다.
할아버지가 말하기를, "사람들의 마음에는 항상 두 마리의 늑대가 싸우고 있단다.
한 마리는 평화와 사랑의 늑대이고 다른 한 마리는 탐욕과 공포의 늑대란다.
네가 보기에는 어느 늑대가 이길 것 같으냐?"
소년이 답하기를, "내가 어느 쪽에 밥을 더 주는지에 달려 있어요."
_인디언의 우화


## 정신모형의 단백질

진성리더들은 남들이 모방할 수 없는 마음의 지도인 정신모형 II 를 구축하고 있다. 이 정신세계는 진성리더의 사명을 실질적으로 가이드한다는 점에서 단순한 이론 세계와는 거리가 있다. 이 세계의 맛을 본 사람들은 그 맛에 매료되어 다른 이들과 이야기할 때마다 눈을 반짝이며 이야기에 귀 기울이게 된다. 진성리더들은 자신의 정신모형에서 꿈꾸는 세계가 현실에서 구현된다면 많은 사람들이 희망을 얻게 되고 다른 사람들에게 행복으로 전파될 수 있다는 점을 잘 알고 있다. 또한 진성리더들은 자신이 고유하게 창출한 정신모형 II 의 스토리가 현실화될 것이라는 굳건한 믿음을 가지고 있다. 이는 나침반 역할을 해줄 정신모형Ⅱ가 지금까지 살았던 방식의 암묵적 지도인 정신모형 Ⅰ과 창조적 긴장을 창출하고, 이 창조적 긴장이 진성리더로 하여금 자신의 목적지향적 삶에 매진하게 해주기 때문이다. 의식적으로 구성한 정신모형Ⅱ의 스토리에 매료된 진성리더들은 정신모형Ⅰ과의 차이를 하루빨리 줄여나가려고 노력할 것이고, 이 차이를 줄여나가는 다양한 프로젝트들을 수행할 것이다.

진성리더의 학습 과정은 다시 '자아인식'과 '자기규율'로 나뉜다. 자아인식의 시작은 '리더로서의 자아'에 대한 상상적 체험에서 시작된다. 정신모형Ⅱ에 따라 리더로서의 사명감을 회복한 삶을 생생하게 그려내 정신모형Ⅰ과의 차이를 성찰하는 것이다. 앞 장에서 설명했듯이 인간의 뇌는 상상적 체험과 실질적 체험을 구별하지 못하므로 이 상상적 체험은 정신모형Ⅱ를 암묵적으로 검증해 믿음으로 바꾸는 첫 단계를 구성한다. 자아에 대한 성찰 과정에서 자기 내면의 각성사건을 찾아내 정신모형Ⅱ와 연결시키는 것이 중요하다. 즉, 자아인식은 미래의 자기 모습을 상상적으로 체험해 정신모형을 암묵적으로 검증하는 단계이다.

자기규율은 정신모형Ⅰ과 Ⅱ의 차이를 줄여나가는 프로젝트를 진행해 실천적 경험으로 정신모형을 검증하는 단계이다. 자기규율을 통해 정신모형Ⅱ에서 정립한 사명, 가치, 비전들은 더욱 단단한 믿음으로 변환된다. 자기규율 과정에서는 환란과 고통을 만났을 때 자신의 정신모형을 어떻게 지켜나가는지가 관건이다. 자기규율을 통해서 정신모형Ⅱ는 단단한 믿음의 근육을 획득한다. 한마디로 자기인식과 자기규율은 성찰과 실천을 통해 정신모형을 검증하여 단단한 믿음으로 바뀌나가는 과정이다. 사명에 대한 더 근원적인 성찰과 측은해보일 정도의 실천이 정신모형의 근육을 만들어내는 단백질인 셈이다.

## 자아인식

자아인식은 정신모형Ⅱ의 거울을 이용해서 자신의 정체성을 성찰하는 과정이다. 정신모형의 구성요소는 여러 가지가 있을 수 있으나 가장 중요한 것은 목적관리의 중추이자 최종 목적지인 사명, 이에 이르기 위한 중간 기착지인 비전, 각 과정에서 의사결정의 가이드라인이 되는 가치를 들 수 있다. 이 각각의 요소는 지금까지 자신이 살아왔던 방식을 성찰하는 거울이 된다.

사명을 기반으로 한 성찰에서는 세속적인 것만을 추구해왔던 자신의 모습에 대한 반성이 가장 중요하다. 사명보다도 남들이 중시하는 소리에만 귀를 기울여 자신이 스스로를 경영하는 삶을 포기해온 것에 대한 반성이 필요하다. 이 성찰을 통해 삶에서 중요한 것은 내재적인 것임을 깨달을 수 있다. 돈, 명예, 승진, 지위, 직장 등의 외재적인 보상은 좇는다고 획득할 수 있는 것이 아니다. 그보다는 내재적인 것을 추구하다 보면 자연스럽게 외재적인 보상이 따라오는 것이다. 돈을 좇는다고 해서 돈을 벌 수 없는 것과 같은 원리다. 충분한 돈을 벌려면 돈을 좇을 것이 아니라 돈이 자신을 따라오게 하는 삶의 방식을 이해하고 이를 선택해야 한다. 거부(巨富)들은 자신이 중시하는 가치를 추구할 때 돈은 저절로 따라오게 마련이라는 원리를 일찍부터 깨달은 사람들이다. 세계 유수의 기업들과 일반 기업들 간의 차이도 여기에 있다. 세계 유수의 기업들은 명예와 돈은 자신들이 고객에게 진정성 있는 가치를 전달할 때 저절로 따라온다는 원리를 깨달았다. 사명에 대한 성찰을 통해 이와 같은 내재적 가치와 외재적 가치 간의 선순환이 삶의 모형으로 받아들여진다.

진성리더들이 가진 정신모형Ⅱ에서 '비전의 거울'은 염세주의와 맹목적 낙관주의가 성찰을 통해 반성되어 현실적 낙관주의의 삶을 정립하도록 도와준다. 자신이 150cm라면 180cm라는 성장에 대한 비전이 있어야 자신이 작다는 것을 알 수 있다. 벤치마킹 포인트가 있어야 정확한 차이가 드러나 현재의 키가 작다는 사실을 인식하게 되는 것이다. 현실만 인식하고 있을 경우 세상의 모든 사안을 문제로만 인식하는 염세주의에 빠질 수 있다. 반대로 비전만 있고 현재 자신의 위치나 상황을 모르면 비전에 대한 열망은 허황된 꿈으로 끝날 가능성이 높다. 현재의 상태에 대한 인식 없이 미래 성장의 그림만 믿다가는 맹목적 낙관주의의 함정에 빠질 수 있다. 맹목적 낙관주의자들은 세상의 모든 불행이 자신들을 비켜갈 것이라는 근거 없는 믿음을 가지고 있다. 그러다 실제로 불행이 들이닥치면 어쩔 줄 모르고 절망에 빠져버린다.

빅터 프랑클은 실제로 나치 수용소에 수감되었다가 살아남은 몇

안 되는 사람 중 하나이다. 빅터는 그의 부모, 아내 틸리와 함께 나치 수용소에 수감되었다. 여러 수용소를 거치면서 빅터는 몇 번의 죽을 고비를 넘기다가 어느 날 자신이 어려움을 견딜 수 있는 이유는 자질구레한 일보다 미래의 목표에 대한 견고한 믿음을 갖고 있기 때문이라는 것을 깨달았다. 또한 시간이 지나면서 빅터는 육체적으로 강한 사람들 혹은 맹목적 낙관주의자가 아니라 살아가야 할 이유를 갖고 있는 사람들이 살아남았다는 사실을 알게 되었다. 빅터는 크리스마스가 다가오면 시체의 숫자가 현격하게 줄었다가 다시 크리스마스가 지나면 원래의 숫자로 되돌아온다는 사실에 관심을 가졌다. 크리스마스가 다가오면 수감자들이 석방되리라는 긍정적 기대에 부풀어 삶의 희망을 찾아 사망률이 줄지만, 크리스마스가 지나면 풀려나지 못할 것이라는 비관 때문에 다시 사망률이 높아지는 것이다. 현실을 정확히 성찰해 미래에 대한 희망을 꿈꾸는 사람들이 현실적 낙관론자라고 할 수 있다. 이들은 구더기가 들끓는 현재의 상황을 모면하기 위해 누군가가 바위를 덮어 놓았다 하더라도 기꺼이 이 바위를 들추어 구더기를 직시할 수 있는 용기를 가진 사람들이다.

가치의 측면에서 성찰은 '역량을 기반으로 한 삶만을 영위해온 것에 대한 반성'이다. 역량은 경쟁력의 기반이다. 보통 사람들은 역량을 쌓기 위해 남들이 관심을 가질 만한 스펙 만들기에 모든 것을 경주하고 가치의 중요성을 무시하는 경향이 있다. 반면 정신모형Ⅱ를 통한 성찰에서는 가치를 중심으로 역량을 재정의하는 삶을 중요시한다. 요즘 젊은 세대의 가장 큰 관심사는 소위 말하는 스펙을 쌓아 좋은 회사에 취업하고, 남들보다 빨리 승진하는 것이다. 또한 스펙을 만드는 것이 중요한 목표인 젊은이들은 어떻게 단기간에 스펙을 만들어 동료와의 경쟁에서 우위를 점할 수 있을까 고민하며 경쟁과 비교의 삶에 올인한다. 항상 스펙 경쟁을 하다 보면 자신보다 우수한 스펙을 가진 사람이 많다는 것을 깨닫게 되고 실제로 이런 경쟁자가 나타나면 불안해진다. 불안한 마음에 무엇인가를 하기는 하지만 집중하지 못하게 되고 그러다 보니 성과가 나오지 않아 스트레스를 이기지 못하고 좌절하는 악순환을 경험하게 된다.

가치에 기반을 둔 삶은 스펙 중심의 '조건적 역량'과 구별되는 '무조건적 역량'을 기반으로 한 삶이다. 조건적 역량만을 가진 사람은 자신이 쌓은 스펙에 맞는 상황이 나타날 때만 자신감을 보이는 반면, 무조건적 역량을 가진 사람은 어떤 상황에서도 '다 잘 해낼 수 있다'는 근원적 자신감을 드러낸다. 스펙을 만드는 데 올인하는 사람들은 두 가지 이유에서 아무런 장치 없이 자신을 불안의 망망대해로 내던지는 셈이다. 첫째, 스펙을 필요로 하는 환경은 항상 변화하게 마련이어서 스펙에 모든 성공을 거는 것은 자신의 주도권을 상황에 맡기는 꼴이 된다. 주도권을 남에게 맡기면 삶은 더욱 예측불가능하게 표류한다. 둘째, 상황에 맞는 스펙을 가진 사람들은 항상 넘치고, 이들과의 비교는 항상 자신을 좌불안석으로 만든다. 그러므로 스펙에 자신을 맡기는 것은 소위 레드 오션의 싸움에서 승부를 보겠다는 무모한 행동이다. 이는 일등만 살아남는 전쟁터에 스스로 몸을 내던지는 행위와 다를 바 없다.

하지만 가치에 기반을 둔 무조건적 역량은 어려울 때일수록 그 빛을 발한다. 장기적 정신모형을 명료히 구축하고, 자신이 중요시하는 가치를 따라 블루 오션의 여행을 시작하기 때문이다. 가치를 따르는 삶은 조건적 역량을 따르는 삶과는 달리 어떤 상황에서든 근원적 자신감을 주는 무조건적 역량의 기반이 된다.

진성리더들은 정신모형의 거울을 통해 미흡한 자신을 감싸고 있는 약점들을 용감히 들추어낸다. 그리고 이 약점을 강점만큼 솔직하게 인정함으로써 진정성을 구축한다. 주변 사람들의 환심을 사기 위해 남들도 다 알고 있는 자신의 약점을 숨기고 본능적으로 강점만을 내세우는 행동을 통해서는 진정성이 발현될 수 없다. 그것은 오히려 주위 사람들에게 진정성이 결여된 행동으로 보이게 된다.

### 각성사건

자아인식 과정에서 각 요소별로 차이를 파악해 성찰하는 것도 중요하지만, 과거의 행적에 대한 성찰을 통해 미래 리더로서의 삶의 기반인 정신모형 II를 발견하는 일도 이에 못지않게 중요하다. 영혼의 종소리를 듣고 영혼이 잠에서 깨어나는 계기를 마련해주는 각성사건을 통해 새로운 정신모형이 만들어진다. 새로운 정신모형은 자신의 삶에 새로운 의미를 부여하게 된다. 이 과정에서 내면에 간직하고 있던 과거의 자아는 자신만의 기억의 감옥에서 벗어나 진성자아와 화해하게 된다. 과거의 자아는 내면의 각성사건을 통해서 다시 용서받고, 감사의 원천이 되고, 사랑의 대상으로 태어난다. 진성리더들은 각성사건을 통해 정신모형Ⅰ에 근거한 삶에서 정신모형Ⅱ에 근거한 삶으로 변혁을 경험한다. 각성사건은 숨어서 살고 있던 과거의 자아가 정신모형Ⅰ의 두꺼운 껍질을 깨고 정신모형Ⅱ를 위한 삶을 시작하도록 도와준다. 각성사건을 통해서 과거는 더 이상 부끄러운 것이 아니라 정신모형Ⅱ의 전도사로 태어난다.

20세기의 가장 위대한 지도자의 한 사람인 간디는 누구도 생각하기 힘든 방법으로 인도의 독립과 종교 간의 화해를 실천한 투사이자 정치가였으며 가장 현실적인 이상주의자였다. 간디의 본명은 '모한다스 카람찬드 간디'이다. 후에 인도의 시인 타고르가 위대한 영혼이란 뜻의 '마하트마'라고 표현함에 따라 마하트마가 그의 호칭이 되었다.

간디의 생애는 네 단계로 나눌 수 있다. 인도에서의 어린 시절, 영국 유학 시절, 남아공에서 영구 귀국할 때까지의 아프리카 시절, 그 이후 1948년 극단적 회교주의자에 의해서 암살되어 세상을 떠날 때까지 인도에서 비폭력 독립운동을 실천하던 시절이다. 첫째와 둘째 시기가 진리를 탐구한 시기였다면 셋째와 넷째 시기는 진리를 실천한 시기였다고 할 수 있다. 간디는 자서전의 부제를 '나의 진실 실험 이야기(The Story of My Experiments With Truth)'라고 지었을 정도로 자신의 인생을 진리에 대한 성찰과 실험의 과정으로 삼았다.[19]

위대한 리더들은 대개 어렸을 때부터 두각을 나타내기 마련인데 간디는 그렇지 않았다. 오히려 평범하다 못해 부족하기까지 했다. 학교에 들어가서도 구구단을 외우는 것을 힘들어했고 남들 앞에 나서서 이야기하는 것을 부끄러워했다. 이렇듯 어린 시절 간디는 부족하기

짝이 없는 어린이에 불과했으나 부단히 자신을 성찰하며 훈련했다.

간디에게도 각성사건이 있었다. 1893년 압둘라 회사의 초청으로 남아프리카공화국을 여행할 때였다. 간디는 압둘라사(社)가 끊어준 일등칸 표를 가지고 기차에 올랐는데, 한 승객이 유색인인 간디를 발견하고 역무원을 불렀다. 역무원은 짐을 가지고 다른 칸으로 옮기라고 명령했지만 간디가 이를 거절했고, 역무원은 경찰을 불렀다. 경찰은 오자마자 간디와 간디의 짐을 기차 밖으로 내동댕이쳤다. 이때 간디의 뇌리에 떠오른 것은 내동댕이쳐진 자신의 비참한 모습이 아니라 인도인들을 비롯해 인간으로 대접받지 못하는 유색인종들의 비참한 삶이었다. 잠자던 영혼이 깨어난 순간이다. 그는 이 사건을 계기로 자신이 애써 부인해왔던 유색인종에 대한 정체성을 회복하고, 자신의 정체성뿐만 아니라 남아프리카에 살고 있는 유색인종 전체를 위해 싸우기로 결심한다.

간디가 인도를 넘어 세계인의 영웅으로 칭송받는 이유는 지극히 평범한 사람이었음에도 끊임없는 자기성찰과 자기규율을 통해 진리를 실천했기 때문이다. 또한 이런 과정을 통해 모든 종교와 정치를 초월한 사람의 본보기로 태어났기 때문이기도 하다. 그는 최고의 진리를 찾기 위해 노력했고, 종교인이 아닌데도 종교인보다 더 철저하게 계율을 지켰으며, 가장 힘든 방식인 비폭력으로 진리를 실천했다. 기차에서 내동댕이쳐진 사건은 단순히 영국인들에 대한 증오로 끝날 수 있었으나 간디는 이것을 유색인종에 대한 차별 없는 세상이라는 정신모형 II로 승화시켰다. 이 승화된 정신모형 속에 유색인종으로 당당하게 살아가는 진정성 있는 모습을 그려내었다. 그 결과 이 같은 사건에 대해 증오와 폭력보다 한 차원 더 승화된 비폭력 저항운동으로 대응함으로써 진성리더의 진정한 면모를 보여주었다.

앞서 살펴본 스티브 잡스와 하워드 슐츠에게도 각성사건이 있었다. 금세기 최고의 CEO로 떠오른 스티브 잡스는 자신이 영입한 경영진에 의해 퇴출당한 일이 자신의 영혼을 깨우는 각성사건이 되었다. 퇴출을 계기로 그때까지 숨겨왔던, 미혼모의 아들로 태어나 학교를 중퇴하고 빈 깡통을 주워 끼니를 이었던 과거의 자신과 화해를 하고 비로소 과거의 자아가 어둠 속에서 구출된다. 하워드 슐츠는 아버지의 무능력함에 혐오와 경멸을 보였으나, 자신의 가게에 찾아온 단골손님과의 만남을 계기로 자신의 아버지도 가족을 부양하기 위해 성실히 일했던 사람임을 깨닫는다. 나아가 아버지가 가족을 제대로 부양하지 못했던 것은 사회로부터 충분한 기회를 받지 못했기 때문이라 여겨, 자신은 직원들에게 삶의 정당한 기회를 부여하겠노라 다짐한다. 스타벅스의 전 직원은 의료보험 혜택을 받고, 자사주를 소유하고 있으며, 직원들은 서로를 파트너라고 부른다.

간디, 잡스, 슐츠의 예처럼 진성리더들에게는 공통적으로 숨기고 싶은 과거의 이야기들이 있다. 이 과거의 이야기들은 각성사건을 계기로 잠에서 깨어나고 정신모형 II로 승화되어 떳떳한 과거로 다시 태어난다. 또한 과거의 자신과 미래의 당당한 자신이 각성사건을 계기로 통합될 때 진성리더들의 자아는 더욱 생동감 있고 역동적인 모습으로 나타난다. 진성리더들은 자신의 과거에 대한 각성사건을 기회가 있을 때마다 스토리로 재생시켜 현재의 상황을 정확하게 성찰하는 도구로 이용한다. 그래서 어려운 일이 발생하면 이 각성사건을 떠올려 자신의 정신모형Ⅱ가 요구하는 삶의 방향을 다시 정렬시키는 계기를 마련한다. 영혼을 일깨우는 종소리로 이용하는 것이다. 한마디로 자아인식은 과거의 자아가 미래의 자아에 의해서 명료하게 설명되고 정당화되는 과정이라고 할 수 있다.


## 자기규율

자아인식을 통해 파악한 현재의 모습과 미래의 바람직한 모습 간의 차이를 파악하고 이 차이를 줄여나가는 실천적 프로젝트를 수행하는 과정이 자기규율이다. 자기규율을 통해서 진성리더는 자신의 정신모형Ⅱ에 담긴 비전, 사명, 가치 지향적 삶을 실천하게 된다. 이 실천 과정을 통해 정신모형 속에 담긴 비전, 사명, 가치는 단순한 이론적 가정이 아니라 생명을 가진 믿음으로 탈바꿈한다. 이런 점에서 자기규율은 자신의 정신모형이 주장하는 바를 실천을 통해 검증하여 믿음으로 만드는 과정이다. 믿음으로 전환되지 않은 정신모형은 생명이 없는 플라스틱 정신모형에 불과하다. 진성리더들은 정신모형 속의 가정들을 생명 있는 믿음으로 전환시키기 위해 주변 사람들이 측은하게 생각할 정도로 열심히, 할 수 있는 모든 것을 다해서 가정을 검증한다. 진성리더들은 실천을 통해서만 정신모형을 믿음체계로 바꿀 수 있다는 것을 안다. 말이 행동을 대신할 수 없음을 잘 알고 있는 것이다. 반면 유사리더들은 말로 정신모형을 검증할 수 있다는 생각을 가지고 있다.

진성리더들은 정신모형Ⅱ에서 설정해놓은 삶과 현재의 삶 간의 간격에 대한 성찰을 토대로, 이 간극을 줄여나가는 개인적 자기규율 프로젝트를 진행시킨다. 이 프로젝트의 일환으로 바다를 동경하며 배를 만들거나 음악에 영감을 받아 교향곡을 작곡하거나 천진난만한 아이들에게서 희망을 보고 이들을 가르치는 데 헌신하는 등 자신만의 프로젝트에 빠져든다. 진성리더의 프로젝트는 정신모형Ⅱ에 기반을 두고 있다는 점에서 일반 리더의 프로젝트와 다르다. 자기규율의 방법으로 진성리더가 수행하는 프로젝트는 정신모형Ⅱ의 지도를 따라 진북을 찾아 항해하는 학습과 성찰을 동반한다. 자기규율은 정신모형Ⅱ에서 구현된 세상을 명료하게 그려내고, 그 그림 속의 삶을 직접 체험으로써 정신모형의 가정들을 검증하여 믿음으로 바꾸는 작업이다.

자기규율 과정은 진성리더의 후원자들에게 자신의 정신모형에서 구현될 세계를 설명해나가는 작업에서 시작된다. 후원자들은 리더의 정신모형 구현에 많은 도움이 될 수 있는 사람들이다. 진성리더의 정신모형은 혼자의 힘만으로는 구현할 수 없다. 따라서 진성리더는 자신의 정신모형을 주요 후원자들의 네트워크에 뿌리내려 배태시키도록 노력해야 한다. 여기서 주요 후원자들은 성장과 학습을 열망하는 동료, 직장생활을 통해서 봉사해야 할 회사, 이 회사가 대상으로 하고 있는 고객, 회사에서 창출한 성과를 통해 경제적으로 보상을 받게 되는 가족과 자기 자신이 포함된다. 아울러 이웃과 친구를 포함한 커뮤니티, 그리고 자신의 정신모형을 구현하는 데 도움을 줄 수 있는 '멘토 이사회'가 그 대상이 될 수 있다(멘토 이사회에 대한 설명은 책 146쪽을 참고하라). 지금까지의 정신모형이 자신의 성장과 학습을 중심으로 기술되었다면, 새로운 정신모형은 내 존재의 외연에 해당되는 고객, 가족, 친구 및 이웃들에게 자신의 목적지향적 삶이 이들에게 어떤 영향을 줄 수 있는지를 설명하고, 이들의 지지를 얻어낼 수 있어야 한다.

자기규율 과정은 〈그림7〉에서 보는 바와 같이 자신의 정신모형Ⅱ에서 구현하고자 하는 삶의 영역을 성장과 학습 영역, 고객 영역, 재무 영역, 가족과 공동체의 영역으로 나누어 수행할 수 있다. 각각의 영역에 부합하는 자기규율 프로젝트를 창출하되 이들 사이의 인과적 모형이 선순환이 되도록 우선순위를 정하는 것이 중요하다. 즉, 성장과 학습 영역에서 창출된 역량은 고객에게 가치를 전달하고, 그 가치를 고객이 충분히 평가해준다면 업무 성과나 이와 관련된 경제적 보상으로 이어질 수 있다. 학습과 성장이 잘 이루어질 때 고객 혹은 재무적 문제가 자동적으로 해결되는 인과적 관계를 산정해볼 수 있다. 하지만 재무적 성과 자체를 최우선 목표로 정해서는 고객에게 장기적 가치를 전달하지 못한다. 고객을 위한 핵심 역량이 축적되지 못한 상태에서 장사꾼의 역량을 먼저 배우는 것은 악순환의 고리가 된다. 이런 경우 운 좋게 한 번쯤은 재무적 성과를 달성할 수 있을지 모르나 지속적인 성과를 달성하는 것은 불가능하다.

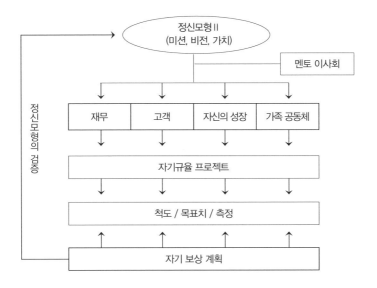

〈그림7〉 자기규율을 통한 정신모형의 검증

자기규율 과제는 자신이 잘할 수 있고 좋아하며 목적지향적이면서 자신의 전문성을 대표하는 영역에서의 학습이 전제되어야 한다. 전문적 영역에서 학습이 부족하면 삶 자체의 활력을 상실하는 원인이 된다. 전문성에 대한 자신감 없이는 공동체에 대한 따뜻한 관심과 공헌이 불가능할 뿐 아니라 일과 삶이 분절되어 균형을 잃고 만다. 대부분의 삶에서 일과 삶이 분절되는 이유는 학습과 성장을 통한 내재적 즐거움이 무시되고, 성과 중심의 외재적 보상에 이끌리기 때문이다. 내재적 학습의 즐거움을 견인차로 하여 외재적 보상이 자연적으로 뒤따라오는 선순환의 모형은 가족과 공동체 일원으로의 삶을 자연스럽게 통합한다. 주말이나 휴가 중 가족과 시간을 보내는 일도 가족 구성원들의 성장과 학습으로 자연스럽게 통합되면서 일에 대한 활력 요인으로 피드백된다.

설정된 자기규율 과제들을 측정과 평가를 통해 관리하고, 그 달성 수준을 점점 높은 단계로 발전시켜야 한다. 중요한 자기규율 과제일 수록 발견하기는 어렵다. 하지만 이것을 측정하고 평가 · 개선하는 일은 매우 중요하다. 실패와 성공을 측정하고 평가하지 않으면 개선은 있을 수 없다. 따라서 자기규율 과제가 설정되면 이 과제의 성패를 가늠해줄 수 있는 지표와 측정할 수 있는 척도를 만들어야 한다. 그리고 이 척도를 중심으로 언제까지 달성할 것인지에 관한 목표 수준을 설정한다. 목표 수준이 결정되면 목표 대비 달성 정도를 평가하고, 그 차이와 원인을 분석해서 다음 목표 수준에 반영해야 한다.

목표치가 계획대로 잘 달성되었을 경우 이에 대한 자기보상 계획을 만들어서 실행하는 것이 좋다. 여행을 좋아하면 이 목표 달성을 축하하는 의미로 여행을 다녀올 수도 있고, 돈을 모아서 평소 사고 싶었던 것을 본인에게 사줌으로써 보상할 수도 있다. 중요한 것은 자기규율 프로젝트가 달성된 것을 사후적으로 보상해주는 것이지 이와 같은 보상을 위해서 프로젝트를 달성하는 형태가 돼서는 안 된다는 점이다. 즉, 보상은 자발적인 성과를 촉진시키는 요인으로 사용되어야 하지 성과를 억지로 내기 위한 인센티브로 사용되어서는 안 된다.

## 결정적 검증(Critical Test)

자기규율 과정의 마지막 관문은 리더의 삶에 역경과 고통의 과정이 닥칠 경우 정신모형을 통해 이를 극복함으로써 정신모형 속의 사명, 가치, 비전을 살아 있는 믿음으로 바꾸는 단계이다. 이와 같은 작업을 '결정적 검증'이라고 한다. 정신모형의 검증은 정신모형에서 약속한 세계가 현실로 구현되게 하는 자기규율 프로젝트를 통해서도 이루어지지만 더 결정적인 검증은 정신모형을 통해 역경과 고통까지도 극복할 때 이루어진다. 결정적 검증을 통과하지 못한 정신모형은 생명 있는 믿음체계가 아닌, 말로만 존재하는 플라스틱 정신모형으로 전락한다.

이런 점에서 진성리더들 대부분은 역경과 고통을 딛고 자신의 정신모형을 믿음체계라는 사회적 가치로 만들어 세상에 선물한 인물들이다. 태양의 화가 고흐는 37년이라는 짧은 인생을 온갖 병마에 시달리며 살았다. 그는 1889년 8월 동생에게 보낸 편지에서 '발작이 또 일어나겠지. 이젠 정말 지긋지긋하다. 지난 나흘 동안은 목이 부어서 아무것도 먹을 수 없었다'고 털어놓을 정도로 고통스러운 삶을 살았다. 이런 병마와 싸우다가 자살로 생을 마감한 고흐는 세상에 879점의 유화와 1,100여 점의 데생을 남겼다. 《돈키호테》의 저자 세르반테스의 삶도 역경과의 싸움이었다. 그는 말년에 이르기까지 하는 일마다 실패로 끝났고, 어렵게 얻은 말단 공무원 자리에서도 해고를 당한 뒤 작은 실수로 감옥에 갇히고 만다. 하지만 그는 감옥에서 창작 의욕을 불태워 걸작 《돈키호테》를 인류에게 선물로 남겼다. 헬렌 켈러는 시각과 청각에 중증 장애가 있었음에도 대학에서 인문학사 학위를 받았을 뿐 아니라 교육자, 사회 운동가, 작가로 큰 족적을 남겼다. 영국 수상을 지낸 처칠은 말더듬증과 학습장애 때문에 낙제를 거듭했지만, 내면의 용기와 유머로 자신을 딛고 일어섰다. 샤넬의 설립자인 코코 샤넬은 어머니의 죽음 이후 아버지로부터 버림받고 고아원에서 자랐지만, 고모에게 배운 바느질 솜씨로 세계적인 패션 디자이너가 되었다. 궁핍하기로 따지면 세상에 둘째가기 서러울 정도로 어려운 삶을 살았지만 숨길 수 없는 끼로 만인의 사랑을 받는 스타가 된 엘비스 프레슬리도 있다. 랜스 암스트롱은 암과 싸워가면서 세계적인 사이클 대회를 7연패했다. 루게릭병에 걸려 시한부 인생을 선고받고도 연구를 포기하지 않고 세기의 물리학자가 된 스티븐 호킹, 아들을 천연두로 잃고 페스트 때문에 피난을 다니면서도 천문학 연구를 계속하여 '케플러의 법칙'을 발견해낸 요하네스 케플러, 공상의 세계를 글로 펼쳐내 가난한 이혼녀에서 어린이들의 우상이 된《해리 포터》의 작가 조앤 K. 롤링이 있는가 하면, 파산과 사업 실패, 약혼녀 사망, 상하원 의원 네 차례 낙선 등 절망적 상황에도 희망의 불을 끄지 않고 마침내 미국 대통령이 된 링컨도 있다.

"역경과 곤궁은 호걸을 단련시키는 하나의 용광로요, 쇠망치이다. 그 단련을 견뎌내면 몸과 마음이 모두 유익하지만 견뎌내지 못하면 몸과 마음이 모두 손상을 입을 것이다."

이는 채근담에 나오는 말로, 진성리더의 결정적 검증 원리가 이와 같다. 결국 역사적으로 족적을 남긴 위인들은 역경과 시련 속에서 자신의 정신모형을 검증해 아름다운 진주로 재탄생시켰다.

역경과 고통은 리더들의 정신모형을 검증해줄 뿐만 아니라, 신성한 삶에 대한 용기와 희망의 원천이 되기도 한다. 정신모형이 이끌어주는 사명이 없다면 역경과 고통은 무조건 견뎌내야 하는 무의미한 것이다. 포기하지 않고 치열하게 역경을 극복하려는 노력은 주변 사람들로부터 많은 도움을 이끌어내기도 한다. 마지막 검증과정을 통과한 진성리더들만이 자신이 설정한 정신모형이 명하는 삶의 주인공으로 거듭난다. 역경을 극복해 지켜낸 정신모형은 향후 리더의 모든 언행과 태도를 결정해준다. 세상에 선한 영향력을 행사할 수 있는 품성을 형성한 것이다. 맹자의 《고자장(告子章)》에도 이와 같은 정신이 잘 표현되어 있다.

천장강대임어사인야(天將降大任於斯人也) : 하늘이 장차 그 사람에게 큰일을 맡기려고 하면,

필선노기심지(必先勞其心志) : 반드시 먼저 그 마음과 뜻을 괴롭게 하고,

고기근골(苦其筋骨) : 근육과 뼈를 깎는 고통을 주고,

아기체부(餓其體膚) : 몸을 굶주리게 하고,

궁핍기신행(窮乏其身行) : 그 생활은 빈곤에 빠뜨리고,

불란기소위(拂亂其所爲) : 하는 일마다 어지럽게 한다.

소이동심인성(所以動心忍性) : 그 이유는 마음을 흔들어 참을성을 기르게 하기 위함이며,

증익기소불능(增益其所不能) : 지금까지 할 수 없었던 일을 할 수 있게 하기 위함이다.

자아인식이 정신모형Ⅱ를 암묵적으로 검증한다면, 자기규율은 정신모형Ⅱ에 담겨 있는 가정들을 실천을 통해 명시적으로 검증해준다. 실천적 검증과 상상적 검증은 정신모형Ⅱ의 사명, 가치, 비전을 믿음 체계로 전환시킨다. 정신모형Ⅱ에 뿌리내린 믿음은 향후 진성리더가 살아가는 스토리를 구성해주는 플롯이 되어 신선한 이야기들을 쏟아 낸다. 정신모형Ⅱ와 정신모형Ⅰ의 간극을 통해 창출된 내면의 발전소 는 자기규율을 통해 내재적 연료인 열정을 끊임없이 재생산하게 된 다. 이처럼 정신모형의 실현은 학습과 성장을 통해 내재적 보상을 가 져다준다. 자기규율은 진성리더들에게 현란한 말이 아닌 믿음에 근거 한 실천적 삶의 의미를 가르쳐준다. 자기규율 과정에서 겪게 되는 환 란과 고통은 사명을 구현하기 위해 측은해보일 정도로 열심히 몰입 하게 하는 원동력이 된다. 이 측은함은 도와줄 수 있는 사람들을 사명 에 끌어모으는 자석이 되기도 한다.

# 궁핍기신행이라

## 1만 시간의 법칙

말콤 글래드웰의《아웃라이어》(김영사, 2009)를 보면 '1만 시간의 법칙'이라는 것이 나온다. 통계적으로 규범을 벗어난 사례를 '아웃라이어'라고 하는데, 어떤 분야에서 그 정도로 성공하려면 1만 시간을 투자해야 한다는 것이다. 아웃라이어라 불릴 정도로 성공한 사람들을 뽑아보면 통계적으로 그러한 공통점이 있다고 한다. 잘나가는 운동선수를 비롯해 비틀즈, 빌 게이츠, 스티브 잡스, 모차르트 등 세상에 아웃라이어로 족적을 남긴 사람들은 자신이 두각을 나타내기까지 1만 시간을 공부하고 노력하고 투자하였다는 것이다. 1만 시간은 하루에 3시간을 투자한다고 볼 때 약 10년이라는 기간이다. 이 10년이란 기간 동안 눈을 감고 유혹에 흔들리지 않고 한 우물을 판 사람들은 모두가 아웃라이어가 될 수 있다는 것이다. 이런 것이 통계적으로 드러난 사실이건 아니건 간에 아웃라이어들이 주는 시사점은 세상에 족적을 남기는 일은 재능보다는 장기간의 노력에 의해서 결정된다는 점이다. 처음에 아웃라이어로 두각을 보이다가 평범한 사람으로 전락한 사람들은 대부분 뛰어난 재능을 가지고 있었지만 이것을 갈고닦아서 다이아몬드로 만들지 못한 사람들이다.

스스로 시련을 이겨나갈 수 있을 정도로 정신모형이 믿음으로 굳혀지기까지는 아웃라이어들이 자신의 재능에 집중해서 노력할 수 있는 환경을 만들어주는 것이 중요하다. 중산층 집안의 어린이들은 이와 같은 학습 환경을 제공받지만 가난한 집안 어린이들은 그렇지 못한 경우가 많다.

1만 시간의 법칙은 뇌신경과학적으로도 일리가 있다. 정신모형Ⅱ의 구현을 위해 1만 시간을 집중적으로 투자한다면 뇌신경학적으로 우리의 습관을 형성해주는 뇌의 시냅스 구조가 변화될 수 있기 때문이다. 결국 1만 시간의 법칙은 정신모형Ⅱ를 완벽하게 검증하여 이를 단단한 믿음체계로 바꾸는 데 걸리는 시간을 1만 시간으로 보고 꾸준히 노력해야 한다는 법칙이다.


## 멘토 이사회

멘토 이사회는 목적지향적 삶을 구현하는 데 도움을 줄 수 있는 멘토들로 구성하여 이사회를 만드는 것이다. 진성리더들의 가장 큰 공통점은 이들이 모두 자신의 삶을 스스로 이끌어서 통제할 수 있는 자기 삶의 CEO라는 것이다. 즉, 진성리더들은 남에게 통제받는 삶에서 독립하여 스스로 삶의 경영자가 되어 세상에 족적을 남기는 것이 삶의 목적이 된다.

회사를 경영하기 위해서 이사회가 필요하듯이 삶의 CEO로서 삶을 경영하기 위해서는 자신의 멘토들을 초청한 멘토 이사회를 구성해 이들로부터 자문을 얻을 수 있다. 역사적으로 훌륭한 리더들 뒤에는 항상 훌륭한 멘토들이 있었다. 멘토 이사회에 자신의 삶에 대해서 중요한 의사결정을 할 때 의견을 물을 수 있고, 진행 중인 프로젝트에 대해 평가를 요청하거나 멘토링을 받을 수 있다.

이사로 초청된 멘토들에게는 자신의 정신모형에서 약속한 삶이 어느 정도나 진전을 보였는지 매년 보고서를 작성해 보고하는 것이 좋다. 멘토 이사회에는 자신이 추구하는 영역별로 한 사람씩 초청할 수도 있고 여러 사람을 초청해 도움을 받을 수도 있다. 그리고 멘토 이사회가 꼭 사람일 필요는 없다. 자신이 도움을 받는 사이트나 온라인 커뮤니티도 멘토 이사회가 될 수 있다. 자신의 정신모형Ⅱ에서 구현하고자 하는 삶이 건강하고 매력적이면 매력적일수록 더 훌륭한 멘토의 도움을 받을 가능성이 높다. 또한 그와 같은 삶을 구현하기 위해 다른 사람들이 측은하게 볼 정도로 몰입하고 있으면, 훌륭한 멘토는 반드시 찾아오게 되어 있다. 단, 관리상 멘토 이사회는 5명을 넘지 않는 것이 좋다.

# 9 살아 있는 영혼으로 필터링하다
##### 진정성 있는 정보처리란?

> 냉철한 머리와 따뜻한 가슴이 만나면 항상 놀랄 만한 일이 이루어진다.
> _넬슨 만델라

## 어두운 생각, 밝은 마음

유사리더는 불완전한 정신모형 I 에만 의존해 정보를 처리하기 때문에 정보처리가 편파적이다. 반면 진성리더는 학습과 성장의 동력인 정신모형 II 를 통해서 미래지향적 학습의 자세로 정보를 처리하기 때문에 그 과정에 진정성이 있다. 유사리더들이 과거의 감옥에 갇혀 방어기제를 작동시키는 반면, 진성리더들은 균형 있는 정보처리로 과거에 갇힌 사람들을 해방시키는 데 한몫을 한다.

유사리더들이 균형 있는 정보처리를 하지 못하고 편파적인 판단을 내리게 되는 것은 정신모형 I 의 속성 때문이다. 정신모형 I 은 세상의 불확실성을 재빨리 제거할 목적으로 과학적 검증 없이 주관적 경험에 의해 만들어진 것에 불과하다. 하지만 그럼에도 불구하고 정신모형 I 의 가정들이 믿음으로 변환되면 이들은 고정관념과 각종 징크스가 되어 향후 정보처리 과정을 장악해 편파적 정보처리의 원인이 된다.

균형 있는 정보처리를 방해하는 정신모형 I 의 속성 중 대표적인 것이 방어기제(Defensive Routine)다. 정신모형 I 은 한때 유용했을지라도 세상이 점점 변화함에 따라 현실을 예측하고 설명하는 능력이 점차 떨어지게 된다. 이때 사람들은 자신이 가진 고정관념을 수정하기보다는 이 고정관념을 지키기 위해 여러 가지 행동을 하게 되는데, 이것이 바로 방어기제이다. 방어기제는 정신모형 I 이 정신모형 II 를 제치고 현실에 대한 설명을 주도할 때 나타난다. 앞서 지적한 바와 같이 정신모형 I 은 주먹구구식의 검증을 거친 불완전한 지도인데 반해, 정신모형 II 는 학습과 성장의 동기로 만들어지고 이론적 가정들로 구성된 미래지향적 지도이다. 정신모형 II 가 없거나 혹은 있다 하더라도 충분히 역할을 수행하지 못하면 정신모형I의 주도하에 정보를 편향된 방법으로 처리하게 된다. 고정관념과 징크스로 물들어 편향된 정보는 다른 사람에게 진정성이 떨어지는 메시지로 받아들여진다.

정신모형 I 이 현실을 설명하거나 예측하는 데 실패하면 나타나는 몇 가지 징후들이 있다. 첫째, 공테이프가 도는 현상이다. 이는 마치 만취한 사람처럼 했던 이야기를 계속해서 되풀이하는 것을 말한다. 둘째, 남들이 잘나가는 것을 보면 이유 없이 배가 아프고 그들을 폄하

하려는 욕구가 생긴다. 이는 상대적으로 뒤처지고 있는 자신의 정신모형을 보호하기 위한 본능적인 전략이다. 셋째, 남들로부터 피드백이 끊어진다. 정신모형의 유용성이 떨어지면 이를 근거로 한 언행에 대해 남들의 피드백이 자연스럽게 줄어들어 고립되는 경향이 있다. 넷째, 작지만 황당한 실수를 자주 하게 된다. 정신모형의 유용성은 하루아침에 무너지지 않지만, 예측력은 조금씩 무너져서 결국은 이전에 하지 않았던 실수를 자주 되풀이하게 된다.

이와 같은 현상이 심화될수록 사람들은 본능적으로 정신모형 I 을 지키려는 방어기제를 작동하게 되는데, 이는 세상의 정보를 균형 있게 처리하는 능력을 현저하게 떨어뜨린다. 현실을 있는 그대로 보기보다는 자신의 문제에 대해 변명을 늘어놓거나 심지어 다른 사람 탓으로 돌린다. 그렇게 되면 적절한 피드백의 기회를 스스로 끊고 세상으로부터 고립되는 꼴이다. 당연히 필요한 정보를 받아들일 수 없게 된다. 낡은 정신모형은 그 속에 담겨 있는 낡은 믿음인 고정관념들을 지지하는 정보만을 선별적으로 필터링해 투명한 정보처리를 방해한다. 따라서 정신모형 I 이 정보처리를 장악하면 부정적인 믿음만으로 세상을 보게 된다. 부정적인 생각으로 머리를 채우기 시작하면 세상은 싸움터로 변한다. 이때 살아남는 전략은 공격 또는 도망이라는 두가지로 압축된다. 상대와 싸울 때 승산이 있다고 생각되면 싸움을, 승산이 없다고 생각하면 도망을 선택한다. 공격전략에서는 모든 책임과 비난을 남들에게 전가하는 습관을 배우게 되고 도망전략에서는 비겁한 자신을 비난하는 습관이 생긴다. 모두가 지는 습관이다. 진성리더로서 정보처리를 잘하려면 마음의 근육을 단련시켜 스위치를 정신모형 I 에서 II로 돌릴 수 있어야 한다.

정신모형 I 속의 잘못된 고정관념을 고칠 수 있는 방법은 두 가지이다. 하나는 실수에 대한 피드백을 통해 고정관념을 고쳐나가는 이원학습이다. 우리는 자신의 결함을 스스로는 잘 볼 수 없다. 따라서 타인에게서 진솔한 피드백을 받아 정신모형 속의 오류를 고쳐나가야 한다. 사실 타인의 피드백은 자신의 문제를 파악할 수 있는 가장 중요한 원천이라는 점에서, 타인은 자신을 비춰보는 거울이라고 할 수 있다. 문제는 이 거울이 깨끗할 수도 있고 그렇지 않을 수도 있다는 점이다. 평소에 주변 사람들에게 건설적 피드백을 많이 주었다면 이 거울은 깨끗할 것이다. 반면 방어기제가 작동해 자신을 보호하려고 했다면 매우 흐릿해졌을 수도 있다. 거울이 흐려진 이유는 타인이 진심으로 해준 피드백을 부정하거나 이에 대해 변명으로 일관함으로써 상대가 다시 피드백을 해줄 동기가 사라졌기 때문이다. 그렇게 되면 우리는 타인에게서 피드백을 전혀 받지 못하거나 왜곡된 피드백만을 받게 된다. 하지만 주변에 깨끗하게 닦인 거울을 많이 가지고 있는 리더들은 균형 잡힌 정보처리가 가능하다. 평소 상대에게 진심 어린 피드백을 많이 제공한 사람들은 상호성의 원리에 따라 이에 대한 보답으로 진심 어린 피드백을 많이 제공받게 된다. 반면 현재의 문제점을 감추기 위해 과거의 영광을 늘어놓거나 지인 중에 출세한 사람이 자신의 친구임을 자랑하듯 떠벌린다면 사람들은 진솔한 피드백을 주지 않는다. 이때는 아무리 노력해도 균형 있는 정보처리를 할 수 없다.

정신모형Ⅰ의 함정에서 벗어나는 다른 방법은 삼원학습을 통해 정신모형의 스위치를 Ⅰ에서 Ⅱ로 돌리는 것이다. 삼원학습은 성숙한 자신의 모습을 상정하여 현재의 문제를 파악하고, 둘 간의 차이를 줄여나가는 프로젝트를 통해 궁극적으로는 미숙한 자아로부터 탈피하는 방법이다. 정신모형Ⅱ가 탄탄하게 구축되어 있을 때, 정신모형Ⅰ과의 차이를 찾아 수정함으로써 고정관념에 갇혀 지내고 있는 미숙한 자아를 구해낼 수 있다. 이처럼 진성리더들은 미래의 성장을 염두에 두고 끊임없이 학습하기 때문에 정보처리 과정에서도 큰 장애를 겪지 않는다.

정신모형Ⅰ로 인한 정보처리 과정의 또 다른 함정은 맹목적 낙관주의이다. 맹목적 낙관주의는 정신모형Ⅱ가 없는 상태에서 미래에 대해서 예측할 때 나타나는 근거 없는 낙관을 말한다. 반면 정신모형Ⅱ에 기반을 둔 미래 예측은 현실적 낙관주의라고 할 수 있다. 정신모형Ⅱ를 확고히 다진 사람들은 현실을 냉철하게 인식해 솔루션을 창출해낸다. 정신모형Ⅱ가 정보처리 과정에서 충분한 역할을 하기 때문에 이것을 기반으로 현실의 문제를 객관적으로 들춰내 반성할 수 있다. 또한 정신모형Ⅱ는 현재 파악된 문제의 솔루션을 함축하고 있기 때문에 실천에 몰입하게 한다. 현실적 낙관주의자들은 현실의 암울한 문제를 객관적으로 인식하여 미래의 솔루션을 찾아내기 때문에 이들에 의해 처리되는 정보는 한쪽으로 편향되지 않는다.

즉, 정신모형Ⅰ에 기반한 정보처리에는 고정관념과 편견의 필터가 많이 사용된다. 이에 따라 정보가 왜곡 또는 편향되기 쉽다. 반면 정신모형 II 에 기반한 정보처리에서는 미래에 대한 살아 있는 믿음으로 필터링하기 때문에 정보들이 쉽게 의미 있는 메시지로 전환된다.

## 편향적 필터

정신모형 I 에 의한 정보처리에는 방어기제 이외에도 균형 있는 정보처리를 방해하는 요소가 있다. 대략 정리하면 다음과 같다.

첫째, 우연의 일치나 운을 무시하고, 이론화를 하기 위해 어떻게든 원인을 찾는 경향이 있다. 문제는 그 원인이라는 것이 실제로는 그저 운과 우연일 수도 있지만, 이를 인정하지 않고 임의의 원인을 만들어 내는 것이다. 예를 들어, 운전을 하던 중 문득 돌아가신 아버지가 떠올라서 차를 천천히 몰았다. 그 틈에 다른 차가 내 차를 추월하여 달리다가 마침 중앙선을 넘어온 트럭과 충돌하는 대형 사고가 났다. 단지 우연이었음에도 불구하고 원인을 찾다 보면 아버지라는 초자연적인 힘이 자신을 보호해줬다고 추론하게 된다.

둘째, 불확실성에서 벗어나기 위해 예측을 지나치게 믿는 경향이 있다. 전혀 앞뒤가 맞지 않음에도 불구하고 많은 사람들은 도박사의 경기 예측이나 전문가의 투자 예측을 믿고 수용하려 한다. 불확실성을 제거하려는 본능적인 욕구 때문이다.

셋째, 사건의 결과를 놓고 그에 맞는 원인을 사후적으로 찾아서 필연적으로 그럴 수밖에 없었다고 설명하는 '사후확신편향'이 나타난다. 어떤 일의 결과를 알게 되면 사람들은 두 가지 반응을 보인다. 하나는 결과를 불가피한 것으로 여기거나 일이 그렇게 될 수밖에 없었다고 설명하는 것이다. 일의 결과를 알게 되면 기억을 재구성하여 그일이 일어나기 전의 불확실성을 잊어버리고 실제로 일어난 일에 대한 지식을 토대로 과거를 재구성해 그럴 수밖에 없었던 이유를 찾아낸다. 이와 같은 일들은 모두 현실의 불확실성을 설명할 수 있는 이론을 유사과학자적인 입장에서 정신모형 I 에 채워 넣는 과정에서 발생하는 문제들이다.

넷째, 실패에 대해서는 본능적으로 원인을 분석해서 찾아내지만 성공에 대해서는 이를 당연하게 여기고 분석하지 않는 경향을 가지고 있다. 성공은 불확실성을 통제해서 성취한 것이라고 믿기 때문에 체계적인 분석을 통해 이론화할 대상으로 여기지 않는 것이다. 하지만 성공에 대해 분석을 하지 않는 것은 정보처리 측면에서 치명적 결과를 초래한다. 성공에는 내적인 역량과 외적인 운 등 많은 요인이 작용할 수 있다. 하지만 일단 성공하면 어떤 일이 잘됐을 때는 자기 덕으로, 잘못되었을 때는 남의 탓으로 돌리는 '자기위주편향(Self-Serving Bias)'이 나타난다. 즉, 성공에 대해서는 운의 요소는 무시되고 내적 역량의 부분만 강조된다. 이렇게 설명된 이론은 상황이 바뀌었는데도 불구하고 그대로 적용되면서 실패로 귀결된다. 진성리더는 실패했을 때뿐만 아니라 성공했을 경우에도 자기 편향적 귀인이론에서 벗어나 이를 철저하게 분석하여 다음의 성공 사례를 만들어낸다.

다섯째, '휴리스틱(Heuristic)의 오류'에서 벗어나지 못한다. 휴리스틱이란, 가능한 한 빨리 문제를 해결하기 위해 급조한, 직관이나 경험 등에 근거한 추론을 뜻한다. 즉, 최대한 빨리 이론을 만들어 정보를 처리하는 것이다. 당연히 면밀하고 균형 있는 정보처리보다는 추론에 근거한 지름길을 찾아 성급하게 처리하게 된다. 이 과정에서 다음과 같은 인지적 오류들이 생겨난다.

- 가용성 휴리스틱(Availability Heuristic) : 가장 생생하거나 가장 인상 깊은 사건의 빈도수를 부풀려 판단하는 오류
- 대표성 휴리스틱(Representative Heuristic) : 어떤 사건들의 결과가 일치할 경우 그 사건들이 똑같은 확률로 일어난다고 생각하는 오류
- 앵커링 휴리스틱(Anchoring Heuristic) : 제로베이스로 판단하기보다는 어떤 임의의 기준점을 두고 추론하는 오류
- 전망이론(Prospect Theory) : 상황이 부정적일 때는 어떤 긍정적 사건의 가능성을 더 높게 평가하고, 상황이 좋을 때는 반대로 긍정적 사건의 가능성을 더 보수적으로 추론하는 경향

# 사랑으로 감싸고 믿음으로 지지하다

하와이 카우아이 섬의 종단 연구는 어려운 여건에서 성장하는 어린이들을 어떻게 육성해야 하는지에 관해 많은 시사점을 남겼다.[주20] 이 연구는 1954년에 시작되었다. 지금은 아름다운 휴양지로 각광을 받고 있지만, 당시 카우아이 섬은 미국의 식민지였다. 열악한 환경에서 백인, 이주한 동양인, 원주민이 뒤섞여 살고 있었다.

연구는 1954년에 태어난 신생아 833명의 성장 과정을 40여 년간 추적조사하는 방식으로 이루어졌다. 이들의 생활환경은 대부분 열악했는데, 그중에서도 특히 열악한 환경에서 자란 201명을 고위험군으로 분류해 정상적인 환경에서 자란 아이들과 비교하였다. 연구진은 고위험군에서 자란 아이들이 자라는 과정에서 비행을 저지르는 빈도가 높거나 사회적 낙오자가 될 가능성이 클 것이라고 생각했다. 그러나 실제 연구 결과는 전혀 달랐다. 고위험군에서 자란 201명 중 약 36%에 이르는 72명이 예상과는 달리 정상적인 환경에서 자란 아이들보다도 더 훌륭하게 성장한 것이다.

의외의 사실에 흥미를 느낀 연구진은 연구 주제를 180도 바꿨다. 과연 무엇이 이들을 어려운 환경으로부터 지켜주고, 나아가 훌륭하게 성장할 수 있도록 해주었는지를 연구하게 된 것이다. 새로운 연구의 결과도 흥미로웠다. 이 연구의 대상이 된 72명에게서 한 가지 공통점을 발견했다. 바로, 열악한 환경 속에서도 이 아이들에 대한 기대를 버리지 않고 무한한 사랑으로 지지해준 사람이 가족이나 가까운 친지 중 적어도 한 명 이상 있었다는 것이다. 이들의 사랑은 아이들이 성장하는 과정에서 자존감의 원천이 되었다. 자신을 믿고 지지해주는 사람의 존재 덕분에, 아이들은 어려운 상황에서도 좌절하지 않고 오히려 정신모형의 근육을 단련하는 계기로 삼았다. 이들이 극도로 열악한 환경이라는 큰 산을 마주하고도 주눅 들지 않고 이겨낼 수 있었던 것은 확실한 정신모형이 있었기 때문이고, 그 정신모형의 단련 과정의 밑바탕에는 자신을 지지해주는 사람의 무한한 사랑이 있었던 것이다.

# 10  꽃에는 향기, 인간에게는 품성

—— 진정성은 품성으로 완성된다

꽃에 향기가 있듯이 사람에게는 품성이란 것이 있다.
그러나 꽃도 그 생명이 생생할 때에만 향기가 신선하듯이
사람도 마음이 맑지 못하면 품성을 보전하기 어렵다.
썩은 백합꽃은 잡초보다도 그 냄새가 고약하다.
_윌리엄 셰익스피어

## 진정성을 완성하는 마지막 요소

기존의 리더십이 주로 스킬에 관심을 기울였다면 진성리더십에서는 리더의 품성을 중시한다. 리더의 진정성은 품성으로 완성된다. 품성은 형성되는 데 시간이 걸릴 뿐 아니라 한 번 형성되면 쉽게 바뀌지 않기 때문이다. 《웹스터 사전》은 품성을 '한 인간의 개인적 본질을 구분해주는 속성이나 특성들의 통합된 총체'라고 정의하고 있다. 인성에 대한 논의와 마찬가지로 품성도 타고나는 것인지 만들어지는 것인지 논의가 분분하다. 이 책에서는 품성을 타고나는 것으로 보기보다는 삶에 대한 개인의 선택과 실천적 자기훈련을 통해 만들어지는 것으로

규정한다. 이런 측면에서 품성은 '정체성의 기반이 되는 정신모형의 미션, 비전, 가치가 상상적 체험과 실제적 체험을 통해 통합된 믿음으로 전환되어 개인의 행동, 정서, 말 등을 통해 일관성 있게 표출되는 인간의 본질적 속성'이라고 볼 수 있다. 품성은 진성리더와 관련된 모든 요소가 한 가지 상태로 통합되어 있는 상태를 표출한 것이다.

《탈무드》에는 다음과 같은 문구가 있다.

생각을 조심하라. 생각은 말의 씨가 된다.
말을 조심하라. 말은 행동으로 이어진다.
행동을 조심하라. 행동은 습관이 될 수 있다.
습관을 조심하라. 습관은 품성을 만든다.
품성을 조심하라. 품성은 운명을 바꾼다.

이 인용문도 품성은 타고나기보다는 생각의 선택을 통해 만들어진다는 점을 강조하고 있다. 생각이 말을, 말이 행동을, 행동이 습관을 만들어 이것이 품성으로 자리 잡고, 마침내 품성이 운명을 결정한다는 뜻이다. 결국 생각의 차이가 품성의 차이를 만든다고 역설(力說)하는 것이다.

이 같은 주장을 진성리더십의 원리와 관련해서 재해석하면 생각의 차이를 만드는 곳이 바로 리더들이 선택한 정신모형 II다. 즉, 정신모형 II가 품성의 기반이 되는 것이다. 진성리더들은 자신의 정신모형 II에 단순한 생각이 아니라 자신만의 사명과, 사명을 향한 중간 기점으로서의 비전 그리고 리더십 여행 중 생명처럼 소중하게 여길 가이드라인으로 가치에 대한 플롯을 가지고 있다. 사명, 비전, 가치는 상상적·실제적 체험을 통한 검증을 거쳐 믿음으로 변한다. 믿음의 상태로 굳어진 미션, 비전, 가치의 씨앗이 일관된 행동과 말의 묘목으로 자라고, 이 말과 행동이 지속되어 습관이란 나무로 성장하는 것이다. 이 습관이 꽃을 피우고 열매를 맺어서 품성을 만들어낸다. 품성이라는 큰 나무의 그늘이 바로 운명이다. 결국 정신모형Ⅱ가 진성리더에게 품성의 씨앗이 된다. 일반 리더들은 정신모형Ⅱ가 제대로 구축되어 있지 않기 때문에 이들의 품성은 정신모형Ⅰ의 산물이다. 이들의 완전하지 못한 품성은 결국 정신모형Ⅰ이 주먹구구식으로 만들어진 믿음으로 구성되었기 때문이다.

품성을 갖춘 진성리더의 대표적인 속성은 진북의 진실성이 발현되기 때문에 행동, 말, 태도가 일관된다는 점이다. 진정성이 내재된 정신모형Ⅱ는 자신에 대한 내면의 성찰을 통해서 만들어진 것이므로 거짓됨이 없다. 이 진정성을 토대로 진성리더의 모든 것이 표출되므로 말과 행동, 습관, 태도, 동기 등은 장소나 상황 또는 시간에 구애받지 않고 일관되어 있다. 이 일관성은 리더의 행동과 생각을 예측 가능하게 만들어 리더에 대한 신뢰성의 기반이 된다. 진성리더의 정신모형Ⅱ를 이해하면 리더의 모든 것을 쉽게 이해할 수 있기 때문에, 얼핏 보기에 진성리더는 아주 단순한 삶을 사는 것처럼 보인다.

진성리더가 정신모형Ⅱ를 구현하기 위해 노력한 에피소드들은 단기기억에 머물다가 체계화되면 장기기억에 삶의 플롯으로 저장된다.

진성리더들은 스스로 주인공이 되어 주어진 환경에서 들어오는 인풋을 이용해 삶의 플롯을 풍부하게 만들어낸다. 상황이 다르더라도 진성리더가 삶의 순간마다 만들어내는 이야기는 일관성이 있다. 또한 진성리더에게 삶의 시련이 닥치면 삶의 플롯은 더 드라마틱한 영웅적 이야기를 만들어낸다. 자신만의 사명으로 내재화된 정신모형Ⅱ의 세계를 수호하려는 노력의 결과이다. 자신이 만들어낸 진정성 있는 스토리를 통해 진성리더는 자신의 삶의 궤적에 대해 스스로 더 잘 이해하고 주변 사람들에게 신선한 메시지를 전한다. 이 정신모형Ⅱ에 대한 믿음은 자신에게 주어지는 환경을 해석하고 재구성해서 자신만의 이야기를 창조해가는 플롯이 된다. 결국 진성리더는 아름답고 고귀한 품성을 기반으로 신성한 삶의 이야기를 만들어내는 스토리텔러라고 할 수 있다. 진성리더는 정신모형, 뇌, 행동, 언어, 태도, 동기, 습관, 운명, 정체성 등 모든 것이 통합된 진정성 있는 품성으로 소통하기 때문에 이들의 이야기는 항상 구성원들의 심금을 울린다. 이런 점에서 진성리더도 자신만의 독창적 리더십 스타일을 가지고 있다고도 볼 수 있다. 하지만 이들의 스타일은 유사리더의 리더십 스타일과는 달리 품성에 기반을 둔다.

이런 의미에서 정신모형Ⅱ는 신이 인간에게 선물한 가장 보배로운 마음의 원석이다. 이 마음을 갈고닦아 다이아몬드로 만들 것인지 싸구려 보석으로 만들 것인지는 전적으로 자신에게 달려 있다. 마음은 사명을 담은 다이아몬드로 가공될 때 아름다운 성품으로 다시 태어난다.

# 뇌가 말해주는 진정성

진성리더십에 대한 연구 결과는 최근의 뇌신경과학 발달과 함께 연구의 획기적인 진전을 이뤄가고 있다.[21] 뇌는 수상돌기와 축색돌기로 구성된 신경세포와, 신경세포 사이에 존재하는 전달세포인 시냅스를 통해 정보를 주고받는다. 수상돌기는 정보를 받아들이는 역할을, 축색돌기는 정보를 전달하는 역할을 한다. 시냅스는 신경세포와 신경세포가 접촉하는 부분인데, 한 개의 신경세포에는 5,000~10,000개의 시냅스가 있다. 시냅스는 에너지 생산 능력을 가진 입자와 신경전달물질을 저장하는 소포로 구성되어 있다.

뇌에서 말단 신경세포로 정보가 전달되는 과정은 뇌에서 전달된 전기신호에 반응해 시냅스에서 화학물질을 분사시키는 과정이다. 이 화학물질에는 스트레스를 받으면 방출되는 노르아드레날린, 쾌감 내지는 주울증과 관련이 있는 도파민, 자아조절 기능을 가진 세로토닌 등이 있다.

문제는 뇌신경세포 구조는 말랑말랑한 두부와 같아서 언제든지 새로운 신경세포가 생김으로써 변화를 일으킬 수 있다는 점이다.[22] 변화의 핵은 시냅스에서 시작된다. 새로운 정신모형을 구축해서 마음의 상태가 바뀌고 이 상태가 믿음으로 굳어지면 시냅스에서 이와 같은 달라진 기능을 처리하기 위해 새로운 시냅스가 형성된다. 이때 새로운 시냅스 간에는 새로운 구조가 형성되어 새로운 신호전달체계가 활성화되고 이에 관련된 화학물질이 분비되기 시작한다. 이런 시냅스의 구조 변화는 정신모형에 구현된 사명, 비전, 가치가 상상적·실제적 체험을 통해 검증되고 이 과정을 통해 단순한 상상을 넘어서 믿음으로 바뀌게 될 때 생기는 현상이다. 정신모형이 믿음으로 전환되는 현상은 시냅스에 새로운 단백질 합성이 일어나 새로운 시냅스들이 형성되는 과정과 함께 일어난다. 즉, 정신모형에서 구현된 믿음에 의해 행동이 결정되고 이 행동이 자연스럽게 습관화되는 과정이 시냅스의 단백질이 형성되는 과정이다.

이처럼 뇌의 신경계는 정신모형과 비슷한 구조로 재편되고 이 과정을 통해 정신모형에서 구성된 모습이 현실로 재구성되어 탄생된다. 이렇게 개편된 뇌신경계는 정신모형에서 구현된 세계를 현실로 재현시키기 위해 관련 화학물질과 호르몬을 분비하여 우리의 몸을 정렬시킨다. 이 단계가 되면 의식적으로 생각하지 않아도 자연스럽게 행동이 습관으로 굳어진다. 즉, 진성리더가 새로운 정신모형을 선택하고 훈련하면 뇌신경의 시냅스 구조에 변화가 일어나 뇌신경계가 바뀌게 된다. 마음의 근육이 단련되는 과정이라고 볼 수 있다.

결국 진성리더십 여행의 시작은 매력적이고 건강한 정신모형Ⅱ를 형성해 그 내용들을 믿음으로 전환시키는 과정에서 시작된다.

## 마음의 스위치

하루하루를 바쁘게 살다 보면 정신모형의 스위치가 어느새 II에서 I로 자연스럽게 돌아가 있다. 예를 들어 '선데이 크리스천'들은 일요일에 교회 문을 들어서는 순간 정신모형 II로 스위치를 돌리지만 교회를 나오는 순간 다시 정신모형 I로 돌아간다. 하나님에 대한 믿음이 부족하기 때문이다. 영화 '매트릭스'의 주인공 네오는 허구적 세계인 매트릭스에서 벗어나 인간의 삶이 실재하는 세계, 즉 정신모형 II에 발을 들여놓는다. 하지만 이 세계에 대한 믿음을 얻기 전까지는 자신이 선택된 '그'라는 사실을 확신하지 못한다. 우여곡절 끝에 자신이 선택한 세상이 실재한다는 믿음을 얻자 자신이 '그'라는 사실을 받아들이게 되고, 적들과의 싸움에서도 승리한다. 사람들은 정신모형 II가 지배하는 세계를 선택했다 하더라도 이 세계에 대한 믿음을 갖기 전까지는 이 세계의 눈으로 세상을 재구성해내지 못한다. 즉 정신모형 II의 세계는 이에 대한 믿음이 형성되기까지는 실재하지 않는 것이다. 따라서 우리에게는 무엇보다도 근력을 키워줄 수 있는 담금질이 필요하다. 즉, 우리의 마음도 운동이 필요한 것이다. 마음의 운동은 정신모형에서 구현하려는 세상에 대한 성찰과 이를 구현하려는 실천의 반복을 통해 이뤄진다.

# 3

변화(變化):
나에서 우리 공동체로의 변혁

# 11 참나무와 삼나무의 그늘
───── 존재론적 관계

참나무와 삼나무도 서로의 그늘에서는 자랄 수 없다.
_칼릴 지브란

## '우리'는 성공하고 '나'는 실패한다

진성리더는 구성원들을 존재론적으로 대우해 '우리'라는 진정성 있는
사회적 자본(Social Capital)을 만들어간다. 사회적 자본이란 쉽게 말
해, 다른 사람과의 믿음을 기반으로 한 관계로 인해 다른 사람의 자원
을 내가 동원할 수 있는 능력이다. 사회적 자본은 크게 도구적, 정서
적, 규범적 자본으로 나눌 수 있다.[주23]

- 도구적 자본 : 서로에게 필요한 것을 가지고 있는 한은 믿고 의지하
  는 관계에서 동원할 수 있는 자본. 서로에게 더 이상 도움이 되지 않

는 순간 서로에 대한 믿음이 사라지고 관계가 종료된다.

- 정서적 자본 : 주로 친구 관계에서 동원할 수 있는 자본. 친구이기 때문에 도움을 요청하면 도와주게 마련이지만, 큰 희생을 요구하는 경우 오히려 친구 관계가 끊어질 수 있다.

- 규범적 자본 : 자신에게 큰 희생이 따름에도 불구하고 기꺼이 도와 주는 관계의 자본. 큰 어려움에 처했을 때만 확인이 가능하다.

스티븐 코비는 간호학과 학생의 에피소드를 인용하여, 다른 사람 과의 관계를 존재론적 관계로 본다는 것의 의미를 설명했다.[24]

내가 간호대학 2학년 때의 일이었다. 교수님이 쪽지시험을 냈다. 그 런데 나는 마지막 문제에서 난관에 봉착했다. 우리 간호대학 청소부 아주머니의 이름을 적으라는 문제였기 때문이다. 처음에는 농담인 줄 알았다. 청소 아주머니를 매일 만나기는 하지만 내가 도대체 왜, 어떻 게 그 아주머니의 이름을 기억한단 말인가? 결국 그 문제의 답을 쓰 지 못하고 답안지를 제출할 수밖에 없었다. 시험이 다 끝날 때쯤해서 한 학생이 마지막 문제도 시험점수에 포함되는 거냐고 교수님께 물 었다. 교수님은 당연히 포함할 거라고 했다. 이어서 교수님은 "여러분 이 간호사 생활을 하는 동안 많은 사람을 만나게 될 것입니다. 그들 한 사람 한 사람이 여러분에게 모두 소중한 사람들입니다. 그들에게 여러분이 당장 해줄 수 있는 것이 간단한 인사나 미소를 건네는 것뿐 일지라도 그들 모두는 여러분의 관심과 보살핌을 받을 자격이 있습니다"라고 하셨다. 나는 교수님의 말씀에 한동안 충격에서 헤어날 수 없었다. 그리고 그날, 나는 청소부 아주머니의 이름이 도로시라는 것을 알게 되었다.

일찍이 에리히 프롬은 존재와 소유의 문제를 연구했다.[주25] 관계를 소유론적으로 보는 사람들은 사회를 사람 간에 거래가 이루어지는 '시장'으로 규정하고, 무엇을 내놓을 수 있는지를 중심으로 상대를 파악한다. 즉, 상대의 사회적 지위나 권력, 부의 정도에 따라 존경을 표하기도 한다. 이런 기준으로 인간관계를 파악할 경우 상대가 가진 것을 중심으로 평가하기 때문에 사람들은 시장에 내놓을 자신을 포장하는 데 자원을 쏟는다. 좋은 차, 좋은 옷, 큰 집과 명품 등 사람들이 일류라고 규정한 것들을 획득하기 위해 많은 것을 투자한다.

어느 백화점에서 만 원짜리 가방이 팔리지 않아 재미 삼아 수십만 원을 붙여놨더니 날개 돋친 듯이 팔려, 나중에는 없어서 못 팔았다는 이야기가 있다. 명품 선호 경향은 우리 사회의 인간관계가 철저히 상품화되었음을 보여준다. 이와 같은 경향은 모조 명품, 이른바 '짝퉁'을 선호하는 것에서 분명히 드러난다. 동대문시장과 남대문시장에서는 백화점에서 수십만 원을 주어야 살 수 있는 상품의 복제품이 진품의 반도 안 되는 가격에 날개 돋친 듯이 팔리고 있다. 사는 사람도, 파는 사람도 별로 개의치 않는 한국의 모조 명품 시장은 요지부동이다. 명품으로 자신을 치장해 과시하고 싶어 하는 사람들이 바로 소유를 통해서 자신을 확인하고 싶어 하는 '소유형 존재'라 할 수 있다. 특히 학벌이나 부, 직업, 직책은 사람들의 소유 관계에서 자신을 과시하는 데 중요한 역할을 한다.

에리히 프롬은 소유론적으로 인간관계가 규정되는 것을 비난했다기보다는 우리가 필요 이상으로 소유하고 또 거의 모든 인간관계를 소유 자체로 판단하는 경향을 지적한 것이다. 프롬은 인류의 큰 스승들이 '필요 이상의 것을 소유하려는 집착 때문에 사람들이 불행해진다'는 점을 가르쳐왔다고 주장한다.

인간관계를 소유 중심으로 보는 사람들은 인간관계도 더 나은 무엇인가를 얻기 위한 수단으로 사용하기 때문에 '우리'라는 사회적 자본을 축적할 수 없게 된다. 상대로부터 얻는 것이 없다면 그날로 관계도 끝인 것이다. 또한 소유론적 관계를 유지하는 사람들은 남을 통해서 무엇인가를 얻을 수 있는 측면도 중요시하지만 자기가 가진 것을 빼앗기지 않으려는 태도를 가지고 있다. 이들은 상대를 적대적 혹은 이해타산적으로 보는 경향이 있다. 관계를 소유론적으로 보는 사람들은 자신의 입장을 지키지 못할 때 자신을 잃어버리는 것으로 규정하기 때문에 자신의 입장만을 지나치게 강조하게 되어 '우리'라는 관계를 형성하지 못한다.

한편 인간관계를 존재론적으로 보는 사람들은 주어진 것에 만족하며 살기 때문에 가진 것에 지나친 욕심을 보이지 않는다. 또한 상대가 무엇을 가졌는지가 아니라 인격을 중심으로 관계를 규정한다. 가진 것에 집착하지 않고 자신과 타인의 재능을 생산적으로 사용하여 새로운 것을 만들어내는 데서 보람을 느낀다. 이들이 관계를 중시하는 이유는 다른 사람과의 관계 자체가 삶에 의미를 더해주기 때문이다.

　관계를 소유론적으로 보는 사람들은 자신의 입장을 바꾸는 것을 손실로 생각하고, 과거의 업적이나 재산을 중심으로 사람들을 판단한다. 반면 관계를 존재론적으로 보는 사람들은 타인의 입장을 수용함으로써 더 큰 자아를 만들어갈 수 있다고 생각하고, 앞으로 어떤 의미 있는 일을 해낼 수 있는가 하는 가능성을 중심으로 사람을 판단한다. 또한 이들은 오직 자신의 입장만 내세우는 소유론적 관계 접근에서 벗어나, '우리'라는 큰 관계를 위해 상대가 자신에게 해주기를 바라는 대로 자신도 상대를 대한다. 한마디로 존재론적 관계에서는 '우리'가 중심이 되는 반면, 소유론적 관계에서는 '우리'라는 관계적 자본이 들어설 여지가 없다.

　프롬이 말하는 소유와 존재론적 관계는 '관계를 통해 세상을 이해하는 방식'을 나타낸다. 소유론적 관계 양식은 끊임없이 무엇인가 소유하려 하고 그 소유물로 세계와 나의 관계를 결정짓는다. 이런 소유론적 관계의 극단적인 예는 다른 사람을 먹을 경우 그 사람의 모든 것을 자신이 소유할 수 있다는 믿음에 근거한 카니발리즘의 식인 풍습이다. 반면 존재론적 관계에서는 한 인격에 내재한 참실재와 다른 인격의 참실재의 차이를 이해하여 둘의 관계를 보다 의미 있는 '우리'로 만들어가는 것이 목적이다.

　소유에 의존하는 인간관계는 새로운 발전을 위해 변화하는 것을 두려워하기 때문에 폐쇄적이다. 내가 소유하고 있는 것은 이미 내가 아는 것이니 그 안에서 안정을 느끼며 살아간다. 따라서 소유론적 관계에 집착하는 사람들은 불확실한 것에 도전하는 행위나 무엇인가 새로운 것을 받아들일 때 위협을 느낀다. 새로운 시도를 하다가 지금 가지고 있는 것까지 잃어버릴 수 있다고 생각하기 때문에 과거와 질서를 중시한다. 이들은 설사 새로운 변화가 부정적인 영향을 끼치지 않더라도 현재의 것만으로도 충분히 만족감을 느끼기 때문에 변화를 시도하지 않는다. 자유가 주어진들 그 자유를 누릴 수 있는 용기가 없는 것이다. 반면 존재론적 관계를 중시하는 사람들은 능동적이고, 세상을 주체적으로 이해해 확장하려 한다. 확장된 세상에서 더 큰 의미가 있는 세계를 찾을 수 있다고 보기 때문에 어떤 세상, 어떤 환경에서도 두려움을 느끼지 않는다. 새로운 세상은 관계를 확장할 수 있는 좋은 기회라고 생각한다. 이들은 소유에 집착하지 않으므로 잃는 것을 두려워하지 않고, 새로운 무엇을 탄생시킬 수 있는 자아의 능동적 변화를 중시한다.

소유론적 관계와 존재론적 관계는 사랑에 있어서도 극명하게 대비를 이룬다. 소유론적 관계로 사랑에 접근하는 사람들은 상대의 환심을 사기 위해 최대한 매력적으로 보이려 노력한다. 하지만 그 사랑을 소유했다고 생각하는 순간, 잘 보이기 위해 노력할 이유가 사라지고 오히려 상대를 지배하고 구속하려 한다. 하지만 존재론적 관계에서의 사랑은 상대를 있는 그대로의 독립적인 인격체로 인정하고 사랑한다. 누구에게나 약점이 있기 때문에 상대의 약점도 그 자체로 인정하고 사랑한다.

소유론적 관계로 인간관계에 접근하는 사람들은 위계를 따져 권위적으로 조직을 관리한다. 호르크하이머, 아도르노, 마르쿠제, 프롬, 하버마스 등으로 대표되는 프랑크푸르트학파의 분석에 따르면 권위주의란 약자가 강자에게 자신을 종속시켜 강자가 휘두르는 힘을 대리 경험할 수 있다는 믿음이다.[26] 나치의 권위주의는 정신적으로 콤플렉스에 빠져 있던 독일 민족이 집단적으로 히틀러에게 자신을 종속시키는 과정에서 탄생했다.

권위주의적 관계는 정신분석학적으로 마조히즘과 사디즘이 결합된 구조이다. 강자는 자신에게 몸을 맡긴 약자들을 가학적으로 대하고, 약자들은 어느 순간부터 강자의 가학성에 중독되어 학대받는 일을 즐긴다는 것이다. 권위주의 성향은 조직 내에서 전파되어 약자는 자신보다 약한 사람들을 만나면 가학적으로 대하고 자신보다 강한 사람들을 만나면 비굴하게 변하는 이중구조를 보인다. 이와 같은 분위기는 '우리'라는 사회적 자본을 파괴시킨다.

반면 존재론적 관계를 중시하는 사람들은 공동체 속에서의 수평적 파트너십을 선호한다. 하버마스의 커뮤니케이션 이론에 따르면 존재론적 관계에서는 공동의 목적을 달성하기 위해 모든 구성원들이 어떻게 협력할 수 있는지가 중시된다.[27] 존재론적 관계를 중시하는 조직은 공동의 목적으로 협력하고 결과에 대해서는 다같이 책임의식을 느낀다. 조직의 목적 달성을 매개로 서로가 협력하고 책임지는 관계가 형성되는 것이다. 물론 목적을 달성하는 데 상대적으로 더 많이 공헌할 수 있는 사람이 있겠지만, 공동체에서는 자격이 있는 누구에게

나 기회가 주어진다. 모든 구성원에게 자신만의 전문성을 가지고 독창적으로 기여할 것을 요구한다. 따라서 모든 사람들은 공동체의 목적을 이루기 위한 잠재적인 파트너이다. 이런 공동체 문화를 육성하기 위한 방법으로, 직원들을 부를 때 스타벅스는 파트너, 월마트는 어소시에이트(Associate)라 부른다. 명령하고 따르는 권위적 위계구조에서는 지위가 높을수록 조직 목적에 보다 몰입해 있다고 가정하지만, 공동체적 수평관계에서는 모든 사람이 목표와 책임에 공동으로 몰입할 수 있다고 가정한다.

더글러스 맥그리거에 따르면, 관계를 소유론적으로 보는 사람들은 부하들에 관해 X이론적 관점을, 관계를 존재론적으로 보는 사람들은 Y이론적 관점을 취하는 경향이 있다.[주28] X이론적 관점에서 부하는 책임지기 싫어하고 게으르며 일하기를 싫어하지만 돈 때문에 마지못해 일한다고 여긴다. 그래서 끊임없이 감시하고 상벌을 도입해 관리해야 한다. X이론을 취하는 리더는 상대를 잘 감시하기 위해 밀착 감시할 수 있는 위계적인 시스템을 만든다. 반면 Y이론을 취하는 사람들은 상대를 자신과 비슷한 인격체로 규정한다. Y이론에서 이 인격체는 끊임없이 성장을 추구한다고 여기고, 누구나 뛰어난 창의적 잠재력을 가지고 있으나 조직이 이 능력을 충분히 이용하지 못한다고 본다. 성장 욕구가 좌절되는 것은 상황적 요인 때문이라 여겨, 상황을 개선하면 사람들은 자신의 성장을 구가하고 자기실현을 위해서 노력할 것이라 여긴다. 이런 리더들은 구성원들을 믿고 일을 맡기는 경향이 있다. 또한 조직 차원에서도 서로 신뢰하는 분위기를 극대화하기 위해 노력한다. 수평적 소통과 공동의 의사결정 방식을 선호한다. 그래서 구성원들이 가진 잠재능력을 최대한 발휘할 수 있도록 여건을 마련해주는 것이 자신이 해야 할 일이라 생각한다.

존재론적으로 상대를 대우한다는 것은 나와 상대 모두 각자의 정신모형에 갇혀 있다 여기고, 서로의 정신모형에는 엄연한 차이가 있다는 점을 인정하는 것이다. 상대가 다수라면 다양성을 인정하고 존중한다. 진성리더는 사람들 간의 차이를 인정하고 이 차이를 통합해 더 큰 목적을 성취한다. 만약 정신모형의 차이를 인정하지 않는다면 타인에게 자신과 같은 사람이 될 것을 강요하게 되고, 이는 갈등의 시발점이 된다. 단지 차이가 있다는 사실을 인정하는 것만으로도 갈등은 상당부분 해소된다. 뿐만 아니라 상대를 독립적인 인격체로 바라봄으로써 더 나은 '우리'라는 관계를 위해 서로의 차이를 이용하려는 노력으로 이어진다.

진성리더들이 진정성 있는 사회적 자본을 구축하는 비결은 차이와 다양성에 대한 존중에 있다. 이들은 이 차이와 다양성을 '우리'라는 관계 속으로 끌어들이고, 공동의 사명을 기반으로 새로운 세계를 만들어나간다. 이 새로운 세계는 이전에 없던, 모두가 본받고 싶어 하는 신성한 차이를 만들고 신화를 이룩한다.

# 상자 속의 사람들

아빈저 연구소의 《상자 밖에 있는 사람들》(위즈덤아카데미, 2010)을 보면 소유론적 관계가 리더의 삶을 어떻게 파괴시키고 있는지를 잘 알 수 있다. 소유론적 관계가 상자 속에서 다른 사람을 이해하려는 것이라면 존재론적 관계는 상자 밖에서 다른 사람을 이해하려는 것과 같다. 여기서 상자는 정신모형 I 이다. 상자 안에 갇혀 있는 상태에서는 옳다고 생각하면서도 행동은 하지 않는 자기배반이나 오히려 그 정반대의 행위를 하는 상태인 자기기만에 빠지게 된다. 자신이 해야 할 일을 하지 않음으로써 생기는 자기배반을 정당화하기 위해 지속적으로 상자 밖의 것들마저 상자 안에서 판단하는 자기기만을 범하는 것이다. 자기배반과 자기기만은 개인, 가족, 조직, 사회 전체를 파괴시키는 주범이다. 결국 내가 미워하는 누군가의 모습은 그 사람의 본질이 아닌 내가 만들어 놓은 정신모형의 허상인 경우가 많다. 상자 안에 있을 경우 다른 사람을 하나의 물건으로 취급하는 경향이 있다. 자신의 정신모형 I 의 프리즘을 통해서 본 상대만 보이기 때문에 상대를 나에게 항상 종속되어 있는 대상물로 여긴다. 항상 나의 존재가 남보다 우월하다고 생각하고, 자신의 입장을 타인의 입장보다 우선시해 정당화한다.

이런 상황은 자신이 갇혀 있는 상자인 정신모형 I 의 불완전성 때문에 생긴다. 불완전한 정신모형으로 세상을 설명하고 예측하다가 틀렸을 경우 변명만 하고 책임을 다른 사람에게 전가시키는 방어적 행동을 하게 된다. 이렇게 정신모형의 상자 안에서 다른 사람을 이해할 때는 자신은 항상 옳고 다른 사람들은 항상 문제투성이인 것으로 보인다. 동굴 인간처럼 동굴에 갇힌 상태로 밖의 세상을 이해할 때 동굴안에서 보이는 것만으로 동굴 밖의 세상을 이해하는 것도 이런 오류에 해당된다. 과감하게 동굴 밖으로 뛰쳐나와 세상을 있는 그대로 봐야 정확하게 세상을 이해할 수 있다.

# 12 관계가 통하다

—— 관계적 투명성

관계를 만들기 위해 성급하게 행동하지 마라.
먼저 자기 자신에 대해서 노력하라. 자신을 진정으로 느끼고 진정으로
경험하고 진정으로 사랑하라. 자신에 대한 사랑과 헌신은 자연스럽게
다른 사람에게 매력으로 전달될 것이다.

_횔서

## 정신의 감옥에서 탈출하다

진성리더는 모든 사람이 나름의 정신모형에 의존한 삶을 살고 있음
을 현실로 인정하고, 정신적 감옥으로부터 탈출해 감옥 밖에서 세상
과 다른 사람을 이해하는 방법을 배우려 한다. 이들은 상대와의 차이
를 존중하고 이 차이를 통해서 '우리'라는 사회적 자본을 구축하고자
한다. 그러나 종종 이들의 시도는 무위로 끝나고 만다. 리더 자신의 시
각 전환만으로는 구성원들을 정신모형의 감옥 밖으로 탈출시키기 어
렵기 때문이다. 서로의 차이를 인정한 '우리'라는 사회적 자본을 구축
하는 것으로 상대도 적극적으로 자신의 정신모형의 감옥 밖으로 벗어

나려고 시도하지 않으면 안 된다.

진성리더의 관계적 투명성은 구성원과 리더 사이의 거래비용을 줄여서 구성원이 관계 구축에 적극적으로 동참하도록 유도한다. '우리'라는 관계적 자본은 리더와 구성원들이 서로에 대해 잘 모를 때 생기는 정서, 인지, 동기, 행동, 언어의 불확실성을 제거하는 노력을 통해 구축된다.

진성리더와 구성원 사이에 존재하는 관계적 불확실성은 '우리'라는 관계적 자본을 구축하는 데 방해요소가 된다. 둘 사이가 신뢰를 전제로 무엇인가를 아낌없이 주고받는 관계로 발전할 수 없도록 가로막는 것이다. 이를 해결하지 않는 한 둘 사이의 거래는 항상 조건적 거래에 머물고, 심각한 일을 도모하려면 엄청난 거래비용이 발생한다. 뿐만 아니라 진정성을 전달하기도 어렵다. 따라서 진성리더들은 상대에게 정신모형에서 탈출하라고 강요하기 전에 투명하고 진실한 관계를 확보해야 한다. 이를 위해 리더는 평소에 구성원을 존재론적 관계로 대우해야 할 뿐 아니라 구성원과 관련된 말과 행동, 동기와 정서에서 투명성을 견지해야 한다.


## 언행의 일치

정신모형 I 도 만들어질 당시에는 나름의 유용성이 있다. 하지만 세상이 끊임없이 변화하고 있다는 점을 감안하면, 정신모형도 지속적으로 수정되어야 한다. 그럼에도 불구하고 정신모형 I 의 이론들을 합리화하려는 이론체계들이 지속적으로 구축되면 자신도 모르는 사이 스스로 만든 정신모형의 감옥에 갇히게 된다.

정신모형 I 에 담겨 있는 이론 체계는 시간이 흐를수록 불완전해지기 때문에 이것에만 근거할 경우 언행의 불일치가 비일비재하게 발생한다. 하지만 더 큰 문제는 정작 본인은 이러한 불일치를 전혀 깨닫지 못한다는 것이다.

말과 행동의 불일치가 초래하는 비일관성 문제를 극복하려면 주변의 후원인들을 이용해야 한다. 구성원들을 자신의 문제를 비추는 거울로 이용해 자신의 모습을 수정하는 방법밖에 없다. 이들과 '우리'라는 관계를 구축해 깨끗한 거울로 이용하려면 리더 본인이 먼저 겸손한 자세로 구성원들의 이야기를 적극적으로 경청하고 그들에게 진솔한 거울이 되어야 한다. 상대가 성장하기를 바라는 마음으로 자신에게 비춰진 그의 모습을 진솔하게 피드백해줄 때, 상대도 자신의 거울에 비친 리더의 모습을 진솔하게 피드백해준다.

직책이 높은 사람일수록 경청을 통해 상대에게 피드백을 제공하는 능력이 떨어지는 경향이 있다. 특히 CEO들 중에 남의 말을 경청하지 않는 사람이 많다. CEO들은 자신의 재임기간 중 가장 어려웠던 일을 이야기해달라고 하면 문제가 되는 사건을 회사에서 가장 늦게 보고받았을 때라고 고백한다. 일찍 보고를 받았다면 쉽게 해결할 수 있었던 일도 해결이 불가능한 시점에서 알게 되어 손을 쓸 수 없었다고 한다. 그러나 이와 같은 고백은 평소 자신이 종업원들의 이야기를 적극적으로 경청하지 않았음을 반증하는 것이다. CEO는 회사에서 누구보다 막강한 권한을 가지고 있는 사람이다. 이를 이용해 이득을 취하려는 의도를 가진 사람은 CEO에게 보고할 때 CEO가 좋아하도록 필터링해서 전달하게 마련이다. 또한 CEO가 하는 말에 대해서는 모두 긍정적으로 피드백을 하기 때문에 CEO는 자신의 말이 항상 옳다는 착각에 빠지게 된다. 그렇게 되면 CEO는 자신이 만든 감옥에 스스로를 가두게 되는 것이다. 항상 자신이 옳다고 믿으므로 본능적으로 듣는 것보다는 말하는 데 더 시간을 쏟게 된다. 이런 경우 '우리'라는 관계를 파괴시켜 진솔한 피드백을 차단한 사람은 CEO 자신이다.

위르겐 하버마스의 이상적 대화론에 따르면, 이상적 대화는 지위의 높고 낮음에서 해방된 상태에서만 가능하다.[29] 이런 경우에만 대화의 참여자들이 비로소 자신의 입장을 자유롭게 열린 마음으로 표현할 수 있다. 또한 지위 차이에서 벗어나면 높은 지위를 가진 사람에 의한 일방적 대화에서 쌍방의 대화로 이어질 수 있다. 열려 있고 자유롭고 쌍방적인 대화는 진정성 있는 상황을 만든다. 그리고 이 진정성 있는 대화는 더 나은 대화에 의해서만 결론이 나는 상황을 만든다. 상대를 소유론적 관계가 아니라 존재론적 관계로 대할 때만 가능한 일이다. 마키아벨리는 지위 차이에 의해 대화가 왜곡되는 현상을 막고 대화를 통해 합리적 결론을 내리기 위해서는, 대화에 참여한 사람들에게 무슨 말을 하든지 용서해주는 면책특권을 부여해야 한다고 주장했다. 이와 같은 주장도 같은 맥락에서 해석해볼 수 있다.

귀머거리 CEO와는 달리 진성리더들은 쉬운 말보다는 행동으로 먼저 보여주어 말과 행동 간의 불일치를 극복한다. 이들은 행동이 앞서고(Walk The Walk), 말로 해결할 수 있는 상황에서도 반드시 행동으로 마무리한다(Walk The Talk). 이들은 다른 사람들로부터 정보를 취하는 데 있어서도 균형 잡힌 자세를 견지한다. 자신의 과거나 주변에 대해서 허풍을 늘어놓지도 않는다. 이와 같은 자기 자랑이나 연줄에 대한 과시가 자신의 주변 사람들의 마음의 거울에 먹칠을 한다는 것을 잘 알고 있기 때문이다. 진성리더는 구성원들의 마음에 비친 자신의 본모습을 찾아내 결함을 고쳐나가려는 노력을 경주하기 때문에 자신의 잘못을 변명하기보다는 솔직담백하게 고백하고 조언을 구한다.

관계적 투명성을 제고시키는 대표적인 방법이 '360도 평가'라고도 하는 다면평가제 활용이다. 다면평가를 통해 리더의 동기, 행동, 정서에 대해 부하를 비롯한 여러 사람들이 평가를 하는데, 이때 평가의 평균점이 중요한 것이 아니다. 그보다는 리더 자신이 내린 평가와의 차이가 더 중요하다. 바로 이 차이가 관계적 불확실성의 정도를 나타내주기 때문이다. 이 차이가 클수록 리더의 진정성이 더 왜곡되어 있다는 뜻이다.


## 투명한 동기


진성리더와 구성원 간의 관계적 불확실성은 구성원들이 리더들의 동기를 예측할 수 없을 때 더욱 커진다. 구성원들이 리더를 믿고 따르기 위해서는 리더가 전하는 말과 행동이 예측 가능해야 하고 그 동기가 순수해야 한다. 말과 행동의 동기가 얼마나 투명하고 순수한가가 유사리더와 진성리더를 구분하는 기준이다.

유사리더들은 자신의 이득을 극대화하고 손해를 최소화하려고 한다. 이들의 말과 행동은 개인적이고 이기적이다. 또한 사람들을 내 편과 남의 편으로 구분하고 내 편, 즉 내집단(內集團)의 이득을 극대화하기 위해 노력한다. 상황이 호의적이거나 자신의 이득과 집단의 이득이 같은 경우라면 진성리더의 마인드를 가지고 모든 사람들의 복리를 위해서 일하는 것처럼 행동하지만, 그렇지 않을 때는 자신의 본심을 드러내고 개인적 이득을 위해 집단의 이득을 희생시킨다. 이들은 구태여 자기 자신을 희생하면서까지 리더십을 발휘하지는 않는다. 이것은 마치 외집단(外集團)과의 거래를 통해 내집단에 최대한의 이득을 가져오려고 협상하는 직업 정치인들의 행동과 같다.

하지만 진성리더들은 내집단과 외집단을 통합할 수 있는 공동의 사명과 비전을 구현하는 일에 기꺼이 자신의 개인적 이득을 희생한다. 이것이 바로 유사리더와 진성리더를 구분하는 획이다. 진성리더의 희생적 행동은 진성리더의 진정성과 예측가능성을 높여준다. 또한 이 같은 노력은 리더와의 관계적 불확실성을 해소해 진실한 '우리'관계가 복원되는 것을 도와준다.

멜 깁슨 주연의 영화 '위 워 솔저스(We Were Soldiers)'에서 멜 깁슨이 분한 무어 중령이 베트남 전쟁에 들어가면서 부하들에게 한 연설은 자발적 희생이 진성리더와 부하들 간에 동기적 불확실성을 어떻게 극복할 수 있는지를 잘 보여준다.

"우리는 막강한 적과 힘든 싸움을 하기 위해 전쟁터에 들어갈 것입니다. 이 자리에서 나는 감히 여러분 모두를 살려 무사히 귀환시키겠다는 약속을 할 수는 없습니다. 그러나 신 앞에 굳건히 약속합니다. 적진에 뛰어들 때는 내가 제일 먼저 첫발을 들여놓을 것이며, 적진을 빠져나올 때도 가장 늦게 발을 뺄 것입니다. 나는 제군 중 어느 누구도 내 뒤에 남겨놓고 철수하지 않을 것입니다. 죽든 살든 우리는 모두 같이 고향으로 돌아갈 것입니다. 신의 가호가 여러분과 함께하기를 기도합니다."

많은 리더들은 동기의 불확실성에서 오는 관계의 진정성 문제를 해결하기 위해 공통적으로 희생하는 모습을 보여주었다. 희생의 순간 그들이 주창하던 공동의 비전과 사명은 생명을 획득해 구성원들의 마음에 심어진다. 예수의 십자가, 간디의 희생, 부처의 사리 속에는 진성리더들의 희생의 메시지가 담겨 있다. 이들의 희생이 구성원들에게 '우리'라는 관계적 자본을 복원시키고 '우리'가 중심이 되는 공동체를 형성한 것이다.


## 가슴으로 소통하다

마지막으로 관계적 투명성의 장애요인은 리더가 구성원과의 정서적 차이를 이해하지 못할 뿐만 아니라 이들과 충분한 정서적 교감을 만들어내지 못할 때 생긴다. 정서적 교감이 이뤄질 때 사람들은 서로 '코드가 맞는다'고 이야기한다. 정서적 코드에 대한 교감 없이는 어떤 리더도 '우리'라는 관계적 자본을 형성할 수 없고, 구성원의 자발적 행동도 이끌어낼 수 없다. 리더가 아무리 뛰어난 정신모형을 가지고 있다 하더라도 구성원과의 정서적 교감이 충분히 형성되지 않으면 이 정신모형은 구성원의 마음속에서 생명을 얻지 못해 그들의 자발적 행동은 기대할 수 없다. 결국 물리적인 수단이나 강제적 인센티브를 동원한다.

리더가 구성원과 정서적 교감을 통해 관계적 투명성을 구축하는 방법은 감성지능에 관한 연구에서 많이 밝혀졌다. 감성지능의 구성요소를 통해 이를 살펴보자.[30]

- 자신의 정서적 흐름 이해 : 감성지능이 높은 사람들은 자신의 내면에서 생겨난 심정을 정서적 느낌과 연결하는 능력이 뛰어나다. 이를 통해 자신의 정서적 상태를 이해하는 것이다. 그래서 이들은 자신의 정서적 변화를 민감하게 파악하여, 자신이 언제 화를 내고 방어하는지를 정확히 안다.
- 자신의 부정적 정서 통제 : 스트레스가 유발되는 상황을 피하고, 재미없는 일도 열정적으로 하며, 화가 난 사람 앞에서 평온을 유지하는 등 자신의 부정적 감정을 효과적으로 제어한다.
- 타인의 정서적 흐름 이해 : 자신의 행동이 타인에게 미칠 정서적 영향을 잘 파악하여, 상대의 스트레스가 높을 때 그들의 정서에 공감

하고 그들과 친밀한 대화를 이끌어나갈 수 있다.

- 타인과의 정서적 차이를 관계 개선에 이용 : 이런 능력이 뛰어난 사람들은 타인과의 정서적 갈등을 효과적으로 해결하고, 정서적 차이를 통합해 합의를 이끌어낸다. 또한 상대의 정서를 반영해 효과적으로 대화를 주도할 줄 안다.

감성지능은 리더와 구성원 간의 정서적 차이에서 오는 불확실성을 제거해 관계적 자본을 복원해주는 메커니즘이다. 특히 다른 사람의 정서를 이해하는 능력은 공감 능력이라고 할 수 있다. 진정한 공감 능력은 상대를 하나의 인격으로 인정해 동정하고 연민하는 마음이 전제되어야 한다. 일찍이 유홍준 교수는 《나의 문화유산 답사기》(창비, 1993)에서 '상대를 진정으로 동정과 연민의 눈으로 보면 그간 보이지 않던 것들이 눈에 보이기 시작하고 이때 새롭게 발견한 상대는 이전에 자신이 알고 있던 상대와는 전적으로 다른 대상으로 태어난다'고 표현한 바 있다. 연민(Compassion)은 서로에 대해서(Com) 열정(Passion)을 느끼는 상태로, 상대의 정서를 이해하는 것을 넘어 상대의 고통까지 같이 감내하려는 준비가 된 마음이다. 이는 정서적 불확실성을 제거할 때 반드시 동원해야 하는 마음의 상태이다.

# 인센티브보다 '우리' 다

말과 행동의 일관성, 동기의 투명성, 정서적 교감은 리더와 구성원 간에 '우리'라는 관계적 자본을 복원해주는 핵심적 기제이다. '우리'라는 관계적 자본이 있어야만 사명과 비전을 위해 구성원이 자발적으로 참여한다. 구성원의 마음속에 사명과 비전을 심어주기 위해 진성리더는 관계적 자본을 활용하지만, 유사리더들은 인센티브나 강제적인 시스템에 의존한다. 그러나 인센티브와 강제적인 시스템에 의한 일처리의 결과는 결코 자발적인 일처리에 비할 수 없다.

인센티브에 의존하면 시스템에 의해 규정된 만큼만 구성원들의 행동을 통제할 수 있다. 존재론적 관계에 기반하지 않으면 절대로 공동의 사명을 달성할 수 없는 이유이다.

리더십 인사이트
## 리더의 다중지능

하워드 가드너는 자신의 저서 《마음의 틀》(문음사, 1996)에서 다중지능 이론을 설파했다. 다중지능 이론은 당시까지 대표적인 지능 이론이었던, 인지적 측면을 강조한 IQ 중심의 지능 이론과는 달리 인간의 지능은 몇 개의 다중적 지능으로 구성되어 있다고 본다. 다중지능은 언어지능, 논리수학지능, 공간능력, 음악지능, 신체운동지능, 자연친화지능, 대인관계지능, 자기이해지능이라는 8개의 독립적이고 자율적인 지능으로 구성된다. 이 중 언어지능, 논리수학지능만 IQ의 영역이고 나머지는 새로운 영역이었다. 노벨상을 받은 학자들이나 자기 분야에서 뛰어난 업적을 성취한 사람들은 자신의 영역과 관계되는 지능은 물론이고 자기이해지능이나 대인관계지능도 높음이 연구를 통해 밝혀졌다. 자기이해지능은 자신의 생각이나 느낌, 감정 상태를 스스로 이해하고 부정적 정서를 통제하는 능력이다. 대인관계지능은 다른 사람들의 의도를 잘 파악하여 좋은 대인관계를 유지할 수 있는 능력이다. 이 두 지능은 감성지능의 요소와도 일맥상통한다. 다중지능을 발표한 지 25주년 되던 해의 기념사에서 가드너도 이 두 지능은 한 가지 지능의 두 측면일 가능성이 높다고 말한 바 있다.

# 13 긍정의 씨줄과 날줄로 서로의 운명을 엮다
### ─── 긍정적 역할모형

모범을 보이는 것이 다른 사람에게 영향력을
행사할 수 있는 유일한 방법이다.
_알베르트 슈바이처

## 여행길을 함께하는 운명공동체

진성리더가 구성원에게 선한 영향력을 행사할 수 있는 기반은 앞에
서 살펴본 '우리'라는 관계적 자본이다. 이때 리더가 구성원들에게 미
칠 수 있는 가장 큰 영향은 구성원들이 정신모형의 감옥에서 뛰쳐나
와 진성리더로의 여정을 시작할 수 있도록 돕는 것이다. 진성리더는
구성원들이 성장하는 데 무궁무진한 사회적 자본이 되어줌으로써 둘
은 '일'을 넘어서 '운명'을 공유하는 관계로 묶이게 된다. 진성리더는
자신의 정신모형 II를 구축할 때는 물론이고, 구성원과 운명공동체를
형성하는 데도 이원학습과 삼원학습을 활용한다. 구성원이 이원학습

을 통해 현재의 정신모형 I 을 더 유용성 있게 고쳐나가도록 돕는 것을 '진성코칭'이라 한다. 이와는 달리 '진성멘토링'은 구성원이 삼원학습을 통해 새로운 정신모형 II 를 구축하도록 돕는 것이다. 진성리더는 코칭과 멘토링으로 부하들에게 선한 영향력을 행사하여 서로가 믿고 의지할 수 있는 '운명공동체'를 만들어간다.

## 진성코칭

정신모형은 이론적 가정의 세계이기 때문에 이 가정에 결함이 있다면 스스로 예측한 결과를 얻지 못하게 된다. 이것이 우리가 말하는 '실수'이다. 그러므로 실수는 정신모형의 구성요소 중 어떤 가정에 문제가 있다는 것을 간접적으로 시사해주는 유일한 단서라고 할 수 있다. 피드백을 통해 실수의 근원, 즉 정신모형의 결점을 고치면 같은 실수를 반복하지 않게 된다. 실수만이 정신모형의 결함을 드러나게 할 수 있고, 이를 통해 성장할 수 있는 방향을 제시하는 것이다.

진성코칭은 상대의 실수를 진심으로 피드백하고 고쳐주는 과정이다. 진심으로 상대의 학습과 성장을 배려하는 마음이 코칭의 기반이다.

　농구 황제 마이클 조던은 자신의 자서전에서 '나는 지금까지 9,000번 넘게 슛을 성공시키지 못했다. 나는 300번 넘게 경기에서 졌다. 사람들이 나를 믿어주었을 때조차 26번이나 결정적인 슛을 넣지 못했다. 나는 계속 실패하고 또 실패했다. 그것이 내가 성공한 이유다'라고 밝혔다. 전설적인 홈런왕 베이브 루스는 통산 714개의 홈런을 쳤지만 홈런 수의 두 배에 가까운 1,330개의 삼진아웃을 당했다. 에디슨은 전구 발명 도중 999번째 실패를 한 후 "나는 999번의 실패를 한 것이 아니라 전구가 켜지지 않은 999가지의 이유를 밝혀낸 것이다"라고 말했다. 2005년 히말라야 14좌, 7대륙 최고봉, 지구 3극점 등반으로 세계 첫 산악 그랜드슬램을 달성한 산악인 고(故) 박영석 대장은 "실패가 어영부영한 성공보다 100배 낫다. 단, 실패할 때는 100% 최선을 다해 실패해야 한다. 그래야 실패가 내 것이 된다. 100% 최선을 다하지 않은 실패는 다른 실패로 이어진다. 뭐가 모자라 실패를 했는지 모르기 때문이다"라고 말했다. 카네기멜론 대학의 랜디 포시 교수는 《마지막 강의》(살림출판사, 2008)에서 '실수를 통해 배우지 못할 때가 바로 진짜 패배'라고 말한다. 이들의 이야기는 실수가 곧 학습과 성장의 근원임을 역설하고 있다.

진성코치는 구성원들이 이원학습을 통해 자신의 정신모형을 수정해나가도록 도와준다. 더 구체적으로 말한다면 진성코치는 구성원이 의존하고 있는 정신모형의 문제점을 들추어 고쳐나가는 이원학습의 동반자이다. 진성코치는 정신모형 I 의 선천적 결함 때문에 구성원들이 실수를 할 수밖에 없음을 인정한다. 바로 이 실수를 분석하는 것이 정신모형 I 을 이루는 가정의 문제를 바로잡는 길이라 생각해 실수에 대한 피드백으로 구성원들을 학습시킨다. 만약 같은 실수를 반복하지 않는다면 가정의 오류를 바로잡은 것이라고 할 수 있다. 그래서 진성코치는 실수를 학습과 성장의 가장 중요한 재료로 여겨 구성원들이 실수에 두려움을 갖지 않도록 심리적 안정지대를 제공한다.

'실패학의 창시자'로 추앙받는 하타무라 요타로 동경대학 교수는 《실패학의 법칙》(들녘미디어, 2004)에서 '실패는 감출수록 커지고 악화되다가도 일단 드러나기 시작하면 성공과 창조를 가져온다'는 말로 실패의 특징을 설명했다. 혼다의 창업주 혼다 소이치로는 "나의 성공은 99%의 실패에서 나온 1%의 성과"라고 말했다. 그는 심지어 실패왕을 뽑아서 격려금을 수여하기도 했다. 이와 같은 정책을 통해서 직원들이 마음 놓고 학습을 위한 실수를 저지를 수 있는 심리적 안정지대를 창출해준 것이다. 이처럼 구성원들에게 심리적 안정지대를 만들어준 기업 중에는 창조적 기업의 대명사 3M도 있다. 3M은 실패를 장려하는 '15% 룰'을 운영하는 것으로 유명하다. 업무 중 15%의 시간을 자신의 업무 이외의 실험을 하는 데 사용할 수 있도록 하는 제도이다. 이 시간에 자신이 좋아하는 업무에 대한 실험을 하고 실패를 경험하게 함으로써 두려움을 극복하고 새로운 것을 발명해내게 한다. 또한 기술 세미나에서 실패 경험을 발표하도록 독려하고 있다. 만약 실패를 통해서 배운 것이 있다면 '실패 파티'를 열어 축하해준다. 포스트잇도 이와 같은 제도를 통해서 탄생한 제품이다. 3M의 직원 아트 프라이는 같은 회사 연구원이었던 스펜서 실버가 강력 접착제를 개발하려다 실패한, 접착력은 있지만 끈적이지 않는 이상한 접착제에 관심을 가졌다. 이 접착제의 실패는 이미 사내 기술 세미나에 보고되어 있었다. 아트 프라이는 이 기술을 이용해 자유롭게 붙였다 떼어내는 접착식 노트를 만드는 데 활용하자는 아이디어를 냈고, 15%의 시간을 이용해 스펜서 실버와 함께 포스트잇을 만들었다. 마음껏 실패를 할 수 있도록 장려하는 3M의 심리적 안정지대 문화가 없었더라면 포스트잇은 세상에 나오지 못했을 것이다.


## 진성멘토링


정신모형은 내비게이션과 비슷해서 업데이트를 하지 않으면 점점 유용성이 떨어지게 된다. 업데이트를 하지 않은 10년 전의 내비게이션을 달고 서울 거리를 나선다고 생각해보라. 나가자마자 혼란에 빠지게 될 것은 뻔하다. 이로 인해 어려움을 겪은 운전자는 자신의 내비게이션을 탓하기보다 '세상은 위험한 곳이니 나가지 말자'고 생각하거나 확실히 아는 길만 다니려고 한다. 그러다 보면 어느 순간에 자신의 정신모형이라는 내비게이션에 갇혀 세상을 바라보게 된다. 또한 자기스스로를 간수로 임명하고 밖으로 나가지 못하도록 자신을 감시한다. 감옥에서 나오라고 충고해주는 사람을 보면 온갖 변명을 늘어놓으면서 자신이 감옥에 갇혀 있음을 인정하지 않으려 한다. 이 같은 방어기제가 더욱 심각하게 작용하면 자신의 잘못과 실수를 남에게 전가시키는 단계에 이른다.

진성멘토는 새로운 정신모형 II를 통해 정신모형 I 의 감옥에 갇혀 있는 사람들에게 다른 세상이 있다는 것을 보여줌으로써 이들을 구출해낸다. 진성코치가 낡은 정신모형 I 을 수정할 수 있도록 진정성을 가지고 도움을 주는 사람이라면, 진성멘토는 정신모형 I 을 버리고 정신모형 II 를 마련하는 데 도움을 주는 사람이라고 할 수 있다.

소크라테스, 예수, 간디, 아인슈타인, 코페르니쿠스, 피카소, 에디슨, 테레사, 히치콕, 킹 목사, 만델라와 같은 멘토들은 많은 제자들의 정신모형을 확장시켰다. 이들의 제자들은 이 확장된 정신모형에 따라 세상을 바꿔나갔다.

성공한 사람들의 주변에는 항상 이들의 정신모형의 변혁을 도와준 멘토들의 이야기가 존재한다. 듣지도, 보지도, 말하지도 못하는 삼중고의 성녀라고 불리는 헬렌 켈러는 7세 때부터 가정교사 앤 설리번에게 교육을 받고 1900년에 하버드 래드클리프 칼리지에 입학하여 우등생으로 졸업하였다. 그녀는 시각, 청각, 언어 장애를 가진 사람으로는 최초로 대학 교육을 받았다. 그녀의 노력과 정신력은 전 세계 장애인들에게 희망을 주었고 다양한 장애복지 활동으로 '빛의 천사'라고도 불렸다. 그녀는 저서 《사흘만 볼 수 있다면》에서 앞을 볼 수 있게 된다면 처음 하고 싶은 일이 '설리번 선생님의 얼굴을 보는 것'이라고 고백했다. 설리번 선생은 '장님에게 현실적으로 더 필요한 것은 세상을 볼 수 있는 눈이 아니라 자신을 이끌 수 있는 마음의 눈'이라는 말을 통해 헬렌 켈러가 자신만의 정신모형을 만들 수 있도록 독려했다.

영화 '홀랜드 오퍼스'에는 진성멘토가 구성원들을 어떻게 변화시키는지 잘 드러나 있다. 음악 선생인 홀랜드는 결혼 후 JFK고교의 음악교사로 근무한다. 처음에 홀랜드는 기계적으로 음악 이론을 가르치지만, 학생들은 전혀 반응하지 않는다. 여러 가지 방법을 실험하던 홀랜드는 학교에서 가르치는 것을 금지한 로큰롤에 학생들이 열광하는 것을 보고, 교육에서 진정 중요한 것은 지식이 아님을 깨닫는다. 단순한 일원학습으로는 아이들을 변화시킬 수 없음을 깨달은 것이다. 이를 계기로 홀랜드는 음악을 통해 학생들의 정신세계를 아름답게 만들고 확장할 수 있다는 확신을 가지게 된다. 특히 자신이 음악에 전혀 재능이 없다고 믿고 있는 한 여학생을 가르치면서 이 깨달음이 빛을 발한다. 그 학생이 악기 연주가 아니라 그녀의 아름다운 금발에 몰입하게 함으로써 자연스럽게 연주할 수 있도록 도와준다. 삼원학습을 토대로, 자신은 연주를 잘할 수 없을 거라는 정신모형 I 의 감옥에서 꺼내준 것이다. 홀랜드의 이와 같은 실험을 지켜보던 교장은 자신의 정년퇴임을 기념하는 선물로 홀랜드에게 나침반을 선물한다. 이를 통해 그는 '가르치는 것은 지식의 전수를 넘어 학생들에게 나침반이 되어주는 것'이라는 사실의 다시금 깨닫는다. 우여곡절 끝에 홀랜드도 정년퇴임을 맞는다. 정년퇴임식에서는 홀랜드가 가르쳤던 금발의 소녀가 시장이 되어 축사를 낭독한다. 이 축사는 '나는 선생님이 작곡한 악보의 연주가 되어 세상 사람들에게 감동을 전해주고 있다'는 말로 끝을 맺는다.

이 영화에서 잘 드러나듯 진성멘토는 자신의 정신모형을 확장해 세상을 변혁시킬 뿐 아니라 이를 기반으로 다른 사람들의 정신모형이 확장되도록 나침반이 되어주는 사람들이다.

이렇듯 진성 멘토링은 다른 사람을 정신모형의 감옥에서 해방시켜줌은 물론이고 정신모형 II 를 통해 더 나은 세상이 존재함을 보여줌으로써 사람들을 정신적·영적으로 임파워링하는 과정이다.

## 청년 멘토, 소크라테스

모든 사람들이 불가능하다고 믿었지만, 소크라테스는 노예들에게 피타고라스의 정리를 성공적으로 가르쳤다. 또한 그 당시 세월을 한탄하며 방황하던 많은 아테네 젊은이들이 정신모형 II에 기반한 삶을 되찾는 데 결정적 도움을 주었다. 어떤 의미에서 인류 역사상 최초의 청년 멘토는 소크라테스였다. 소크라테스는 누구보다도 뛰어난 진성코치이자 진성멘토였다. 이런 소크라테스의 영향력은 '마음을 통한 소통'이 있었기에 가능했다.

소크라테스는 노예들도 학습을 할 수 있다는 믿음을 한시도 저버리지 않았다. 그는 자신이 제자들에게 부여하는 정신모형 II의 크기와 이에 대한 믿음의 정도가 제자들이 가지게 될 정신모형의 크기를 결정한다고 믿었다. 또한 소통 방식에 있어서도 지위를 이용해 자신의 정신모형을 억지로 강요하는 방식을 쓰지 않았다. 소크라테스는 상대의 눈높이에 맞춰 상대가 스스로 자신의 정신모형 I을 깨고 나올 수 있도록 꾸준히 질문을 던졌다. 즉, 상대가 스스로 답을 얻을 수 있도록 마음으로 소통하는 방식을 사용한 것이다.

소크라테스는 '자기완성적 예언'을 통해 상대에 대한 자신의 믿음을 전달했다. 자기완성적 예언은 소위 '피그말리온 효과'로, 상대가 어떤 상태로 성장할 수 있을 것이라는 근원적 믿음을 마음으로 전달하는 것이다. 피그말리온 효과는 정신모형Ⅱ에 구현된, 상대의 성장한 모습을 믿는 것에서 시작된다.

피그말리온이라는 명칭은 그리스 신화에서 유래한다. 피그말리온 왕은 자신이 조각한 여인상을 진심으로 사랑하게 되고, 이를 측은하게 지켜보던 아프로디테 여신이 그의 소원을 들어주어 조각상을 인간으로 만들어주었다는 이야기다.

로젠탈과 제이콥슨은 초등학교 학생들을 대상으로 이 효과를 검증하였다. 이들의 첫 실험은 쥐 실험이었다. 한 부류의 학생들에게는 쥐를 정성들여 키우라고 하고 다른 부류의 학생들에게는 이런 지시를 주지 않았다. 시간이 흐른 뒤 두 부류의 학생들이 키운 쥐를 대상으로 미로 찾기 경주를 시킨 결과, 정성들여 키운 쥐들은 그렇지 않은 쥐들에 비해 우수한 성적을 거두었다. 1964년, 이들은 이 같은 원리가 학생들에게도 적용될 것이라고 믿고 초등학생들을 대상으로 실험을 시도했다. 실험은 모든 학생들에게 하버드식의 지능 테스트라는 것을 보게 한 뒤, 테스트 결과에 따라 지능이 높은 학생과 낮은 학생으로 반을 나누었다. 물론 이 지능 테스트는 거짓이었고 배분도 무작위로 했지만, 교사들에게는 진짜인 것처럼 말했다. 실험 결과, 한 학기가 지난 뒤 지능이 높다고 믿었던 반 학생들의 성적이 그렇지 않은 반 학생들에 비해 훨씬 좋았다. 선생님들의 마음과 학생들의 마음이 피그말리온 효과를 만들어낸 것이다.

진성리더들은 마음으로 소통하는 방식으로 상대에게 끊임없이 긍정적 단서를 보낸다. 마음이 전달되는 긍정적 단서는 언어적 표현보다 오래 지속된다. 말로 전달된 단서는 그 진정성이 의심되지만 마음으로 전달된 단서는 그 진정성이 그대로 받아들여져서 보다 강력한 효과를 발휘한다.

기업 임원 세미나에 참석한 적이 있는데, 거기에서 들은 이야기다. 한 임원이 자신의 부하 중 한 사람을 아주 못마땅하게 생각하고 있었다. 이 임원은 이런 사실을 단 한 번도 말로 표현하지 않았다고 한다. 그런데 부서 회식 날, 사람들이 기분 좋게 술에 취해갈 무렵 문제의 그 부하가 느닷없이 다가와 자신에게 따지더라는 것이었다. "상무님께서는 평소에 왜 저를 못 잡아먹어서 안달이십니까?"라며 그간 쌓였던 불만을 조목조목 토로했다는 것이다. 그 부하의 말은 임원이 평소에 생각하던 것과 너무나 똑같아서 가슴이 뜨끔했다고 한다. 한 번도 그런 말을 입 밖에 낸 적이 없었기 때문에 임원은 끝까지 오해라고 둘러댔지만, 진땀을 흘렸다고 고백했다.

우리는 자신의 생각을 말로 표현하지 않을 수도 있지만, 표정과 몸짓은 상대에게 말보다도 더 많은 것을 정확하게 전달한다. 그러므로 리더는 상대의 정신모형을 변화시킬 수 있다는 믿음으로 끊임없이 긍정적 단서를 내보내야 한다. 이 긍정적 단서는 상대에게 무언의 표식으로 전달되어 상대의 굳어진 정신모형을 녹이는 힘으로 작용한다.

또한 소크라테스가 마음으로 소통하기 위해 자주 사용했던 방식은 줄탁동시(啐啄同時) 혹은 '마음의 자극'이다. 마음의 자극은 과거의 정신모형이 가진 가정들에 대한 끊임없는 질문을 통해 더 나은 정신세계가 있음을 깨우쳐주는 소통행위이다. 줄탁통시라는 말은, 병아리가 알을 깨고 나오기 위해 안에서 신호를 보내는데 이때 밖에서 이 소리를 들은 어미 닭이 그 소리가 나는 부분을 같이 쪼아 병아리를 부화시킨다는 데서 유래한 고사성어이다. 그렇다고 어미 혼자서 새끼를 부화시키는 것은 아니다. 병아리가 신호를 보내기 전까지는 어미 닭이 알을 쪼는 방법은 통하지 않는다. 어미는 새끼가 알을 깨고 나오는 데 작은 도움을 줄 뿐, 알을 깨고 나오는 것은 결국 병아리 자신이기 때문이다. 그러므로 어미 닭은 병아리가 보내는 신호를 마음으로 듣고 있어야 한다. 병아리는 깨달음을 향해 앞으로 나아가는 수행자이고 어미 닭은 수행자에게 깨우침을 주는 멘토라고 할 수 있다.

마음으로 소통하는 진성리더의 소통 방식은 부하들과 운명공동체로서의 관계적 자본을 축적하도록 도와준다. 마음의 소통을 통해 리더와 부하는 서로의 삶을 엮은 운명의 파트너가 된다. 운명의 파트너십이 있으면 리더가 향후 사명과 비전의 횃불을 치켜들 때 부하들이 자발적으로 동참해 헌신하는 공동체로 발전한다.

리더십 인사이트
## 세상은 믿는 대로 태어난다

피그말리온 효과는 상대에게 긍정적 기대를 하고 긍정적 단서를 지속적으로 보내면 그 긍정적 기대가 상대에게 그대로 전해진다는 원리이다. 그와 같은 실험을 사람이 아니라 무생물에게 하면 어떤 결과가 나올까? 예를 들어 밥이나 양파에게 그런 기대를 한다면 밥과 양파는 사람의 기대를 알아들을 수 있을까? 이를 알아보기 위한 실험이 있었다. 우선 깨끗한 유리병 두 개를 준비한 후 한쪽에는 '감사합니다'를, 다른 쪽에는 '짜증나'라는 글씨를 써서 붙였다. 각각의 병에 밥을 채워 넣고 시간이 날 때마다 '감사합니다'라고 붙인 유리병에는 감사의 마음을 담아 "사랑합니다" 또는 "행복합니다"와 같은 긍정적인 말을 했다. 반면 '짜증나'라는 라벨의 병에게는 "증오한다", "미워한다", "화난다" 등 부정적 메시지를 보냈다. 한 달이 지난 후 살펴봤더니 놀라운 결과가 나타났다. '감사합니다'라고 써 붙인 병의 밥은 곰팡이가 조금 피긴 했으나 그다지 상하지 않았고 구수한 누룩 냄새가 났다. 반면 '짜증나'라고 써 붙인 병의 밥은 까맣게 곰팡이가 생겼고 역한 악취가 났다.

# 14 모든 위대함은 명(命)에서 시작된다
_____ 사회적 카리스마

인류의 가장 큰 스승은 위대한 사람들의 삶 자체이다.
_파울러

## 위대한 人의 삶 자체

고아 소년은 어려서부터 마을에서 제일가는 사냥꾼인 외삼촌의 손에서 자랐다. 아직 열 살밖에 안 된 소년은 외삼촌처럼 뛰어난 사냥꾼이 되는 것이 꿈이었다. 소년의 마음을 읽은 외삼촌은 사냥길을 나서다가 물끄러미 처다보는 소년에게 손짓을 했다. 그게 무슨 뜻인지 눈치 챈 소년은 기쁨에 가득 차 외삼촌을 따라나섰다. 그들은 종일토록 사냥에 열중했다. 수확이 좋은 하루였다. 그날 이후 그들은 그렇게 함께 사냥을 다녔다. 외삼촌은 사냥을 하고 소년은 외삼촌을 따랐다. 처음에 소년은 외삼촌을 그저 보기만 했다. 외삼촌은 거의 말이 없었다.

소년이 질문을 해도 외삼촌은 좀처럼 대답을 하지 않았다. 소년은 점차 질문을 하지 않게 되었다. 그들은 말없이 사냥을 했고, 소년은 삼촌이 사냥하는 모습을 주의 깊게 바라보았다. 외삼촌은 훌륭한 스승이었다. 외삼촌은 소년이 매우 영리하고 민첩하다는 것을 알아차렸다. 오래지 않아 소년은 외삼촌을 따라 할 수 있게 되었다. 소년은 사냥을 거들었다. 소년은 마을에서도 외삼촌을 주의 깊게 살폈다. 특히 외삼촌이 사냥 준비를 하고 계획을 세우는 것을 주의 깊게 살펴보았다. 소년은 외삼촌이 무기와 장비를 조심스럽게 손질하는 것을 주시했다. 얼마 안 돼 소년도 자기 장비를 똑같은 방법으로 준비했다. 3년이 채 지나기도 전에 그들은 마을에서 제일가는 사냥꾼들로 이름이 났다. 그들은 더 이상 스승과 제자 사이가 아니었다. 그들은 한 팀이었다. 서로 말을 안 해도 각자 사냥에서 무엇을 해야 하는지 알았다. 함께함으로써 그들은 혼자 할 때보다 훨씬 훌륭하게 사냥을 해냈다. 날이 갈수록 외삼촌은 소년에게 자신감과 기술, 힘이 자라남을 느꼈다. 외삼촌은 소년이 마을의 지도자가 될 운명임을 알았다.[주31]

고아 소년과 외삼촌의 이야기는 '슈퍼리더십'의 원리를 가르쳐준다. 슈퍼리더십은 리더가 행동으로 역할모델이 되어주고 팔로어들은 이를 따라 해봄으로써 리더의 역할을 습득한다. 슈퍼리더십은 리더십이 말이 아니라 행동으로 모범을 보여 전수된다는 사실을 강조한다. 흔히 리더들이 영향력을 행사하는 방식을 Talk The Talk, Walk The Talk, Walk The Walk로 나눈다면 슈퍼리더는 Walk The Walk을 강조한다. Talk The Talk 스타일의 리더는 모든 것을 말로 대신한다. 말만 있지 그에 따른 행동은 없다. 이런 종류의 리더는 상황에 따라 말을 자주 바꾸기 때문에 리더로서의 공신력을 유지할 수 없다. 본인 스스로는 상황에 따라 자기 편의적으로 말을 바꾸고 있음을 깨닫지 못한다. Walk The Talk는 최소한 자신이 말한 바를 실천하는 스타일이다. 일반적인 리더의 전형이다. Walk The Walk는 모범적 행동으로 모든 것을 소통하는 스타일이다. 말이 필요할 때도 행동으로 먼저 모범을 보여주는 방법이다.

슈퍼리더의 부하는 리더의 행동을 지켜보면서 리더십을 배운다. 하지만 진성리더의 경우, 부하가 자신의 스타일과 행동을 따라 하는 것보다는 리더의 정신모형을 기반으로 부하 자신도 고유한 정신모형을 만들어내는 것을 더 중요시한다. 마치 연극에서 주연 배우의 플롯이 정해지면 다른 구성원들이 이에 맞추어 자신에게 맞는 독창적 이야기를 담은 플롯을 구성해내듯이, 진성리더의 정신모형은 구성원들의 정신모형과 공명을 일으켜 이에 맞는 독창적인 정신모형을 확산시킨다. 즉, 진성리더의 정신모형은 구성원들이 자신의 정신모형을 배양해 키울 수 있는 플랫폼이 된다.

레빈의 '장이론(Field Theory)'에서 설명되고 있는 것처럼, 강력하고 매력적인 리더의 정신모형은 자석과 같은 역할을 한다. 리더와 구성원의 관계도 서로 정태적(靜態的) 관계에 머무르기보다는 동태적(動態的)으로 서로 끌어당기거나 밀치는 관계를 구성한다. '장(場)'이란, 사람들이 일상에서 의미 있다고 생각한 요인들을 중심으로 구성한 심리적 연극무대라고 할 수 있다. 이 연극무대에서 가장 강력한 대본은 각자의 정신모형에 내재화된 믿음과 신념들이다. 레빈은 신념과 믿음이 비슷한 사람들 사이에서는 이 두 요인이 어떤 다른 요인보다도 서로를 끌어들이는 강력한 자석으로 작용한다고 설명한다. 반면 믿음과 신념이 다른 사람들에게는 서로를 밀쳐내는 힘으로 작용하게 된다. 신념의 차이가 강력한 인지적 부조화를 형성하고, 이 부조화를 해결하기 위해 서로를 자신의 장에서 밀어내는 것이다. 회사의 설립자와 비슷한 신념을 가진 사람들이 채용되고 다른 신념을 가진 사람들은 조직을 떠나, 결국 창립자의 정신모형에 따라 회사의 문화가 형성되는 것도 같은 원리이다.

간디는 자신의 신념이 자석과 같은 역할을 수행한다는 것을 잘 알고 있었다. 간디가 남아프리카를 돌아다니며 독립운동을 하고 있던 때의 일이다. 자금이 바닥나서 길거리에 나앉을 처지에 놓이게 되었다. 사정이 이렇게 되자 간디의 수행원들은 안절부절못하고 있었지만, 간디는 천하태평이었다. 그런데 마침 어디서 소문을 듣고 왔는지 한 후원자가 나타나서 간디 일행을 도와주었다. 급한 불을 끄고 모든 것이 정상으로 돌아왔다. 간디 일행이 떠나기 전에 후원자가 간디에게 물었다. "혹시 선생님은 제가 나타나서 도와줄 것을 알고 있었나요?" 이에 간디는 "당신이 나타날 것이라고는 전혀 예상하지 못했습니다. 그러나 누군가가 꼭 나타나서 우리를 도와줄 것이라는 확신은 있었습니다. 왜냐하면 우리가 하고 있는 일은 영국에 의해서 고통을 받고 있는 다른 많은 민족을 압제에서 해방시키는 신성한 일이고, 많은 사람들이 우리가 이 일을 성공적으로 마무리하기를 기도하고 있기 때문입니다"라고 말했다.


## 리더가 있는 곳은 구성원의 마음속이다

조직에 훌륭한 리더가 있으면 모든 사람들이 업무를 수행할 때 이 리더의 대본에 맞추어 자신의 대본을 조율하기 때문에 강력한 학습 효과가 있다. 이런 조직은 리더와 구성원 간에 상호공명이 형성되어 활력이 넘치게 된다. 진성리더가 제공한 토양에서 구성원들은 자신의 정신모형을 만들어 조직 한가운데 산소를 품어내는 큰 숲을 만들어낸다. 이런 조직이 시장처럼 생기가 넘치는 이유는 공명효과 때문이다. 훌륭하고 매력적인 리더가 한 명 있으면 부하들에게 그만큼 많은 긍정적 전염 효과를 보이고, 여기서 만들어지는 학습은 어설픈 집합교육을 통해 만들어지는 교육보다 훨씬 효과가 크다고 할 수 있다. 반대로 존경받지 못하는 리더가 있는 조직은 침체되어 있다. 구성원들이 심정적으로 갈구하고 있는 자기 대본과 공식적으로 리더 앞에서 요구되는 대본이 다르기 때문에 과도한 스트레스를 받는 것이다. 이와 같은 조직은 토양이 산성화되어 구성원들이 자신의 정신모형 II 라는 나무를 키워낼 수 없다.

　보통 사람들의 눈에 이와 같은 현상은 강력한 리더의 존재 자체만으로도 리더십이 온 조직에 전염되는 것처럼 보인다. 소위 '리더십 임재(Leadership Presence)' 현상이다. 이는 리더의 강력하고 매력적인 정신모형을 토대로 구성원들이 자신의 정신모형을 배양해내기 때문에 생기는 현상이다. 한때 유행처럼 번진 '미친 존재감'이라는 말처럼, 어떤 사람은 그 자리에 있다는 사실 자체만으로도 많은 영향을 미친다. 명의와 만나서 이야기 몇 마디만 나눠도 병이 낫는다는 것처럼, 어떤 리더들은 존재 자체로 사람들에게 선한 영향력을 행사하기도 한다. 이렇게 리더가 영향력을 행사하려고 애쓰지 않아도 단지 존재 자체로 많은 영향력을 미치는 이런 현상이 바로 리더십 임재이다. 리더십 임재가 나타나면 반드시 물리적으로 함께 있지 않아도 부하들이 리더의 존재를 인지한다. 자연히 리더가 없는 상태에서도 부하의 행동에 영향을 미치는 것이다.

하지만 존재감 있는 리더가 반드시 카리스마를 휘두르며 청중을 좌지우지하는 사람을 뜻하는 것은 아니다. 그런 리더들은 즐거운 코미디 영화 한편을 보고 난 후 시간이 지나면 그 내용을 기억 못 하는 경우와 마찬가지로, 요란하기는 하지만 존재감은 미미하다. 존재감이 큰 리더들은 그 리더가 있을 때의 자리보다는 없을 때의 빈 자리가 더 크게 느껴진다.

리더십 임재는 리더의 정신모형을 기반으로 형성된 품성의 강도에 의해서 결정된다. 품성이란 리더가 자신의 명확한 정신모형에 대한 믿음을 가지고 정신모형과 일치되는 언행을 보일 때 형성된다. 매력적인 품성은 부하들에게 준거적 권력(准據的權力)의 기반이 되어 그 리더만의 독창성 있는 존재감을 창출한다. 리더의 정신모형에서 전달하는 스토리가 진실성이 있고 부하들에게 정서적 감동을 줄 수 있을 때 존재감은 커진다. 리더의 정신모형이 부하들에게 준거적 권력을 형성하고 있다는 것은 리더의 정신모형이 부하의 마음에 뿌리를 내리고 있다는 말이다. 정신모형이란 강요하는 행동을 통해서는 뿌리를 내릴 수 없다. 자신의 정신모형으로 부하들과 정서적 공감대를 형성할 수 있을 때에만 가능하다. 다시 말해 리더가 자신을 앞세우는 일을 멈추고 대신 부하들의 아픔에 귀를 기울여 이들의 마음의 거울을 닦아줄 때 부하들은 자발적으로 리더의 정신모형을 받아들인다.

일반적 카리스마와 진성리더의 카리스마가 서로 구별되는 점이 바로 이점이다. 일반적 카리스마는 부하들에게 자신의 스타일을 무조건 따라 하도록 일방적으로 강요하지만, 진성리더로서의 카리스마는 부하들이 자신만의 정신모형을 세워 공동의 사명과 비전에 매진할 수 있도록 공동체를 만들어나간다. 일반적 카리스마는 우상화된 카리스마인 반면 진성리더들은 사회적 카리스마이다.[주32] 우상화된 카리스마는 개인적 매력인 외모나 재능 등이 준거가 되어서 사람들을 매료시킨다. 영화배우나 가수 등의 겉모습에 빠져 그대로 따라 해 스스로 복제품이 되는 일부의 광팬들처럼 우상화된 카리스마를 따르는 사람들 사이에서는 결코 운명공동체가 형성될 수 없다. 모든 사람들이 리더와 일대일의 관계를 유지하고 리더의 신임을 얻기 위해 서로 경쟁하기 때문이다. 우상화된 카리스마를 가진 리더는 자신의 탁월한 재능을 동원해 구성원을 자신의 사욕을 챙기는 도구로 이용하는 경우가 많다. 따라서 그 관계는 패거리 수준을 벗어나지 못한다.

그러나 사회적 카리스마는 진성리더가 추구하는 정신모형인 사명, 비전, 가치를 토대로 구성원들도 자신의 정신모형을 길러내고 실행할 수 있는 큰 초지를 제공한다. 진성리더의 정신모형은 이들을 따르는 사람들이 자신의 사명, 비전, 가치를 실험해볼 수 있는 플랫폼인 것이다. 자연히 사명, 비전, 가치를 매개로 관계를 형성하기 때문에 리더와 일대일 관계를 넘어 서로를 지탱해주는 운명공동체가 된다. 자연히 '우리'라는 공동체 속에서 사명을 토대로 서로의 성공을 돕는다. 공동으로 구현해야 할 큰 사명은 이들의 '우리'공동체를 더욱 공고히 한다. 아울러 이들은 공동운명체 내에서 자신들의 사명에 대한 믿음을 바탕으로 행동, 태도, 언행을 통합시켜 자신만의 고유한 사회적 품성으로 일궈낸다. 우상화된 카리스마가 개인적 재능에 기초하고 있다면 사회적 카리스마는 사회적 품성에 기초한다. 사회적 카리스마의 품성은 공동체 내의 영향력뿐 아니라 공동체의 경계를 넘어서 다른 공동체로 쉽게 파급된다. 이들의 '품성의 울림'이 큰 사명을 내재화하고 있기 때문이다. 구성원들은 정신모형을 복제하는 것이 아니라 리더의 정신모형을 준거로 삼아 자신만의 독창적인 정신모형을 배양해 낸다. 리더십 임재 현상으로 인해 말투와 행동을 따라 하는 것은 어디까지나 부수적 현상에 불과하다. 핵심은 리더가 가진 정신모형의 플롯을 토양으로 구성원들도 자신만의 고유한 플롯을 길러내 진북을 찾아 여행을 떠나는 삶을 시작한다는 점이다.

　　결국 인생은 외부의 기운인 운(運)과 사명의 스토리인 명(命)과의 싸움터라고 할 수 있다. 운의 기운이 더 강할 때 삶은 남들의 삶을 베껴 쓴 무정형적인 에피소드로 채워진다. 반대로 명의 힘이 더 강할 때는 자신의 운명을 스스로 통제하는 삶의 스토리로 삶을 채울 수 있다. 진성리더의 삶은 내면의 명령인 命을 따르는 삶이다. 특히 사회적 카리스마를 가진 리더는 많은 사람을 감동시킬 수 있는 명의 이야기를 가지고, 공동체를 위해 신성한 차이를 만들어가게 된다.

## 신성한 차이

사람들의 성장과 발전은 결국 서로가 상대의 차이를 얼마나 소중하게 여기는지에 달려 있다고 보아도 과언이 아닐 것이다. 결국 리더는 누구보다 차이를 사랑하고 스스로도 남들이 본받을 수 있는 신성한 차이를 만드는 사람들이다. 차이를 길들여 신성한 차이를 만들어나가는 리더로 거듭나는 과정은 다음과 같이 3단계로 정리할 수 있다

1단계, 토론이나 일상적인 대화에서 타인이 나와 다른 생각을 말한다고 해서 이를 관계의 선호 측면으로 받아들이지 않는다. '저 사람이 나를 싫어해서 일부러 나와 다른 생각을 이야기한다'는 식으로 받아들이는 사람이 많은데, 이런 잘못된 믿음에서 자신을 해방시켜야 차이를 통한 학습과 성장이 가능하다. 즉, '인격적 판단'과 '생각의 차이'를 구별할 수 있어야 한다. 비슷하거나 유사하다는 것은 과거의 패턴을 재생하는 것이기 때문에 심리적인 안정감을 주기는 하지만 여기에 오랫동안 안주하고 있을 때 이 심리적 안정감은 자신도 모르는 사이 스스로를 가두는 정신적 감옥이 된다.

2단계, 차이를 두려워하지 않고 오히려 즐기며 이를 통해 실제로 학습에 몰입한다. 차이를 인정하고 받아들여 내면에서 차이를 서로 통합할 수 있는 안목이 큰 학습의 근간이 된다. 즉, 큰 학습의 동력은 바로 차이에 대한 인정으로부터 시작된다. 누구를 만나든 눈과 귀는 '오늘 이 사람을 통해서 어떤 새로운 이야기를 듣고 배울 수 있을까?' 하는 호기심으로 가득해야 하고, 그러려면 의식적으로 정신모형의 스위치를 Ⅰ에서 Ⅱ로 돌려야 한다. 다른 사람과의 차이를 자신의 세계관에 포함시킬 수 있을 때 비로소 세상을 보다 포괄적으로 보는 안목이 길러지기 때문이다. 만약 지금까지 100개의 엔지니어링 과목을 수강한 엔지니어가 있다면 101번째의 엔지니어링 과목을 듣기보다는 예술대학에 가서 재즈 수업을 수강하는 것이 차이를 통한 배움을 극대화할 수 있는 길이다.

3단계, 차이를 수용하고 학습하는 것을 넘어 다른 사람들에게 학습의 원천이 되는 '신성한 차이'를 만들어내야 한다. 차이를 통합하는 원동력은 사명이다. 사명을 메신저로 차이를 통합해 다른 사람으로부터 벤치마킹의 대상이 될 수 있는 신성한 차이를 만들 수 있어야 비로소 리더라고 부를 수 있다. 리더란 사명을 통해 차이로 만들어진 세상의 협곡들을 이어주고, 이 토대 위에서 세상을 위해 신성한 차이를 만들어 이를 습관화시키는 사람이라고 할 수 있다. 이들이 존재하기 때문에 세상을 다양한 시각으로 바라볼 수 있고 더 깊이 다른 사람을 사랑하며 보다 새로운 통찰력을 가지고 사물을 이해할 수 있게 된다.

# 4

실천(實薦):

진성리더의 실천력

# 15  사명으로 일을 점령하다
──── 진성리더의 리더십 지도

> 개인의 재능은 한 게임을 이기게 할 수 있는 반면
> 팀워크는 전 선수들에게 챔피언십을 선사한다.
> _ 마이클 조던

## 일하는 기계와 몽상가를 넘어

팀을 운영하는 데 있어서 중요한 것은 리더가 '어떤 사명의 리더십 지도를 가졌는가'이다. 팀리더의 리더십 지도를 팀원들이 받아들이면 팀리더의 정신모형이 곧 팀의 정신모형이 된다. 팀의 정신모형은 팀원들이 팀의 현재 상태를 성찰해 차이를 파악하는 거울이 된다. 이 거울을 이용해 성찰하는 과정이 팀의 자기인식이고, 파악한 차이를 줄이는 프로젝트를 진행해 팀 정신모형에 따라 성장하는 과정이 팀의 자기규율이다. 또한 팀의 정신모형을 만들거나 이에 따라서 성장해 가는 과정에서 팀을 후원하는 사람들의 입장을 잘 반영하는 것이 관계적 투명성이라고 할 수 있다. 진성팀 리더들이 팀을 운영할 때 지침이 되는 리더십 지도는 사명이 명확해야 한다. 그래야 무조건 시키는 일만 수행하는 관리자와 매일 꿈만 꾸는 몽상가를 넘어 팀의 장기적 성과와 단기적 업적을 동시에 달성하는 고성과 팀의 리더가 될 수 있다.

## 게임의 주도자, 진성팀

팀의 정신모형은 팀에 발생한 모든 문제를 해결하는 해답의 원천이다. 또한 팀에서 일어나는 모든 일에 대한 정당성의 근원이다. 리더가 팀을 이끌 때 정신모형에 토대를 두지 않거나 명확한 정신모형을 가지고 있지 않으면 팀 성과는 운에 좌우된다. 당연히 성과가 나더라도 일회적인 것에 불과하다. 다시 말해 정신모형에 기반을 두지 못한 성과는 밑 빠진 독에 물을 붓는 격이 되어 장기적 성과로 이어지지 못한다.

팀리더의 리더십 지도인 팀 정신모형은 조직의 정신모형으로부터 도출된다. 이 정신모형은 팀의 후원자인 회사, 다른 팀과 관리자, 고객, 팀원들의 입장에서 정당성이 재점검되어야 한다. 정당성에 대한 검토가 끝나면 팀의 정신모형을 구현할 과제와 성과지표를 도출한다. 마지막으로 이 과제의 성공과 실패를 평가해 보상과 연동시키는 전략적 HRM을 설계해야 한다. 이처럼 회사의 정신모형에서 팀의 정신모형이 도출되고 이로부터 팀의 HRM까지 정렬시켜서 체계적으로 관리하는 것이 '목적관리'이다. 목적관리의 생명은 팀 정신모형과의 정렬이다. 목적관리와 달리 그저 할당된 과제에 대해 성공과 실패를 미시적으로 관리하는 시스템은 '목표관리'이다. 팀리더의 리더십 지도는 팀원들이 현재의 상황을 성찰해 자신들의 사명과의 차이를 인식하고 이를 메우는 실천을 통해 성장을 주도하는 목적관리 전 과정을 인도한다.

다른 모든 정신모형과 마찬가지로 팀의 정신모형도 팀의 사명, 비전, 가치가 핵심요소이다. 이 구성 요소들 중 핵심인 팀의 사명은 팀의 존재이유를 밝힌 것이다. 이는 팀이 길을 잃었을 때 북두칠성과 같은 길잡이 역할을 하고, 그 팀만이 해낼 수 있는 고유한 과제를 이끌어내 팀원들에게 자부심을 부여한다. 비전은 팀이 성장한 미래의 모습으로, 열정과 에너지의 원천이 된다. 팀의 가치는 팀의 미래를 결정하는 의사결정에 가이드라인을 제공하여 불확실성을 해소해준다.

팀의 사명은 조직 전체의 사명을 따를 수도 있고, 조직 전체의 사명을 플랫폼으로 하여 새롭게 만들어나갈 수도 있다. 이와는 달리 비전은 조직의 비전으로부터 연역해 팀 고유의 비전으로 정립할 수 있다. 어떤 경우든 중요한 것은 조직의 정신모형과 잘 정렬이 되어 있어야 한다는 점이다. 팀과 조직의 사명, 비전, 가치가 제대로 정렬이 되어 있지 않으면 암묵적으로 충돌이 일어나고, 다른 팀을 협력자가 아닌 경쟁자로 인식하게 된다. 즉, 팀 간의 협력을 통해 조직의 성과를 낳는 데 어려움이 생긴다. 팀과 조직에서 경험하는 모든 업무 처리 과

정상의 손실은 여기에서 시작된다. 팀 정신모형의 자율성을 충분히 인정한다 하더라도 팀의 정신모형은 결국 조직의 정신모형을 달성하는 수단이다. 항상 조직의 정신모형을 유산으로 삼아 팀의 정신모형을 정렬시켜야 한다.

설정된 팀 정신모형은 그것이 팀의 후원자에게 관계적 진실성을 가지고 균형 있는 가치를 전달하고 있는지 평가받아야 한다. 대부분의 팀 정신모형은 경영진에게 전달되는 '성과'와 고객들에게 전달되는 '가치'만을 강조하는 바람에 팀원들의 성장 문제와 팀 운영자들의 리더십이 간과되는 경우가 많다.

관계적 투명성을 기반으로 이들에게 전달될 수 있는 가치의 선순환이 무시되면, 팀은 황금알을 낳는 거위의 배를 가르는 우를 범하게 된다. 성과(황금알)를 낳기 위해서는 그 성과를 산출하는 건강한 시스템(거위)이 구축되어 있어야 한다. 이 시스템의 역할을 무시하고 구성원들에게 거위의 배를 갈라서라도 황금알을 가져오라고 강요하는 팀 리더는 결국 후원자들에 대한 관계적 진실성을 무시하는 것이다.


## 프로팀의 지도, 황금라인

팀의 정신모형이 조직의 정신모형과 정렬되어 있는지, 모든 후원자들의 관점에서 관계적 투명성을 가지고 균형 있게 만들어졌는지 점검되었다면 이를 팀의 현 상태 성찰에 이용할 수 있다. 정신모형에서 구현하고자 하는 팀의 모습과 현재 팀의 차이를 성찰을 통해 파악할 수 있다. 이 차이를 메울 수 있는 팀 프로젝트를 설정하고 달성하고자 하는 것이 팀의 자기규율 과정으로, 팀의 정신모형을 검증하는 과정이기도 하다. 이 검증을 통해서 팀 정신모형에 담긴 사명, 가치, 비전이 생명을 얻는 순간, 팀 정신모형은 믿음의 근육을 얻어서 탄탄해지고 향후 팀원들의 과제를 실질적으로 가이드하게 된다.

자기규율 과제는 선도과제(Leading Task)와 후발과제(Lagging Task)로 나뉜다. 선도과제는 정신모형 II를 검증하는 프로젝트이며, 후발과제는 정신모형 I을 유지하는 프로젝트라고 할 수 있다. 선도과제는 팀 정신모형에 한 걸음 다가갈 수 있는 핵심전략과제(CSF-Critical Success Factor)를 분석해 설정할 수 있다. 이것들은 대체로 팀의 사명에 다가가기 위한 핵심역량을 키우는 데 초점을 둔다.

핵심적인 선도과제와 후발과제가 정해졌으면 이 과제들의 성공과 실패를 관리할 수 있는 체계가 필요하다. 과제의 성공과 실패를 측정할 때 KPI(Key Performance Indicator)가 많이 사용된다. 이 잣대에 따라 성공의 목표수준과 달성시점이 정해져야만 성공과 실패 여부, 보상, 보완해야 할 점에 대한 평가 등이 이루어질 수 있다.

많은 팀리더들은 회사에서 전략과제와 성과지표를 정해서 할당해 주면 달성 목표를 팀원들과 함께 정하고 세부 과제를 팀원들에게 할당한다. 그리고 어느 시점이 되면 달성 정도를 서로 확인하는 목표관리(MBO-Management By Objective)에 치중한다. 그러나 진성팀 리더들은 이와 같은 목표관리 중심의 미시적 성과관리를 넘어 팀 성장이 팀과 조직의 사명 달성에 어떤 의미인지를 끊임없이 각인시킨다. 과제에 대한 심리적 소유 의식을 높이기 위해 회사의 일반적 가이드라인을 준수해가며 전략과제와 성과지표를 팀원들과 직접 설정한다. 또한 이것이 팀의 사명을 달성하는 데 어떤 공헌을 할 수 있는지, 팀의 사명을 달성하는 것이 조직의 사명 달성에 어떤 공헌을 하고 있는지 끊임없이 설파하고 각인시킨다. 즉, 진성팀 리더는 목적관리(MBP-Management By Purpose)라는 큰 그림 아래에 목표관리를 정렬시키는 것을 주 임무로 삼는다.

최근 인사관리의 모든 측면들에 대한 자율성이 팀으로 이양되는 추세이다. 즉, 팀원의 선발과 훈련, 평가 및 보상, 유지 등 모든 문제의 권한이 팀으로 이양된 것이다. 이때 인사관리도 팀 정신모형에서 도출된 핵심과제와 이의 성패를 가늠하는 기준들과 조율되어야 한다. 팀의 핵심 인재에 대한 선발, 운용, 평가도 팀의 핵심과제를 성공적으로 이끌어 팀 정신모형을 구현할 수 있는지가 중점이 되어야 한다. 팀의 핵심 인재는 단지 외부시장에서 몸값이 높은 사람을 의미하는 것이 아니다. 시장가격으로써의 '역량'과 팀 정신모형에 헌신하는 '몰입'이라는 두 축에서 공히 높은 평가를 받은 사람을 핵심 인재로 정의하고 선발해야 한다. 이런 맥락에서 팀리더는 팀의 핵심 과업을 통해 팀 정신모형을 구현하는 데 공헌한 사람들을 공정하게 평가, 보상, 유지할 수 있어야 하고 여기서 차이를 보이는 팀원들을 집중적으로 코칭할 의무가 있다.

한마디로 팀의 설계와 운영에 관한 모든 것이 결국은 팀 정신모형을 기반으로 평가되고 달성된다. 팀의 리더십 지도를 구성하는 요소들이 잘 정렬되어 있는 팀만이 지속적인 성과를 내는 고성과 팀으로 거듭나 진성팀이 된다. 진성팀에서는 정신모형과의 정렬이 생명이고, 잘 정렬된 라인을 '황금라인'이라고 한다. 황금라인은 목적관리와 목표관리를 정렬해주는 라인이자 정신모형과 이를 구현하는 전략과제, 핵심 인재 시스템, 인적자원관리 시스템을 정렬해주는 라인이다. 이 요소들 간의 연계성이 떨어질 경우, 팀리더는 리더십 지도를 다시 조정해야 한다.

리더십 인사이트
## 리더는 돈만을 좇지 않는다

패스트푸드 레스토랑 업계의 부동의 강자 맥도날드는 1990년대 후반과 2000년대 초반, 내외적으로 몰아친 위기에 몰려 서서히 고사당하고 있었다. 1990년대의 글로벌 경제에서의 호황이 서서히 퇴조하기 시작했고 설상가상으로 부시의 '테러와의 전쟁' 선포와 이라크 침공은 반미 정서에 불을 붙였다. 미국을 등에 업고 글로벌 사업에 치중하던 맥도날드에게 글로벌 환경의 변화는 그 자체로 큰 이슈였다. 이와 동시에 영국과 캐나다에서 발병한 광우병은 쇠고기를 주재료로 삼고 있는 맥도날드에게 치명적이었다.

고객들의 취향도 변하기 시작했다. 해피밀이나 빅맥과 같은 값싼 고칼로리 음식에서 건강과 다이어트를 생각한 저칼로리 음식으로 선호가 바뀌고 있었다. 맥도날드는 고객들의 변화를 재빠르게 간파한 경쟁 패스트푸드 업체들에게 고객을 빼앗기기 시작했다. 비슷한 시점에 다큐멘터리 제작자인 모건 스펄록이 한 달간 맥도날드의 슈퍼 사이즈 메뉴로 세 끼 식사를 해결해가며 몸의 변화를 찍은 다큐멘터리 영화 '슈퍼 사이즈 미(Super Size Me)'가 방영되면서 몇몇 초등학교의 부모들이 맥도날드가 아이들 비만의 주범이라고 제소하는 사건이 벌어졌다. 맥도날드 직원들의 사기는 땅에 떨어져 미국에서 고객 서비스가 안 좋기로 악명 높은 미 국세청보다 더 낮아졌다. 그야말로 총체적 난국이었다.

이와 같은 일련의 환경 변화에 대한 맥도날드의 CEO를 비롯한 경영진의 대응전략은 '비커 안의 개구리'와 같은 점진적 죽음이었다. 개구리는 변온동물이라 비교적 환경 변화에 능숙하지만, 개구리를 비커 안에 넣고 온도를 10도씩 서서히 올리면 개구리는 변화에 적응했다는 착각 때문에 비커 밖으로 뛰쳐나오지 못하고 서서히 죽게 된다. 맥도날드도 비슷한 과정을 겪고 있었다.

당시 CEO였던 그린버그는 맥도날드가 삶아져 죽어가는 개구리 신세로 전락하고 있다는 사실을 인정하지 않았다. 사업은 수치상 여전히 이익을 내고 있었고, 이러한 낙관론에 기대어 고객의 요구를 철저히 외면했다. 창업자 때부터 맥도날드의 강점이었던 빠른 서비스와 깨끗한 매장, 질 좋은 메뉴에 대한 개념은 서서히 퇴조하고 돈벌이가 되는 사업에 집중하기 시작했다. 질 좋은 메뉴의 개발보다는 프랜차이즈 매장의 임대 수익이 더 쏠쏠하다는 것을 알고 매장을 매입해서 임대해주는 사업을 확장해갔다. 그린버그의 사업 전략은 창업자 때부터 강조되어온 '고객에게 더 좋은 메뉴를 제공해서 고객을 행복하게 만들면 돈은 저절로

따라오게 마련이다. 돈이 따라오도록 사업을 해야 한다'는 미션과 전면
으로 배치되는 것이었다. 걷잡을 수 없이 궤도를 이탈하기 시작한 맥도
날드는 2003년 역사상 최초의 영업손실을 기록했고, 그린버그는 CEO
자리에서 퇴출된다.

2003년 그린버그의 뒤를 이어 CEO가 된 짐 캔달루포는 1998년 그린버
그와의 CEO 경쟁에서 밀려나 회사에서 퇴직한 상태였다. 경쟁에서 물
러난 사람을 다시 불러들여 CEO의 자리에 앉힌 것은 역사적 사건이었
다. 맥도날드를 뼛속 깊이 아는 사람이니 맥도날드의 전통적 강점들을
되살려 원래의 궤도로 돌려달라는 이사회의 기대가 깔려 있었다.

캔달루포가 맥도날드를 회생시키기 위해서 선포한 원칙은 아주 간단하
다. '근본으로 돌아가서 생각하고 생각한 것은 반드시 몸으로 실천한다'
라는 원칙이다. 그는 〈이기는 계획〉이라는 한 장짜리 전략 기획서에 근
본으로 돌아가기 위한 실천 계획을 담았다. 창업자가 강조한 '돈을 따라
다니는 비즈니스가 아니라 돈이 따라오게 하는 비즈니스'로 되돌아가
기 위해 무엇을 해야 하는지를 전 직원들과 공유했다. 어떤 일이 있어도
맥도날드의 장점이었던 '깨끗한 매장, 빠른 서비스, 따뜻한 음식'이라는
기본을 지킬 것을 지시했다. 죽는 날까지 반드시 사수할 것들이 분명해
지자 나머지는 급진적으로 변화시킬 수 있는 안목이 생겼다. 캔달루포
가 급진적 혁신의 대상으로 삼은 것은 고객 서비스의 개념이었다. 건강
한 메뉴와 건강한 서비스를 강화하여 고객들이 맥도날드를 사랑할 수
밖에 없도록 만든다는 계획을 세우고 이를 앞장서서 실천해나갔다. 건
강한 메뉴를 만들기 위해 샐러드 라인을 지속적으로 개발해 제공하였

고, 건강한 고객서비스를 위해 하루도 빠지지 않고 매장을 돌며 서비스의 수준을 점검하고 피드백을 제공했다. 신세대 직원들과의 소통을 위해 온라인 네트워크를 집중적으로 이용하였고, 특히 매장 직원들과 소통의 끈을 놓지 않으려고 최대한 노력했다.

2004년 4월 19일 심장마비로 갑자기 사망하기까지, 짧은 재임기간 동안 캔달루포는 맥도날드를 완벽하게 기사회생시키는 것을 넘어 두 자리 수의 매출 성장을 주도했고 주가도 두 배로 키웠다. 고객 가치에 대한 캔달루포의 철학은 오늘날까지 맥도날드에 이어져 고객들이 스타벅스에서 긴 줄을 서가며 커피를 기다리는 대신 비슷한 고급 커피를 싼 가격에 기다리지 않고 맥도날드에서 마실 수 있게 해주었다.

# 16 머리에서 가슴까지 18인치
_____ 진성리더의 실천 전략

신의 책상 위에는 이런 글이 쓰여 있습니다.
'네가 만일 불행하다 말하고 다닌다면
불행이 정말 어떤 것인지 보여주겠다.
또한 네가 만일 행복하다 말하고 다닌다면
행복이 정말 어떤 것인지 보여주겠다.'
_버니 S. 시겔《내 마음에도 운동이 필요해》(해냄, 2006) 中


## 무엇을 원하고 있는가

진성팀 리더는 문제가 생길 때마다 자신이 설파한 팀 정신모형을 성찰의 도구로 삼아 원인을 파악하고 대안을 선택해 집행한다. 진성팀 리더가 정신모형을 기반으로 한 성찰을 통해 리더십의 다양한 문제를 해결할수록 팀 정신모형의 구성 요소들은 생명력을 얻고, 정신모형의 근육은 더 단단해진다. 바로 팀의 자기규율을 통해 정신모형을 검증하는 것이다.

팀의 자기규율 과정 중 '동기관리'는 목적 또는 목표와 현재 상태의 차이를 파악해 이를 줄여나가기 위해 다양한 대안을 설정하고 실천하는 과정이다. 동기관리에서 가장 중요한 것은 도달해야 할 목표와 현재의 상태를 명확히 정의하는 일이다. 미래에 도달해야 할 지점과 현재 상태가 정확하게 파악되어야 자신에게 발전이 필요함을 인식하고 동기부여를 할 수 있다.

진성팀 리더에 의한 동기관리는 팀 정신모형Ⅱ를 명확히 하여 팀 정신모형Ⅰ과의 차이를 창출하는 일이다. 즉, 자신과 팀원들의 마음에 열정과 자부심의 발전소를 구축하는 것이다. 팀 정신모형Ⅱ의 구성 요소인 사명, 비전, 가치는 열정과 자부심의 발전소에서 독특한 역할을 한다. 학창시절 박지성은 10년 후 프리미어리그에서 뛰는 자신의 모습을 상상하면서 연습에 전념했다고 한다. 이때의 열정이 바로 비전의 힘이다. 이와 달리 사명은 현재 하고 있는 일의 신성한 의미를 깨달아 소명의식을 갖게 한다. 앞서 세 석공의 우화에서도 본 바와 같이 같은 일을 해도 먹고 살기 위한 노동이라고 여길 수도 있고, 신을 모실 사당을 짓는 의미 있는 일이라고 여길 수도 있다. 이처럼 현재 하는 일을 통해 달성하려는 궁극적인 목적을 설명할 수 있을 때 그 일에 신성한 의미를 부여할 수 있다. 가치는 수많은 일들 중 비전과 목적을 달성하는 신성한 일을 구분하여 집중할 수 있게 해준다. 물이 여기저기 흩어지지 않고 바다로 흘러갈 수 있게 해주는 강둑과 같은 역할을 하는 것이다. 가치와 사명은 자부심의 원천이 되고, 비전은 열정의 원천이 된다.

팀 과제는 목적지인 팀 정신모형에 도달하는 데 있어 중요한 수단이다. 진성리더는 이 점이 구성원들의 마음속에 자리 잡도록 항상 설파해야 하고, 이때 비로소 그들의 마음에 튼튼한 열정의 발전소가 건설된다. 정신모형이 학습과 성장 욕구를 자극해 동기의 원천이 되는 것이다.

학습을 통해 성장할 수 있을 때 사람들에게서 가장 순수한 열정의 에너지가 분출된다는 것은 동서고금을 막론하고 잘 알려진 원리이다. 공자는 '학이시습지 불역열호(學而時習之 不亦悅乎)'라는 말로 배우고 성장하는 기쁨을 표현했다. 서양에서는 이와 같은 즐거움을 '외재적 동기'와 구별해 '내재적 동기'라 한다. 외재적 동기는 일의 결과나 조건 등에서 얻는 동기를 말한다. 하지만 외재적 동기는 내재적 동기 없이는 제대로 작동할 수 없다. 많은 사람들은 외재적 동기만을 위해서도 일할 수 있다고 착각한다. 하지만 인센티브나 승진과 같은 외재적 동기 요인은 극약처방이 필요할 때만 효과적일 뿐 일반적 상황에서는 '톱니바퀴 효과'를 일으킨다. 톱니바퀴 효과란 톱니바퀴가 한쪽으로만 돌아가는 현상을 비유한 것이다. 많은 인센티브를 받거나 승진을 하면 이로 인해 생겨난 동기는 며칠을 넘기지 못한다. 어느 시점이 되면 인센티브를 당연한 것으로 여기고 다음에는 더 많은 것을 기대하게 된다. 기대가 커진 만큼 충족되지 못했을 때 실망도 커진다. 톱니바퀴처럼 한쪽 방향으로 기대 수준이 높아지면, 조직이 이런 기대를 충족시키기 위해서는 더 많은 자원을 동원해야만 한다.

진성리더는 외재적 동기가 내재적 동기를 따라오도록 하는 선순환 메커니즘을 구축해야 한다. 내재적 동기의 메커니즘은 팀의 목적지인 정신모형 II에 집중되어 있을 때 극대화되기 때문에, 이로 인한 결과물로서 외재적 보상이 자연스럽게 따라올 수 있어야 한다.

팀의 임파워먼트 메커니즘도 마찬가지다. 팀의 임파워먼트란 팀의 역량과 자율성을 극대화함으로써 팀원들이 일에 대한 의미를 느껴 일을 통해 조직과 팀의 가치를 구현하려 하고, 자신을 스스로 통제하며, 자신감이 증진된 상태를 이야기한다. 이 같은 상태의 가이드라인이 팀 정신모형Ⅱ다. 명확한 팀 정신모형으로 팀을 이끌면 구성원들은 자신들의 정신모형에 대한 믿음에 따라 자신의 운명이 결정되고 있다는 느낌을 받게 된다. 자신의 운명을 스스로 통제하고 있다는 느낌이 임파워먼트의 핵심이다. 또한 정신모형의 사명, 비전, 가치는 과제에 의미를 부여해 과제에 몰입하는 자세에 영향을 미친다. 이에 대한 실질적 달성은 조직과 팀이 원하는 가치를 실질적으로 구현하는 토대가 되어준다. 이 모든 과정은 조건적 자신감을 넘어 무조건적 자신감의 원천이 된다. 정신모형의 가이드라인이 없는 임파워먼트의 프로그램은 조직 구조에서 권한위양의 범위를 넓혀주지만 이는 준비가 되지 않은 사람들에게 오히려 부담만 가중시키게 된다.

## 최고의 동기는 성장경험

〈하버드 비즈니스 리뷰〉 2010년 1월 호에는 상사와 부하들의 동기에 대한 견해 차이를 연구한 애머빌과 크레이머의 연구 결과가 실렸다. 그들은 600명에 이르는, 다양한 회사의 관리자들에게 '부하들의 동기를 높이는 가장 중요한 요인의 순서를 정하라'는 설문을 돌렸다. 그리고 부하들의 일기 12,000여 건을 분석해 둘을 비교했는데, 결과는 서로 정반대에 가까웠다. 상사는 자신들이 인정해줄 때, 인센티브를 제공했을 때, 동료들과 협업을 할 때, 일에 진전을 보았을 때의 순서로 부하들의 동기가 높아졌다고 대답했다. 반면 부하들은 약 76%가 자신에게 최고의 날을 만들어준 경험은 상사의 지지가 부족했던 일에서 자신이 큰 진전을 보았던 날이라고 답했다. 2위로는 동료와의 협업(53%)을 꼽았다. 필자가 한국 기업과 종업원들을 대상으로 한 비공식적 조사에서도 비슷한 결과가 나왔다.

상사들이 자신이 성과를 인정해줄 때 부하들이 가장 높은 동기 수준을 보인다고 대답한 것은 실제로 그렇게 보였기 때문일 것이다. 하지만 그렇게 보였더라도 실상은 다르다. 직원들은 자신이 하고 싶은 도전적인 일에서 진전을 봤을 때 큰 만족을 느낀다고 했는데, 상사 입장에서 당연히 그 진전에 대해 칭찬을 해주었을 것이다. 이미 칭찬과 인정을 받기 전부터 부하는 만족감에 동기 수준이 높아져 있는데, 상사는 이를 자신의 인정 때문에 부하들이 고무된 것이라 착각하는 것뿐이다. 물론 상사의 인정과 칭찬 역시 부하들을 고무하겠지만, 그것은 부수적인 요소일 뿐이다. 동기의 가장 큰 원천은 자신의 성장경험인 것이다.

성장경험이 동기를 얼마나 극대화시킬 수 있는지는 간단한 상상적 실험으로도 알아볼 수 있다. 만약 지금 다니고 있는 회사에서 5년이 지난 후의 내 모습이 지금과 별반 다를 게 없다고 상상해보라. 아마도 회사에 나가고 싶은 생각이 싹 사라져버릴 것이다. 그나마 존재했던 마음속 열정의 불씨까지 사그라질 수도 있다.

부하들이 최고의 동기 상태를 느끼게 하기 위해 상사가 해야 할 일은 인센티브를 잔뜩 주는 것이 아니다. 부하들이 도전하고 싶어 하는 과제를 목표로 설정하도록 도와주는 것, 부하들이 일의 진전을 이뤄나가는 데 생길 수 있는 걸림돌을 없애주는 것, 그리고 일이 잘될 수 있도록 심리적·물리적 지원을 하는 것이다.


## 토끼와 오리

다음 그림은 비트겐슈타인이 언어의 문화적 분석에 사용한 토끼와 오리 그림이다. 같은 그림이지만 어떤 사람들에게는 오리로 보일 수 있고 어떤 사람들에게는 토끼로 보일 수 있다. 이런 차이가 생기는 원인은 무엇일까? 사람들은 세상을 보고 이해하는 데 눈이나 오감만을 이용하는 것이 아니라 믿음으로 변환된 정신모형의 이론적 가정을 통해 프레이밍하기 때문이다.

〈그림8〉 토끼와 오리

상상을 해보자. 갑 집단은 오리나라에서 온 사람들로, 지금까지 살면서 토끼를 본 적이 없다. 반면 을 집단은 토끼나라에서 온 사람들로, 평생 오리를 본 적이 없다. 갑 집단과 을 집단 사람들이 이 그림을 놓고 갑론을박을 벌이고 있다고 상상해보자. 이들 사이의 논쟁은 결코 해결을 볼 수 없을 것이다. 갑 집단 사람들은 이 그림을 오리로만 인식하지 토끼로는 인식하지 못한다. 을 집단 사람들은 그 반대일 것이다.

똑같은 그림을 보고도 이와 같이 다른 결론을 내리는 것은 이들의 정신모형 지도 속에 오리나 토끼 중 하나만 있어서 그것으로만 대상을 프레이밍해서 보기 때문이다. 결국 소통에서의 오류나 오해도 궁극적으로는 서로 다른 정신모형이 충돌하는 현상이다.

진성팀 리더는 공유된 팀 정신모형을 이용해 이와 같은 충돌을 해결한다. 팀원들 간 소통의 오류를 정신모형의 충돌이라 규정할 때, 가장 중요한 것은 팀원들이 같은 정신모형을 내재화하고 있는지의 문제이다. 팀의 정신모형이 명확하고 구성원들이 이를 내재화하고 있다면 소통 문제의 80~90%는 해결된다. 반대로 팀리더가 팀을 대표할 수 있는 정신모형을 가지고 있지 않을 경우는 모든 것이 소통 오류의 소지가 된다. 또한 조그마한 정보라 하더라도 이를 팀 구성원에게 전달하기 위해 많은 비용을 치러야 한다.

구체적으로 팀리더가 공유된 정신모형으로 소통 오류를 어떻게 바로잡을 수 있는지 생각해보자. 팀리더가 팀 정신모형을 평소 언행으로 철저하게 실천해왔다면 구성원들은 리더의 모든 메시지를 신뢰

한다. 심지어 팥으로 메주를 쑨다고 해도 믿을 것이다. 그러나 평소 팀리더가 팀을 이끌 만한 정신모형을 가지지 못한 상태에서 리더십을 행사했다면 상황에 따라 다른 언행을 했을 가능성이 높다. 이런 경우 구성원들은 항상 숨겨져 있는 메시지를 파악하기 위해 많은 시간을 쏟아야 한다. 이때 팀의 모든 활동에는 치명적 노이즈가 개입하기 시작한다. 팀리더도 상황에 따라 자신의 언행을 달리하는 경우가 생기게 되고 이는 리더에 대한 신뢰감에 치명적 손상을 가한다. 양치기 소년의 이야기를 떠올리면 이해가 쉬울 것이다.

신뢰를 잃어버린 리더는 아무리 강력한 소통 기법을 연마해도 자신이 전하고자 하는 메시지를 전달할 수 없다. 리더의 생명은 팀 정신모형의 리더십 지도에 기반을 두고 스토리를 일관되게 전달하는 것이다. 신뢰를 잃어버린 리더에게 커뮤니케이션 기법은 아무 도움이 되지 못한다.

팀의 정신모형이 내재화되지 않은 상태에서 팀리더는 팀원들에게 '너는'으로 시작하는 'You Message'를 많이 쓸 수밖에 없다. 자신의 개인적 정신모형을 팀원들에게 강요하는 과정에서 나타나는 행동이다. You Message는 많은 갈등과 오해를 야기한다. 상대에게는 자신의 정신모형만이 옳다고 간주하고 강요하는 것으로 들리기 때문이다. 그렇지만 팀의 정신모형이 공유된 상태라면 상황은 달라진다. 이런 경우 구성원들은 공유된 정신모형을 위해 각자의 영역에서 자유롭게 공헌할 것이 요구되기 때문에 상대의 입장을 최대한 존중해주는 분위기가 생긴다. 따라서 아무리 리더라도 상대를 존중하는 메시지의 전달방식인 'I Message'를 많이 사용해야 한다. '내가 보기에는, 내가 느끼기에는, 내 생각에는'과 같이 '나는'으로 시작하는 I Message는 나와 너 사이에 차이가 있을 수 있다는 것을 전제로 대화하는 방식이다.

설사 팀리더가 비언어적 메시지를 사용하거나 불완전한 메시지를 보내도, 팀리더의 정신모형이 팀의 정신모형으로 정착된 상황에서는 아무런 문제가 되지 않는다. 팀원들은 팀 정신모형의 입장에서 어떤 불완전하고 비언어적인 메시지도 해석해낼 수 있기 때문이다.

메시지의 필터링에 있어서도 명확히 공유된 정신모형이 구성원들의 마음속에 심어져 있을 경우는 문제가 되지 않는다. 필터링은 화자와 청자가 서로 다른 정신모형을 가지고 정보를 수집하고 해석할 때 생기는 현상이기 때문이다. 팀 정신모형이 정착된 경우에는 굳이 말을 하지 않아도 팀 구성원들은 이심전심으로 리더의 행동과 말을 정확하게 이해하고 전달할 수 있다.

정신모형의 공유는 같이 춤을 출 수 있는 악보와 음악을 공유하고 있는 것과 마찬가지다. 화자인 리더와 청자인 구성원들은 같은 악보에 맞춰 춤을 추고 있기 때문에 서로 스텝이 엉킬 일이 없다. 정신모형은 서로의 마음을 읽어 공명을 일으키게 해준다. 공명이 일어나지 않은 일방적 커뮤니케이션은 팀원들의 머릿속에서는 기억될지 몰라도 이들의 자발적 행동을 유발할 수는 없다. 이런 점에서 팀리더가 자신의 팀을 이끌 정신모형의 지도도 없이 리더십을 행사하는 것은 어려울 뿐 아니라 위험하기까지 하다.

팀리더는 팀원들이 정신모형을 공유할 수 있도록 최선을 다하는 것이 중요하다. 정신모형을 팀 구성원들에게 전파할 때 대면 대화의 방법을 많이 사용해야 한다. 흔히 조직의 리더가 조직의 정신모형을 확립해 연초 행사 때 공식화하여 선포한 후 그걸로 끝이라고 여기는 경우가 많다. 그러나 정신모형은 머리에 기억되는 것만으로는 효과를 발휘하지 못한다. 마음에 심어질 수 있어야 구성원들의 자발적 행동을 기대할 수 있다. 소통에 능한 진성리더가 되려면 상대의 귀에다 말하기보다는 가슴에 대고 이야기하는 습관을 들여야 한다.

## 아프리카 오지 & 남미의 오지

두 팀원 중 한 명은 아프리카의 오지에, 한 명은 남미의 오지에서 팀의 프로젝트를 성사시키기 위해 일하고 있다고 상상해보자. 둘은 같은 팀이어서 의사결정 전에 충분한 조율이 필요한 상황인데 너무 오지에 있어 서로 커뮤니케이션할 수 있는 방법이 전혀 없다. 그런데 팀리더는 조만간 중요한 의사결정을 내려야 한다는 것을 알고도 무사태평이다. 어째서일까?

팀원들이 팀 정신모형을 깊이 내재화하고 있다면 가능한 일이다. 리더는 둘 사이에 어떠한 의사소통이 없다 하더라도 마치 오랫동안 조율한 것처럼 팀의 사명, 비전, 가치에 부합하는 동일한 의사결정을 할 것이라고 확신할 수 있다. 따라서 구성원들이 팀 정신모형을 자신이 일하는 방식으로 내재화하고 있다면 팀의 과제를 수행하는 데 필요한 비용은 대폭 감소한다. 이는 팀 정신모형이 둘 사이의 훌륭한 메신저 역할을 수행한 것이다.

의사결정은 어떤 목적을 달성하거나 문제를 해결하기 위해 가능한 대안들을 탐색해서 각 대안들의 기대치를 평가하고 선택·실행하는 과정이다. 해결해야 할 문제나 달성해야 할 과제를 정의하는 것이 의사결정의 첫걸음이다. 이 과정에서 팀의 정신모형은 문제를 어떻게 정의하고 과제를 어떻게 해석해야 하는지를 명확하게 해준다. 정신모형이라는 가이드라인이 존재하지 않는다면 남들이 어떻게 했는지에 눈을 돌릴 수밖에 없다. 이 과정에서 남들의 방식을 차용하다 보면 자신의 문제를 해결하기는커녕 오히려 왜곡하게 된다. 팀의 정신모형이 프레이밍하는 대로 과제의 목적이 정확하게 파악되면 이에 맞는 적절한 대안들을 설정하여 평가하는 것도 쉬워진다. 팀의 사명, 비전, 가치에 어떤 대안이 가장 크게 기여할 수 있는지를 기준으로 평가가 이루어지기 때문에 이견이 없다. 팀의 정신모형에 의해 가이드되지 않은 의사결정은 배를 산으로 보낼 가능성이 높지만, 비전과 사명과 가치에 의해 방향이 정확하게 결정되어 있다면 사공이 많더라도 배는 한 방향으로 일사불란하게 나갈 수 있다.

# 위기를 프레이밍하다

위기를 관리한다는 것은 자신만의 고유한 항해지도를 따라 항해를 하다가 거친 풍랑을 만나 죽음의 기로에서 사투하고 있을 때, 그 상황을 관리하는 행위라고 할 수 있다. 이런 위기상황의 공통점은 생사의 기로에 봉착해 있다는 점이다. 항해지도뿐만 아니라 다른 자원도 모두 잃어버려, 기존의 행동방식을 좌우하던 패러다임이 쓸모없는 것으로 전락해버린 것이다.

위기에 대응하는 방식은 조직에 따라 많은 차이가 있다. 1982년, 존슨 앤 존슨에 위기가 닥쳤다. 누군가가 진통제인 타이레놀 병에 시안화물을 넣어, 시카고 지역에서 7명의 사망자가 나온 사건이었다. 존슨 앤 존슨은 즉각 시카고 지역만이 아닌 전 미국 시장의 타이레놀을 회수했고, 전 국민에게 위험을 알렸다. 여기에 1억 달러의 비용과 2500명의 인력이 동원됐다. 이 사건이 발생하고 며칠 후 브리스틀마이어스도 유사한 사건을 겪었다. 덴버 지역에서 누군가가 브리스틀마이어스의 제품인 엑세드린(Excedrin)에 독극물을 넣었다. 이때 브리스틀마이어스는 존슨 앤 존슨과는 달리 콜로라도 지역에서만 약을 회수했고, 소비자들에게 경고도 하지 않았다.

정신모형을 통해 현실을 조명하는 것을 프레이밍이라고 하는데, 바로 이것이 위기의 순간에 진성리더십이 발휘하는 능력의 핵심이다. 프레이밍이란 리더가 주변의 상황을 의미 있게 해석할 수 있는 정신모형을 제시해, 무너져버린 '의미의 틀'을 복원하는 일이다. 다시 말해 새로운 정신모형을 기반으로 위기를 의미 있는 현실, 즉 상식적으로 이해가 가능한 현실로 재구성해나가는 것이다. 소방관들이 불을 끄다가 재난을 당하는 경우는 대체로 처음 겪어보는 위기상황에 당황한 나머지 제대로 프레이밍을 못하기 때문인 것으로 알려져 있다. 현실을 해석하는 기존의 패러다임들이 전혀 의미 없는 것으로 판명됐을 때 넋을 놓고 있다가 재난을 당하는 것이다. 하지만 나름대로 상황을 의미 있게 재구성하고 이를 기반으로 행동전략을 세울 수 있다면, 비록 재구성한 상황과 현실이 괴리가 있다 하더라도 생존해나갈 확률은 높아진다. 알프스 산맥에서 길을 잃은 수색대원들의 이야기도 프레이밍이 있다는 사실 자체가 위기를 극복하는 데 어떤 역할을 하는지를 보여준다. 비록 이들이 발견한 지도가 알프스 산맥의 지도가 아니라 피레네 산맥의 지도였다 하더라도 이를 알프스 산의 지도라고 믿는 순간, 행동을 취할 수 있는 정신모형과 프레이밍의 틀이 생긴 것이다.

위기는 한편으로 조직이 직면한 고난과 역경의 순간이지만, 다른 한편으로는 지금까지 지켜왔던 정신모형을 검증해 단단한 믿음체계로 만들 수 있는 절호의 기회이다. 존슨 앤 존슨은 타이레놀 위기가 닥치자 문제가 된 시카고 지역에서만 제품을 회수하라는 당국의 권유에도 불구하고 막대한 재정적 손해를 감수해가며 미국 전역에서 제품을 회수했다. 존슨 앤 존슨은 그 이유를 자신들의 정신모형인 크레도(Credo), 즉 그들의 신조 때문이라고 설명한다.

의사, 간호사, 병원, 어머니들 그리고 우리의 제품을 이용하는 모든 이들에 대해 최우선적으로 책임을 진다. 우리는 항상 최고 품질의 제품을 만들고 제품의 원가를 낮추기 위해 노력한다. 모든 주문은 신속히 처리되어야 한다. 우리의 물건을 취급하는 사람들은 정당한 이익을 얻어야 한다. 우리의 또 다른 책임은 우리가 살아가는 사회에 있다. 우리는 열심히 일하고 자비로우며 정당한 세금을 부담하는 선량한 시민이어야 한다. 우리는 사회 재산을 유지·관리해야 한다. 우리는 시민 계몽, 보건, 교육, 자치단체 활동에 참여해야 한다. 우리는 활동을 통해 사회와 함께해야 한다. 우리가 최선을 다해 이러한 규정을 완수할 수 있도록 언제나 신의 가호가 함께할 것이다.

이처럼 위기를 통해서 검증된 존슨 앤 존슨의 크레도는 이후 구성원들에게 단순한 약속이나 가정이 아닌 살아 있는 신념으로 전환되었다. 종업원뿐만 아니라 고객, 주주, 사회의 모든 구성원들은 이제 존슨 앤 존슨이 이 신조를 지킬 것임을 굳게 믿고 이 회사의 제품을 구입한다. 뿐만 아니라 이들의 신조는 경영대학원에서 차세대 경영자들이 반드시 수강해야 하는 윤리경영 과목을 정착시키는 데도 공헌하였다. 자신의 신조를 검증한 것을 넘어 많은 회사들에게 신성한 족적을 남긴 것이다. 이처럼 신조가 약속이나 가정을 넘어 신념으로 변화되는 것은 위기상황을 정신모형의 검증 기회로 이용한 것이라고 할 수 있다. 그런 점에서 위기야말로 회사들이 가지고 있는 정신모형을 검증할 수 있는 최고의 기회인 셈이다.

# 블루 오션을 향한 항해

블루 오션 전략(Blue Ocean Strategy)과 레드 오션 전략(Red Ocean Strategy)은 수년 전 인시아드(INSEAD)의 김위찬 교수가 자신의 저서 《블루 오션 전략》(교보문고, 2005)을 통해 유행시킨 개념이다. 레드 오션 전략은 기존의 학자들이 관례적으로 쓰는 전략적 패러다임을 상징하고 있다. 레드 오션이란 기존 시장에서 가격우위 정책 혹은 차별화 전략 등 경쟁사보다 강도 높은 전략을 사용하여 상대의 시장을 빼앗을 때 서로가 흘리게 되는 피를 은유화한 개념이다. 정해진 시장을 놓고 모두가 이와 같은 전략을 쓴다면 결국은 최강자만 살아남고 나머지는 서로 제 살 깎기 경쟁을 계속해가며 평생을 레드 오션에서 이류 혹은 삼류로 살 수밖에 없게 된다. 반면 블루 오션 전략은 정해진 시장에서 전략적으로 경쟁하는 것을 넘어 미지의 땅을 찾아나서는 전략이다. 남들이 개척하지 못한 시장을 먼저 찾아 전진기지를 구축하여 고지를 경쟁 없이 선점하는 전략이다.

정신모형Ⅰ의 지도에 의지해 경쟁과 단기 업적에 몰두하는 팀리더의 전략은 레드 오션 전략이다. 기존의 사고를 넘어 팀이 도달해야 할 정신모형Ⅱ를 설정하고 이를 찾아나서는 항해가 블루 오션을 향한 항해이다. 팀원 모두가 팀의 확고한 블루 오션, 즉 정신모형Ⅱ에 해당하는 그림을 가지고 있다면 어떻게 도달할 것인지는 더 이상 문제가 되지 않을 것이다. 예를 들어 김구 선생이 기꺼이 독립을 위한 문지기가 되겠다고 자처할 수 있었던 것은 '대한독립'이라는 블루 오션에 몰입할 수 있었기 때문이다. 이처럼 목적에 몰입할 수 있다면 구성원들은 자신의 역할과 책임에 대해 높은 유연성과 자율성을 획득할 수 있다. 팀의 정신모형인 블루 오션에 대한 믿음을 가지고 있다면 항해 과정에서 생기는 수많은 도전과 장애는 오히려 몰입을 더욱 증가시키게 될 것이다. 레드 오션 전략은 단기의 업적에 모든 것을 걸어 구성원 간 또는 팀 간에 패거리 싸움과 같은 경쟁을 일으킨다. 반면 블루 오션 전략에 따른 명료한 그림을 구성원들이 공유하고 있는 이상 도전과 고난은 신 나는 학습과 성장의 과정으로 바뀌게 된다.

# 5

협력(協力):
함께 숨 쉬는 플랫폼

# 17 생각의 베이스캠프
###### 진성조직의 토양

무슨 일을 하든, 포장마차를 하든 대기업을 운영하든 또 도시를 경영하든,
심지어 국가경영을 하든, 운명을 바꾸고 싶다면 방법은 단 한 가지밖에 없다.
즉, 베이스캠프를 다른 사람들이 상상도 하지 못하는 곳에 높이 쳐야 한다.
여기서 말하는 베이스캠프는 생각의 베이스캠프이고, 상상의 베이스캠프이다.
그래서, 무슨 일을 하든 성공하려면 베이스캠프를 높이 쳐야 한다.
_정진홍《인문의 숲에서 경영을 만나다》(21세기북스, 2007) 中

## 모두가 행복한 운동장

조직이 비즈니스를 포함해 무슨 일이든 진행을 할 때는 판단과 선택의 기준 또는 근거가 있어야 한다. 이때 일반적으로 자주 사용하는 것이 '비즈니스 모형'이라면, 진성조직에서는 '조직의 정신모형'을 사용한다. 둘은 판단의 기준이 된다는 공통점이 있지만, 같은 것은 아니다.

　조직의 정신모형은 조직의 사명, 가치, 비전, 정체성과 이들로부터 도출된 전략적 의도를 규정한 정신적 지도이다. 반면 비즈니스 모형은 조직의 전략과 역량에 포커스를 둔 지도이다. 정신모형이 비즈니

스 모형을 포함하는, 보다 상위의 개념이라고 볼 수 있다. 즉, 정신모형에는 비즈니스 모형이 포함되지만, 비즈니스 모형에는 정신모형이 포함되지 않는다. 정신모형은 Why를 중심으로 도출되는 반면 비즈니스 모형은 How에 포커스를 두고 있다.

어떤 회사는 정신모형 없이 비즈니스 모형만으로 사업을 하기도 한다. 하지만 정신모형 없이 운영되는 진성조직은 없다.

조직의 정신모형이 성장 동력으로 작용하려면, 경영 환경에 정신모형이 배태되어(Embedded) 있어야 한다. 배태성(Embeddedness)은 마크 그라노베터를 비롯해 네트워크를 연구하는 학자들이 만든 개념이다.[주33] 이는 조직의 정신모형이 독자적으로 역할을 하기보다는 경영 환경에 이식되어 뿌리를 내림으로써 경영 환경과 서로 영향을 주고받게 된다는 점을 설명하기에 적절한 개념이다.

21세기 기업 환경은 한 산업군 내에서 경쟁기업들이 동일한 고객을 놓고 차별화 내지는 가격 등으로 경쟁하던 시대를 지나, 점점 산업간 경계가 무너지고 기업생태계 내에 동태적 역량을 구축해야 살아남을 수 있는 시대로 바뀌고 있다. 동태적 역량이란 사업의 플랫폼을 공유한 다른 구성원들과 협업을 통해 플랫폼의 진화를 도울 수 있는 능력이다. 플랫폼이 경영의 패러다임이 된 21세기에는 같은 플랫폼을 공유하고 있는 경쟁사는 잠재적 협력사로 봐야 한다. 경쟁사를 이기는 방법만 집중적으로 가르치는 경영 전략을 맹신하는 기업은 살아남지 못한다.

현재의 경영 환경은 마치 생태계와 같이 모든 참여자들이 서로 네트워크로 연결되어 경쟁과 동시에 협력하는 양상을 보인다. 기업생태계는 수많은 기업들이 서로 연결되어 상호작용하는 공생공멸의 공동 운명집단이 되었다. 마르코 이안시티와 로이 레비언에 따르면 기업생태계란 다양한 구성원들이 플랫폼을 기반으로 어떤 면에서는 강하게, 또 다른 면에서는 느슨하게 연결되어 있는 네트워크다.[34] 여기서 느슨한 네트워크란 기존의 강한 연결 관계에 있는 공급자나 고객과의 네트워크가 아니라 간접적으로 연결된 다양한 이해관계자들과의 연결망이다. 기업 비즈니스 생태계는 생태계를 독립적 제조업자와 공급업자의 집합으로 보던 전통적 패러다임에서 이 둘을 연동시켜 가치를 창출하는 네트워크로 바라보는 새로운 패러다임으로 진화했다. 이는 모든 제조업의 가치사슬이 서비스 사업의 프레임으로 진화되는 경향과 일치한다. 이 진화는 클라우딩 정보기술의 발달로 더욱 가속화되고 있다.

비즈니스 생태계 내에서 영속적인 성장을 하고 있는 기업들은 제조업자나 납품업체 혹은 제조업체나 유통업체 간의 전통적인 이원적 협력 관계를 넘어 생태계에 포함된 모든 구성원들이 함께 공진화할 수 있는 플랫폼에 기여하는 기업들이다. 즉, 플랫폼을 공유한 기업들의 성공을 돕는 일에서 성공할 수 있는 기업, 진정성 있는 기업이 리더로 등장한다. 또한 앞으로의 경쟁 구도는 기업과 기업 간, 제조업과 제조업 간, 제조업과 공급업체 간의 경쟁이라기보다는 애플 생태계와 안드로이드 생태계처럼 생태계와 생태계 간의 경쟁으로 진화할 것이다. 자연에서 한 종의 운명은 각 개체의 능력보다 종 전체의 운명과 성쇠를 같이한다. 이와 마찬가지의 논리가 기업생태계에도 적용된다. 티라노사우루스처럼 막강한 공룡도 결국은 생태계의 운명에 따라 다른 공룡들과 같이 지구상에서 사라졌다. 따라서 기업생태계라는 개념은 경영자에게 상호의존성, 통합과 협업, 기술적 진화라는 측면에서 많은 시사점을 준다. 이는 장기적으로는 기업 성과나 이익도 직접적인 관계를 맺고 있는 업체보다 간접적인 관계를 맺고 있는 업체에 의해 결정되는 '간접적 상호의존성'이 점점 중요해짐을 뜻한다.

기업생태계의 생명은 사업의 기반이 되는, 진정성 있는 플랫폼이다. 플랫폼은 고객이나 공급업체 같은 참여자들이 거래를 할 수 있는 터를 만들어주고, 이를 통해 수익을 창출하는 비즈니스 모델이다. 이안시티와 레비언은 플랫폼을 운동장에 비유했다. 기업은 부품업체, 고객, 생산자들이 '따로'가 아니라 '협력'하면서 재미있게 뛰어놀 수 있는 운동장을 제공한다. 이들이 와서 재미있게 놀수록 이 운동장은 진화한다. 운동장이 진화를 거듭할수록 운동장을 깔아준 기업은 발전한다. 이 운동장에서 열심히 연습한 선수가 스타가 되면 그 선수뿐만 아니라 이 운동장의 브랜드 가치도 급등한다. 반대로 재미없는 운동장은 구성원들이 다 떠나갈 것이다. 플랫폼은 개방과 공유와 협업의 원칙에 따라 널리 사용할 때만 효과적이다. 다양한 범위의 상호보완적 제품이 공진화할 수 있도록 기술과 서비스를 결합 또는 재결합시키는 토대를 제공할 때 좋은 플랫폼이 된다.

진정성 있는 플랫폼을 제공해 생태계의 허브 역할을 수행하는 기업을 키스톤 기업이라고 한다. 키스톤 기업은 다른 기업의 성공을 도와주는 일에서 성공한 대표적 기업들이다. 월마트나 마이크로소프트처럼 자신들이 깔아놓은 플랫폼에서 독점적 지위를 행사하는 기업도 있지만, 이베이와 아마존처럼 개방적인 플랫폼을 제공하는 기업도 있다. 보다 진화된 클라우딩 컴퓨팅의 생태계를 이용해 애플리케이션의 연계 사업을 구축하고 있는 구글, 엔비디아, 페이스북 등과 같은 업체가 대표적인 키스톤 기업이다. 나이키, 델, 이케아, 스웨덴의 패션 브랜드 H&M, IBM 글로벌 서비스, 제조업에서 플렉스트로닉, 솔렉트론, 셀레스티카, 호텔에서 유럽의 아코르, 힐튼, 메리어트, 증권업에서 찰스 슈왑 등도 비즈니스 생태계의 리더 역할을 수행하는 키스톤 기업이라고 할 수 있다.

리앤펑(Li&Fung)의 사례에서도 볼 수 있듯이 이와 같은 플랫폼으로의 전환은 IT 분야에만 국한된 것이 아니라 경영 환경 전체의 추세이다. 설립자 펑 바이리오와 리도우 밍의 성을 따서 만든 리앤펑은 1906년 광저우에서 설립된 후 1949년 홍콩으로 기반을 옮겼다. 2009년 〈비즈니스 위크〉가 선정한 세계 40대 기업 중 27위에 올랐다. 〈포브스〉도 아시아에서 가장 놀랄 만한 기업 50개 중 하나로 선정했다. 이 회사의 2010년 매출액은 18조 원에 이른다. 리앤펑은 매년 20억 벌 이상의 의류를 생산하지만, 단 하나의 공장도 가지고 있지 않다. 전 세계 40여 개국에 분산되어 있는 약 8,300여 개 기업과 총 200만 명의 종업원들과 협력한다. 옷을 생산할 때 겉감은 한국, 지퍼는 일본, 안감은 타이완 그리고 상표와 실은 두바이에서 조달한다. 직물은 태국에서 염색하고 바느질은 중국에서, 품질 검사와 포장은 홍콩에서 한다. 어디에서 소재를 조달하고 생산하든지 최종 제품은 모두 한 공장에서 나온 것처럼 표준화되어 있다.

기업생태계에서 리더십을 행사하고 있는 키스톤 기업들의 특징은 소비자에게 최대한의 선택권을 넘겨주려 한다는 점, 생태계 참가자들에게 최대한 사업 기회를 확장해주어 이들의 성공을 도우려 한다는 점 등이다. 또한 소비자에게 제품 간의 상호운용을 가능하게 한다는 점도 중요한 특징이다. 이는 소비자의 선택을 중시해 다른 경쟁 기업의 보완적인 제품을 필요하다면 고객 스스로 선택할 수 있도록 한다는 뜻이다. 예를 들어 Windows는 경쟁사인 AOL이나 구글 등을 부가적 서치 기능으로 선택할 수 있게 만들었을 뿐만 아니라, 원한다면 주 서치엔진으로도 설정해 사용할 수 있도록 인터페이스를 제공하고 있다. 사업 기회의 확장은 보완적 제품을 공급하는 제공업체가 자신의 플랫폼 안에서 혁신을 이룰 수 있는 기회를 보장해주며, 이를 통해 매출을 늘려 새로운 제품과 서비스를 창출해낼 수 있는 능력을 키워주는 것을 말한다. 예를 들어 아마존이나 구글은 스토어의 진입장벽을 낮추어 혁신적 앱과 제품을 가진 중소업체들에게 최대한 많은 기회를 제공한다. IBM과 토요타는 자사의 서비스 플랫폼을 사용하고 있는 기업들에게 실제로 이들이 혁신할 수 있도록 많은 기술과 재무적 지원을 하고 있다. 상호운용의 원칙은 공통적이고 표준적인 인터페이스로 제품의 상호연계성을 살려 제품 간에 자신의 데이터를 확실하고 안전하게 이동시킬 수 있도록 하는 것을 말한다. 예를 들어 음원시장에서 고객들이 자신이 소유한 음악 라이브러리를 노키아나 블랙베리, MP3플레이어 간에 자유롭게 이동할 수 있다면 상호운용의 원칙을 준수하는 것으로 볼 수 있다.

협력을 통한 공진화에 의해 움직이고 있는 기업생태계에서 진정성 있는 기업으로 성장하려면, 자신들의 독자적 제품과 기술력만으로 성공할 수 있다는 구시대적 신화에서 벗어나 거시적 안목으로 생태계 내 협력업체끼리 서로의 성공을 어떻게 효과적으로 도울 수 있는지를 고민해야 한다. 기업들은 커다란 생태계에 배태되어 공진화하고 있다는 사실을 빨리 깨달아야 한다. 기업생태계 속에서 혼자서는 절대로 성공할 수 없다. 다른 기업을 딛고 넘어서기보다는 생태계의 많은 기업이나 사람들이 의존할 수 있는 가치사슬에 거시적으로 공헌하고 협력 네트워크를 구축하여 생태계에서 리더의 지위를 획득하는 것이 중요하다. 생태계라는 맥락에서 보면 두 회사는 경쟁사도 될 수 있고 협력사도 될 수 있다. 생태계 내에서 살아남으려면 경쟁사를 서로를 강하게 만들어주는 스파링 파트너로 보고 플러스 섬의 가치라인에 포함시켜 관리할 수 있어야 한다. 생태계 내의 모든 참여자들은 운명공동체로 엮여 있어 서로의 복리를 키우지 않고는 성장하지 못한다. 이런 점에서 비즈니스 생태계에서 리더십을 행사하고 있는 기업들은 거대한 오케스트라의 지휘자와 같은 역할을 한다. 악장들도 대부분 기본적으로 악기를 연주할 수 있으나, 이들은 이런 권리를 연주자들에게 넘겨주고 자신은 지휘하는 일에만 몰두한다. 마찬가지로 리더 기업은 생태계를 구성하고 있는 기업과 고객들이 제 목소리로 전체적인 화음을 낼 수 있도록 조정하는 일에 역량을 발휘하여야 한다.

# 위대한 기업에서 진성기업으로

짐 콜린스가 대표적 저작 《성공하는 기업들의 8가지 습관》(김영사, 2002)과 《좋은 기업을 넘어 위대한 기업으로》(김영사, 2002)에서 저술한 위대한 회사의 패러다임은 이와 같은 기업 환경의 변화를 예측하지 못한 상태에서 제시되었다. 콜린스는 자신이 저서에서 선정한 많은 회사들이 이런 경영 환경의 흐름을 읽지 못하고 도산하거나 힘든 상황에 처하자 이를 설명하기 위해 《위대한 기업은 다 어디로 갔을까》(김영사, 2010)를 펴내기도 했다.

환경이 예측 불가능해질수록 사람들은 서로를 불신한다. 역설적으로 아무도 서로를 믿을 수 없을 때 진정성을 가지고 남의 성공을 도울 수 있다는 것은 최고의 역량이 된다. 최고의 진정성은 자기 자신을 속이지 않는 것이다. 세상 모든 사람을 속일 수는 있어도 자기 자신만은 속일 수 없기 때문이다. 자신에게 진솔한 기업은 안과 밖이 통합되어 있다. 통합되어 있는 상태는 아무리 복잡한 시스템도 단순하게 만든다. 환경이 복잡해지고 불확실해질수록 단순성의 가치는 커진다. 또한 단순성과 진정성이 있으면 환경 변화에 신속하게 적응할 수 있는 민첩성이 저절로 생겨난다. 콜린스가 발견했던 위대한 기업들과 진정성 있는 기업이 이러한 변화 속에서 어떻게 변화, 적응해야 하는지 살펴보면 다음과 같다.

첫째, 콜린스가 꼽은 위대한 기업의 조건은 좋은 제품과 아이디어가 아니라 회사의 문화와 시스템을 통한 내적 통합이었다. 하지만 비즈니스 생태계에서 리더십을 발휘하는 진정성 있는 조직은 비즈니스의 범위가 생태계로 확장되고, 이 확장된 범위 속에서 내적 통합과 외적 통합을 모두 중시한다. 내적 통합은 조직이 운영되는 방식과 시스템이 비전 및 사명과 잘 정렬되어 있는 것이고, 외적 통합은 회사가 생태계에 배태되어 생태계 내의 다른 파트너들과 조화를 이루고 있는 것이다. 회사의 제품과 서비스가 조직의 비즈니스 모형에 근거하는 것이 내적 통합이라면, 회사가 생태계에 뿌리를 두고 자신의 제품과 서비스가 공동의 플랫폼에 기여하도록 하는 것이 외적 통합이다. 이런 내적 통합과 외적 통합은 자사의 정신모형에 포함되어 서로 정렬되어야 한다. 위대한 기업이 기업의 직접적인 후원자들인 주주, 고객, 종업원, 경영진의 복리를 목적으로 하는 반면 진정성 있는 조직은 회사가 속한 생태계를 구성하는 기업, 경쟁자, 경쟁자의 고객은 물론 심지어 경쟁자의 경쟁자와도 상생을 추구한다. 플랫폼을 공유하고 있는 모든 회사들에 의해서 회사의 성공이 영향을 받는 상황이기에 이들에 대한 관계적 투명성만이 플랫폼의 공진화를 도울 수 있다.

둘째, 콜린스가 찾은 위대한 기업의 리더는 '겸양의 리더십'을 가지고 있다. 겸양의 리더십은 5단계 리더 중 가장 정점에 서 있는 리더이다. 이러한 리더는 카리스마를 지양하고 성과에 대한 공은 구성원들에게 넘기는 대신 실패에 대한 책임은 자신이 짊어진다. 이 리더는 존 맥스웰이 저서 《The 5 Level of Leadership》(Center Street, 2011)에서 설명하는 5단계 리더십과 동일하다. 맥스웰은 정점에 서 있는 리더십을 조직의 성과를 초월해서 영향력을 행사할 수 있는 '품성의 리더십'이라 규정했다. 이는 플랫폼을 기반으로 생태계의 공진화를 돕는 데 성공하는 진성리더의 리더십과도 일맥상통한다. 진성리더가 다른 사람들에게 선한 영향력을 미치는 도구로 사용하는 정신모형은 결국 품성을 기반으로 한다. 이들의 진성리더십은 회사를 운영하는 동안에도 자연스럽게 행동으로 나타난다. 이는 다시 조직의 품성으로 발현되는 것이다.

셋째, 콜린스에 의하면 일반 기업들은 이윤추구를 자신의 존재이유로 여긴다. 자연히 이윤을 쫓아다니게 되어 있다. 반면 위대한 기업들은 이윤이 기업을 따라오게 만든다. 이윤이 기업을 따라오게 하려면 이윤을 산출해내는 건강한 시스템과 문화가 정착되어 있어야 한다. 이런 회사가 만들어내는 제품과 서비스가 고객들에게는 억만금을 주고라도 살 수밖에 없는 가치를 전달할 수 있어야 한다. 이와 같은 회사들은 조직의 성장을 책임지는 비전과 조직의 지속을 책임지는 사명이 양극과 음극으로 서로를 자극하도록 구축되어 있다. 이것이 위대한 기업들이 지속 가능한 이유이다. 하지만 진성기업들은 비전과 사명을 동등하게 보지 않는다. 그들은 사명을 더 근원적이고 중요한 것이라 여기고, 비전은 사명에 이르는 과정으로 생각한다. 단, 진성리더들은 목적과 목표를 정렬시키는 것을 중요하게 여긴다. 존재이유인 목적과 어느 기간 안에 달성해야 할 성과지표인 목표를 정렬함으로써 레이저 빔과 같은 강한 힘을 낸다. 이를 통해 얻어진 성과는 자사의 지속 가능한 성과를 넘어 사회와 공동체에 가치를 전달하는 사회적 성과로 나타난다.

넷째, 콜린스는 위대한 기업들은 어떤 면에서 종교적 색채를 가진다고 주장한다. 임금이나 복지 측면에서는 낙원처럼 보이는 회사라도 그 회사의 정신모형을 내재화하지 않은 직원들에게는 낙원이 아니라 지옥처럼 보인다는 것이다. SAS나 구글, 3M, 고어텍스와 같은 회사가 대표적인 예이다. 이 회사들은 겉으로 보기에는 헬스클럽, 의료 시설, 탁아원 등을 회사가 제공하고 있어 근로자들의 천국처럼 보인다. 하지만 SAS는 친근하고 빠른데다 혁신적이고 신뢰감을 줄 수 있는 사람이 아닌 직원에게는 지옥과도 같은 곳이다. 구글에서는 정보민주주의에 대한 확고한 철학을 가지고 있고 현재에 만족하지 않고 끊임없이 목표를 수정해가면서 정직하게 혁신하는 사람만이 살아남을 수 있다. 3M과 고어텍스도 마찬가지로 종업원의 자율성에 기반을 둔 창의성을 최대한 높이 사고 있어 만약 스스로 지속적인 혁신을 하는 사람이 아니라면 적응할 수 없다. 그러나 진성기업은 종교적 색채보다는 다양성을 기반으로 한 공동체의 측면이 더 부각된다. 공동체에서는 회사의 정체성을 공유하는 한 경계는 무의미하다. 회사의 정신모형에 몰입한다는 점은 같지만, 이를 구현할 수 있는 역량과 스킬, 배경에 있어서는 최대한 다양성을 견지한다. 그 결과 구성원들은 서로 다른 역량을 가지고 동일한 사명을 구현한다는 동지애를 가지게 된다. 다양성을 강조한 만큼 구성원의 영입도 최대한 열려 있다. 다양한 사람들이 함께 일할 수 있는 것은 이들이 조직의 이념적 정신모형을 내재화하여 한 방향으로 정렬되어 있기 때문이다. 인적 구성의 다양성은 기업이 동태적인 생태계의 플랫폼 진화에 제대로 적응할 수 있는 기반이 된다. 이런 점에서 우리나라의 기업들은 구성원을 정렬시키는 정신모형에 대한 몰입조차 부족한 현실이다. 특히 구성원 충원에서도 다양성이 많이 결여되어 있다. 21세기가 원하는 진성조직이 되기까지는 아직 갈 길이 멀다고 볼 수 있다.

다섯째, 위대한 기업들은 연초에 전략을 수립하는 데 그리 시간을 쏟지 않는다. 전략의 상위개념인 비전과 사명이 조직의 환경에 직접적이고 유연하게 적용될 수 있는 단순한 시스템을 가지고 있기 때문이다. 많은 기업들이 연초만 되면 한 해의 전략을 수립하기 위해 야근을 밥 먹듯이 한다. 그러나 한 해가 지나 전략의 집행 정도를 되돌아보면, 대부분 왜 그토록 공을 들여 전략을 만들었는지 허무할 정도다. 게다가 전략 자체도 초기에 일사불란하게 집행하는 것을 강조해 무리수를 자초하는 경우가 많다. 위대한 기업들은 장기적 전략을 수립했다 하더라도 이는 단지 계획일 뿐이라 여긴다. 따라서 전략을 강요하기보다는 이를 기반으로 각 부문에서 다양한 실험을 할 수 있도록 지원한다. 이에 반해 진정성 있는 기업들은 현대의 경영 환경을 아무리 잘 짜인 전략으로도 예측할 수 없다고 생각한다. 극단적으로 불확실한 상황에서는 답이 있을 수 없다. 단지 이 불확실한 상황을 밝혀줄 자신만의 진정성 있는 스토리를 고객과 비즈니스 파트너들에게 설파할 뿐이다. 이 스토리가 수용되면 그 범위 안에서 시나리오를 작성하고 전략을 집행한다. 그리고 그 과정에서 다시 시나리오가 수정된다. 이 스토리의 플롯은 회사의 검증된 정신모형으로부터 나온다. 어려운 상황에서 검증된 정신모형은 스토리의 플롯을 구성하고 새로운 상황이 나타날 때마다 그에 맞추어 필요한 스토리들을 산출해낸다. 애플은 자신의 제품이 경쟁사의 제품보다 어떤 점에서 더 나은지보다는 자신들은 세상에 '행복해지는 차이'를 만들어내기 위해 존재한다는 스토리로 자신들의 존재이유를 설파한다. 행복해지는 차이를 만들다 보니 아이폰도 만들고 아이패드도 만든 것이다. 애플은 자신들의 사명을 '애플은 학생, 교육자, 창조적 전문가, 소비자들에게 혁신적인 하드웨어, 소프트웨어, 인터넷 상품을 통하여 컴퓨터를 이용하는 가장 개인적인 경험을 나눠주는 데 헌신한다'라고 설명하고 있다.

애플의 존재이유에서 볼 수 있듯이, 고객은 기업의 제품과 서비스에 대한 개인적 체험을 중시하고 이를 SNS에서 공유한다. 이때 중요한 것은, 기업이 '얼마나 진정성 있는 서비스와 제품을 체험하도록 하는가'이다. 따라서 21세기에 성공하고 싶다면, 기업은 제품과 서비스의 질을 넘어 얼마나 진정성 있는 체험을 제공하고 있는지를 살펴보아야 한다. 서비스와 제품에 담긴 진정성은 기업의 정신모형 II의 스토리에 배태된다. 사명에서 나온 진정성 있는 스토리는 기업의 제품과 서비스에 대한 후광효과를 가진다. 이는 고객이 체험할 수 있는 진정성을 강화시켜준다. 바로 이것이 고객들이 제품과 서비스의 질을 넘어 사명의 스토리를 가진 회사에 열광하는 이유이다.

# 직원들이 행복해야 고객도 행복해진다

SAS는 짐 굿나이트가 노스캐롤라이나 주립대 교수 시절, 농산물 수확량 예측 프로젝트를 맡은 것을 계기로 창업한 소프트웨어 업체이다. SAS는 기업들이 데이터를 통해 회사 매출, 고객, 시장 등을 분석할 수 있도록 비즈니스 분석 소프트웨어를 개발하고 서비스를 제공한다. 비상장 회사로, 2011년 매출은 24억 달러에 이르며, 이는 업계 1위이다.

SAS는 대표적인 진성기업이라 할 수 있는데, 우선 복지 수준이 상상을 초월한다. 그들이 사원 복지에 투자하는 금액은 직원 급여의 30% 수준으로 알려져 있다. 직원들의 출퇴근 시간은 따로 정해져 있지 않다. 회사 안에 피트니스, 육아시설, 병원, 풀장, 사우나가 있다. 회사 부지는 36만여 평으로, 웬만한 대학 캠퍼스 못지않게 조경시설이 잘되어 있다. 회사 내의 병원에는 4명의 전문의, 10명의 물리치료사, 40여 명의 간호사가 근무한다. 개인적인 용무를 볼 수 있는 심부름센터까지 운영하고 있다. 정원사나 운전사를 포함해 모든 직원들은 정규직이다. 채용은 주로 직원들의 추천으로 이뤄진다. 아무리 경기가 나빠도 직원을 해고하지 않는다. SAS는 2010년에 이어서 2011년에도 〈포춘〉이 선정한 일하기 좋은 기업 1위에 뽑혔다.

하지만 SAS를 진성기업이라 하는 이유는 복지 수준 때문만이 아니다. CEO인 짐 굿나이트 회장이 자신의 정신모형에 대해 누구보다 확고한 믿음을 가지고 있고, 사업을 통해 실제로 실천하고 있기 때문에 SAS가 진성기업이라 불릴 수 있는 것이다. 그는 기업이 성과를 내려면 우선 직원들이 행복해야 한다고 믿는다. 그래야 고객도 행복하고, 행복한 고객이 기업에 성과를 가져다준다고 생각하기 때문이다. 또한 직원들의 행복을 위해 내재적 보상이 외재적 보상을 유발하도록 해야 한다고 믿고 있다. 내재적 보상의 원천은 도전적인 일을 통해 학습하고 성장하는 경험이다. 짐 굿나이트는 직원들의 내재적 동기를 채워주기 위해, 다른 회사와는 달리 모든 소프트웨어 프로그램을 M&A를 통해서가 아니라 직원들이 먼저 개발해볼 수 있도록 한다. 또한 직원들의 행복이 주주에 의해서 침해받을 수 있다고 여겨 회사를 공개하지 않고 있다. 짐 굿나이트 회장에게서 일반적인 대기업 CEO의 카리스마를 찾아보기는 어렵다. 오히려 수줍음을 많이 타는 성격이다. 하지만 직원들을 가족처럼 배려하는 진정성에 있어서는 세계 최고의 CEO라고 할 수 있다.

이 밖에도 "누구든지, 어느 물건이든 글로벌하게 거래할 수 있는 플랫폼을 제공한다"는 사명을 가진 이베이, "친구, 가족, 동료에게 '지금 뭐 하고 있어요?'라는 단순한 질문을 교환하도록 해 세상이 연결되고 소통하도록 할 수 있는 서비스를 제공한다"는 사명을 가진 트위터도 진성기업의 좋은 예시라 할 수 있다.

# 18  무늬만 진성조직
### 이중몰입의 함정

> 보석은 마찰 없이는 가공될 수 없다.
> 마찬가지로, 사람은 시련 없이 완벽한 사람이 될 수 없다.
> _공자

## 자신의 내비게이션에 갇힌 조직

조직이 업계 혹은 생태계의 리더가 되겠노라고 의식적으로 '선택'할 때 미래의 정신모형 Ⅱ가 정착된다. 초기에 아직 검증되지 않은 정신모형 Ⅱ의 가정들은 기존의 신념체계로 정착된 정신모형 Ⅰ이 가진 가정들과 충돌할 경우 이기지 못한다. 이런 상황에서 발생하는 현상이 디커플링(Decoupling)이다. 조직에서 벌어지는 일들은 정신모형 Ⅱ에 따라 설명되지만, 실제 일이 이루어지는 방식은 정신모형 Ⅰ이 지배하는 현상이다. 이는 정신모형이 서로 겉도는 현상으로, 정신모형 Ⅱ가 검증을 통해 믿음으로 전환되지 못한 경우에 생긴다. 이런 경우 정신모형 I 에 대한 몰입과 정신모형 II 에 대한 몰입이 동시에 일어나는 현상이 '이중몰입(Dual Commitment)'이다. 바로 이중몰입이 다양한 혁신적 프로그램을 도입해도 실패하는 원인이다. '무늬만 팀제'나 '무늬만 ERP', '무늬만 식스시그마' 등 겉보기에만 혁신적인 프로그램이 되는 것이다.

조직이 공들여 만든 비전과 사명이 이중몰입을 이겨내지 못하고 디커플링되어 플라스틱 비전이나 사명으로 변질되는 경우가 많다. 이런 경우를 보면 대부분 유사한 흐름을 보인다.

처음에는 열정에 가득 차 미래의 성장을 도모하기 위해 기존의 방식을 탈피하고 정신모형 II 의 틀을 세운다. 새로운 정신모형의 일환으로 비전과 사명선언문을 작성하여 전사적으로 선포한다. 그러나 이러한 새로운 비전은 경기가 좋을 때는 지켜지는 듯 보이다가 경기가 후퇴를 할 경우 슬그머니 폐기처분된다. 이로 인해 이 비전은 정신모형 II 의 견고한 믿음으로 발전하지 못한다. 경기가 회복되었을 때 경영진이 다시 이를 강조해봤자 이미 구성원들의 마음속에는 플라스틱 비전으로 디커플링되어 있다.

이와 같은 시나리오를 거쳐 디커플링을 경험하는 것이 일반적이다. 이런 경우 대부분의 조직은 더 강력한 비전을 만들지만, 이미 디커플링을 경험한 구성원들의 마음속에는 영원히 새로운 정신모형으로 자리 잡지 못한다.

이중몰입으로 정신모형 II 가 힘을 발휘하지 못할 경우 조직은 결국 정신모형 I 에 의존할 수밖에 없고, 이때 조직이 자신의 정신모형에 갇히는 현상이 생긴다. 이때 구성원들은 집단적으로 간수 역할을 한다. 예를 들어 어떤 사람이 혁신적인 아이디어를 내면 구성원 중의 하나가 "친한 친구니까 말해주는 건데, 그렇게 하다간 모난 돌이 정에 맞는 수가 있어"라고 경고를 보낸다. 또 누군가는 "왜 잔잔한 호수에 돌을 던져 평지풍파를 일으키는 거야"라고 비난하거나, 회사의 정서에 맞지 않는다고 주장하기도 한다. 그러면 듣고 있던 다른 동료들도 고개를 끄덕인다. 자신들이 정신모형 I 의 감옥에 갇혀 있으면서도 그 사실을 인정하지 않고 방어기제를 동원해 집단적으로 간수 역할을 하는 것이다.

정신모형을 업데이트하지 않아 서서히 죽어가는 조직의 특징을 정리하면 대략 다음과 같다.

- 지속 가능한 성과를 내려는 리더보다 단기적 성과를 추구한 리더가 임원으로 승진되는 경향이 있다. 이는 정신모형 II 를 제대로 구축하지 못하고, 다른 조직과 차별화되지 못한 정신모형 I 에 조직의 운명을 맡기기 때문에 생기는 현상이다. 언뜻 보기에는 단기적 성과에만 올인하도록 독려하는 것이 정신모형 I 의 위기를 극복해가는 좋은 방식처럼 보이기 때문에 이런 현상이 심화된다.
- 변화와 혁신에 대한 냉소주의가 퍼져 있고, 과거에 했던 방식만을 지나치게 강조한다. 정신모형 II 가 마련되지 못한 상태에서 다른 회사가 하는 방식을 따라 하는 변화와 혁신은 조직에 뿌리를 내리지 못한다. 그래서 얼마 지나지 않아 새롭고 더 나은 방식의 변화와 혁

신이 출현하면 이전의 방식을 폐기해버린다. 한 번 이와 같은 경험을 한 종업원들은 변화와 혁신에 대한 새로운 방식이 제기될 때마다 몰입하기보다는 냉소주의적 태도를 드러낸다. 이 같은 냉소주의는 결국 정신모형 I에 대한 집착에서 나온다. 따라서 기존의 정신모형을 폐기 처분하지 못한 상태에서의 변화와 혁신은 생존을 보장하지 못한다.

- 말이 실천보다 앞서는 경향이 있다. 회사에서 말 잘하고 비판 잘하는 사람들이 더 대우를 받는 경우가 많을 뿐 아니라, 실천이 무시되기 일쑤이다. 또한 전략을 수립하는 데 많은 시간을 보내지만 이를 실행하지는 못한다. 행동이 따라가지 못한 이유에 대해서도 말로 때우려 하기 때문이다. 말과 행동의 불일치는 의존하고 있는 정신모형의 결함에서 나온 것이다. 말을 지지하는 가정과 행동을 지지하는 가정 사이에 차이가 생겼을 때, 정신모형을 수정해 이 차이를 줄이기보다는 현재의 정신모형을 지키기 위해 임시방편으로 설명을 함으로써 상황을 모면하려고 하기 때문이다.

- 모든 것을 재무적 인센티브로 해결할 수 있다고 믿는다. 문제를 내재적으로 해결할 수 있는 새로운 정신모형을 세우기보다는 기존의 정신모형을 유지하면서 행동을 강제하는 인센티브를 동원한다. 문제는 이 인센티브가 없어지는 순간, 언제 그랬느냐는 듯 기존의 정신모형에서 나타나던 잘못된 행동과 습관이 되살아난다는 점이다.

- 경영 환경이 변화할수록 조직의 낡은 정신모형으로는 고객과 환경의 요구를 읽어내지 못한다. 이럴 때일수록 사람들은 큰 그림을 볼

수 있는 안목을 잃어버리고 모든 것을 자기중심적으로 생각하려는 경향이 있다. 조직에서 누구 밑에 줄을 서는 것이 안전한지를 가늠해주는 조직 정치가 판을 치게 되고, 동료 간의 경쟁이나 팀 간의 경쟁이 지나쳐서 협업을 방해하는 수준에 이르게 된다. 심한 경우, 같은 회사에 있는 팀보다 오히려 경쟁사의 팀에 더 친근감을 느끼기도 한다.

이 모든 현상들은 정신모형 I 의 유용성이 떨어졌음에도 불구하고 이를 해결할 수 있는 새로운 정신모형 II 가 제공되지 못할 때 생기는 조직 차원의 방어기제들이다. 정신모형을 수정하기보다는 정신모형의 감옥에 숨고, 오히려 감옥을 더 튼튼하게 만들어 외부의 침입을 막으려는 꼴이 된다. 조직이 이중몰입 상태를 극복하려면 조직의 미래를 이끌어나갈 매력적이고 건강한 정신모형 II 의 지도를 만들어야 하고, 여기서 설파된 사명, 비전, 가치들이 어려운 경영 환경 속에서도 실천되어 '믿음'으로 발전해야 한다. 이렇게 정신모형 II 가 구성원들에게 믿음으로 받아들여져 정신모형 I 과 창조적 긴장관계를 가질 정도의 힘을 획득한 경우에만 기존의 문제점을 들춰내서 성찰하는 거울의 역할을 할 수 있다. 또한 이 둘 간의 창조적 긴장이 열정의 발전소를 구축하여 무한한 열정을 산출한다. 이는 구성원들에게 심리적 에너지를 공급하여 구성원들이 지속적으로 성장과 학습에 매진하게 할수 있는 원천이 된다. 이런 점에서 진정성 있는 조직의 CEO는 열정 발전소를 설계하고 구축하는 건축가라고 할 수 있다.

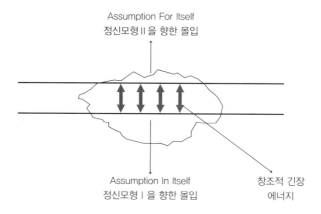

Assumption For Itself
정신모형 II을 향한 몰입

Assumption In Itself
정신모형 I을 향한 몰입

창조적 긴장
에너지

〈그림9〉 정신모형 간의 창조적 긴장

　진성조직의 CEO는 진성리더십의 원리를 조직 차원에서 실천한다. 이들이 설계한 조직의 정신모형 II는 정신모형 I과의 긴장 관계를 통해 구성원들이 조직의 과거, 현재, 미래를 성찰할 수 있는 거울을 제공한다. 즉, 조직 차원에서 자기인식의 기반을 제공해주는 것이다. 또한 이들은 정신모형 I과 II의 갭을 줄여 정신모형 II에서 주장한 가정들이 현실이 될 수 있도록 프로젝트를 창안하고 수행한다. 조직차원의 자기규율을 실천하는 것이다. 조직 정신모형 II의 가정들이 자기규율을 통해 검증될 경우 가정은 믿음으로 변해 일관된 스토리를 산출할 수 있는 플롯을 만든다. 관련된 모든 구성원들의 영혼을 설레게 할 믿음으로 변환된 플롯을 가졌는지가 진성기업과 보통 기업을 구분하는 기준이다.

　조직이든 사람이든 최고의 성장은 삼원학습을 통한 성장이다. 삼원학습은 정신모형 II가 역경과 어려움 속에서도 검증되어 정신모형 I에 대항할 수 있을 정도의 믿음으로 변환되어 있을 때에만 가능하다.


## 에드워드 브래넌의 이중몰입

이중몰입으로 인한 정신모형의 디커플링이 얼마나 위험한지를 보여주는 사례는 많다. 다음은 그중 시어스가 위기에 대처하는 동안 이중몰입을 통해서 정신모형이 플라스틱 정신모형으로 디커플링된 사례이다.

1990년 초, 시어스의 회장인 에드워드 브래넌은 조직 성과에 문제가 생기자 소매상들의 운영을 통한 매출과 이익을 강조하는 촉진활동으로 성과를 거두려고 노력하였다. 예를 들어 Sears Tire & Auto Center의 조직 구성원에게 고객이 맡긴 자동차의 수리 대수와 이를 통한 매출액을 기준으로 급여와 인센티브를 지급했다. 매출수수료, 매출할당제 그리고 수리 유형에 따른 평가 시스템이 구축되고 이에 대한 차별적 보상과 같은 긍정적 강화가 자동차 수리와 매출의 증진에 활용되었다. 또한 구성원들의 위기의식을 고취시키기 위해, 충분한 매출을 올리지 못한 직원은 해고하겠다고 경고했다. 종업원들로서는 매출을 올리는 것밖에 살아남을 방법이 없었다. 벼랑으로 내몰려 살아남기 급급해진 그들 입장에서는 고객에게 높은 수준의 수리 품질을 제공하는 것은 뒷전이 되었다. 서비스를 유지하는 것보다 매출 실적에 모든 고과와 연봉이 달려 있었기 때문이다. 근본적으로 시어스는 매출 부진에서 탈피하기 위해 고과와 보상 시스템을 최대한 활용해 자동차 수리 매출을 늘리도록 하였다. 하지만 이런 시스템은 많은 잡음을 낳았다. 특히 고객들에게 치명적이었다. 일례로 캘리포니아에 사는 한 여성 고객은 타이어를 구매하러 갔을 때 자동차 수리공이 그녀의 차 지지대를 교체해야 한다며 추가로 419달러를 요구하였다. 그녀는 터무니없는 가격에 의심이 생겨 다른 곳을 찾아가 수리비용 산정을 요청했는데, 수리공은 그녀의 차 지지대가 아직 멀쩡하다고 대답했다. 화가 난 이 고객은 시어스에 항의를 했는데, 시어스의 수리공은 자신이 실수로 가격을 잘못 산정한 것 같다며 대수롭지 않게 넘기려 했다.

이와 유사한 고객들의 불만과 항의가 캘리포니아 고객부서에 접수되기 시작했고, 법원으로부터 Sears Tire & Auto Center에 대한 조사 명령이 내려왔다. 조사결과 유사한 사례가 뉴저지, 플로리다, 앨라배마에서도 있었다. 여기서 한 가지 짚고 넘어갈 점은, 시어스 자동차 부문 공장에는 '고객의 이익을 최우선으로 한다'라는 비전문이 걸려 있었다는 것이다.

회사의 비전에는 고객의 이익을 최우선으로 한다고 명시되어 있지만 이 비전문은 시어스 직원들에게는 플라스틱 비전이었다. 이로 인해 위기를 자초했을 뿐만 아니라 문제를 극복하고자 새로운 경영진이 다른 비전을 설정해도 구성원들의 냉소적인 반응 때문에 오랫동안 업계에서 고전을 면치 못했다.

# 사람들은 왜 안철수에 열광하는가?

안철수 연구소는 안철수 교수가 바이러스 예방을 위해 만든 회사이다. 안철수 교수는 서울대 의과대학을 마치고 대학원 생리학교실에서 기초 의학을 전공했다. 그는 박사과정을 밟고 있을 때 처음으로 바이러스를 발견했다. 컴퓨터 잡지를 보던 중 한국에서도 컴퓨터 바이러스가 발견 됐다는 기사를 읽고 자신의 디스켓을 검사해보니 감염이 되었다는 사실을 알게 되었다. 이때부터 바이러스를 치료하는 백신 프로그램에 관심을 가지고 연구한 결과 1988년 6월 안티바이러스 프로그램을 최초로 만드는 데 성공한다. 세계최초로 바이러스가 치료될 수 있다는 것을 증명하자 많은 사람들이 치료를 부탁해왔다. 이때부터 치료 프로그램을 만들어 무료로 배포하기 시작했다. 낮에는 의사로 밤에는 백신 제작자로 7년간 이중생활을 했다. 당시에 바이러스 백신을 만드는 일은 누구나 꺼려하는 일이었다. 돈이 되지 않았기 때문이다. 그가 군의관으로 입대하기 직전 미켈란젤로 바이러스가 유행했다. 이 바이러스는 미켈란젤로의 탄생일인 3월 6일에 활성화되는 바이러스로 컴퓨터의 기억자료를 파괴했다. 안철수가 자신이 군에서 훈련을 받는 3개월 동안 이 바이러스가 확산될 것을 우려해 입영하는 날까지 밤을 새워가며 프로그램을 만들어 PC통신을 통해 배포하고 군에 입대한 일화는 유명한 일화다. 이것이 바로 V3프로그램이다. 안철수는 의사생활을 그만두고 1995년에는 안철수 연구소를 창업한다. 개인에게는 백신을 무료로 배포하고 대신 기업들에게서 사용료를 받아서 회사를 운영하겠다는 생각으로 창업한 회사이다. 이 회사는 1997년에 미국의 맥아피라는 회사로부터 천만 달러에 팔라는 제의를 받았지만 안철수는 거절했다. 맥아피가 한 국시장을 장악하는 순간 국민들은 돈을 주고 프로그램을 사야만 한다 는 사실에 엄청난 돈의 유혹을 뿌리친 것이다. 그는 회사를 경영할 때 돈이 아니라 영혼을 불어넣는 일을 해야 한다는 믿음을 가지고 있다. 특 히 백신 사업을 돈벌이의 수단으로 사용한다면 사회에 엄청난 해악을 미친다는 사실을 주지시켰다.

안철수는 와튼스쿨 MBA에서 법학 강의를 들을 때 각성사건을 경험했 다. 담당 교수가 고백하길, 'A학점을 줄 수밖에 없는 똑똑한 학생들이 있었는데, 10년 후에 보니 그중 대부분이 감옥에 가 있었다'는 것이었 다. 그 말을 들은 후부터 안철수는 '똑똑하지만 개인적인 성공만 추구하 는 사람'이 과연 사회에 도움이 되는지에 깊은 회의를 품게 되었고, 그 런 삶에서 벗어날 수 있는 정신모형 II를 만들었다.

혹자는 안철수연구소가 대기업만큼 성공한 것도 아니고, 다른 글로벌 바이러스 연구소들에 비해 갈 길이 멀다고 평하기도 한다. 하지만 안철 수연구소는 경제적인 잣대로만 판단할 수 없는 신성한 스토리를 남겼 다. 정치적 논란은 차치하고, 안철수 교수는 '바이러스 없는 세상'이라 는 진북에 대한 스토리로 수많은 어려움을 극복함으로써 믿음으로 만 들었고, 한국 사회에 족적을 남겼다는 점에서 진성리더로서의 길을 걷 고 있다고 할 수 있다. 2011년 12월, 안철수는 자신의 안철수연구소 주 식 37.1%의 절반을 저소득 가정의 자녀 교육을 위해 사회에 환원하겠 다고 말했다.

# 19  C.C.I(변화, 창의력, 혁신) 프로젝트
## ──── 긍정적 일탈

> 백성들로부터 배우고 백성들과 같이 계획을 세워라.
> 백성들이 가지고 있는 것을 가지고 시작하고
> 백성들이 알고 있는 것에 기반을 둬라.
> 리더 중의 최고의 리더는 대업을 완수했을 때
> 백성들이 우리가 그 일을 해냈다고
> 이야기하게 할 수 있는 리더들이다.
> _노자의《도덕경》中

## 긍정적 일탈

'긍정적 일탈'이란 조직에 만연한 부정적인 사례보다 숨겨져 있는 긍정적 사례를 찾아 조직의 정신모형Ⅱ를 검증하는 데 이용하는 것이다. 이 긍정적 사례는 조직의 관행으로 볼 때 예외적인 소수에 해당되기 때문에 '일탈'이라고 한다. 심리학자 로이 바우마이스터는 조직이나 사람들은 본능적으로 '부정편향'이 있어서 긍정적 사건과 부정적 사건이 공존할 경우 부정적 사건에 더 신경을 쓰고 있음을 밝혀냈다.[35] 학생들이 성적표에서 점수가 좋은 과목보다 나쁜 과목에 더 신경 쓰는 것과 마찬가지로 기업들은 성공하기보다는 실패하지 않기 위해 더 신경을 쓴다. 이와 같은 부정편향은 인류 초기부터 살아남기 위한 과정에서 생긴 노하우가 진화 과정에서 유전된 것이다. 인류 초기에는 생존을 위해 나쁜 일에 먼저 신경을 써야 했고, 좋은 일은 천천히 기뻐해도 됐다. 이런 부정편향이 아직도 사람과 조직의 유전인자로 남아 있는 것인데, 이는 많은 부작용을 초래한다.

사람들의 몸은 부정적인 생각을 하면 편도체가 조기경보를 발령한다. 경고 메시지가 작동하면 스트레스 호르몬이 분비되어 몸은 비상체제에 돌입하고, 이때 사람이나 조직은 두 가지 반응을 보인다. 하나는 투쟁 반응, 다른 하나는 도주 반응이다. 부정적인 것과 맞서 싸울 수 있다는 생각이 들면 투쟁 반응을 택한다. 이때 모든 문제는 남의 탓으로 돌리게 된다. 도주 반응은 맞서 싸울 수 없다는 생각이 들 때 택하는데, 이때는 모든 문제를 자기 자신에게 돌린다. 어떤 반응을 선택하든지 방어기제가 작동하기 시작하면 인간이나 조직은 고차원적으로 기능할 수 있는 능력을 상실한다. 이 순간부터 학습이나 이성적인 생각, 창의적 활동은 할 수 없게 된다. 긍정적 일탈은 조직에 널리 퍼져 있는 부정편향을 극복하기 위해 긍정적인 사건들을 중심으로 조직을 운영해나가는 긍정 조직행동론에서 제안된 방법론이다.

조직이 정신모형 I 에 근거해 변화를 진행시킬 때의 특징은 조직을 환자로 본다는 점이다. 처방에 따라 조치를 취한 후 어느 정도 시간이 경과하면 결과를 보고 완치가 되었는지 아니면 다른 조치가 필요한지 판단한다. 한마디로 조직 변화의 과정을 조직의 문제를 해결하는 과정으로 본다. 반면 정신모형 II 의 가정들이 검증을 통해 믿음으로 전환될 경우 조직의 변화 문제는 더 이상 문제 해결 과정이 아니라 조직에 숨어 있는 긍정적 일탈을 발견하는 과정으로 정리된다.

| 전통적 접근법 | 긍정적 일탈 접근법 |
| --- | --- |
| 프로젝트 관리 형식으로 문제 해결을 주도 | 문제의 근원에 있는 사람들이 주도적으로 문제 해결 주도 |
| 무엇이 문제인가의 시각, 즉 문제점 중심으로 접근 | 자산이 될 수 있는 것은 무엇인지와 이를 어떻게 이용할 것인지를 중심으로 고려 |
| 해결을 위해 외부로부터 전문가 투입 | 내재적으로 솔루션을 발견해 대외적으로 확산하는 전략 |
| 계획을 중심으로 논리적이고 일사불란하게 접근 | 실험적으로 접근하여 검증된 해결책을 확산 |
| 스스로 해결을 주도하지 않은 것에 대한 이식비용 | 자신들에게 도움이 되는 것들을 자발적으로 채택 |
| 몇몇 관계자들 중심 | 전 공동체가 구심점 |
| 행동의 변화 | 사고의 변화 |
| 일원학습 | 이원학습 혹은 삼원학습 |
| 과거지향적 솔루션 | 미래지향적 솔루션 |
| 조직은 문제 해결의 답을 가지고 있지 못하다는 가정 | 조직 문제의 답은 조직 내에 숨겨져 있다는 가정 |

〈그림10〉 전통적 접근법 vs 긍정적 일탈 접근법

긍정적 일탈 접근법은 기존의 전통적 조직 정신모형에 근거한 접근법이 변화와 혁신에 대한 해결책이 될 수 없을지도 모른다는 점에 근거한 것이다. 정신모형 II가 그리는 새로운 세계의 가능성을 염두에 두고 이 가능성을 지지해주는 실천적 사례를 찾아나서는 것이 더 유리하다고 보는 입장이다. 또한 정신모형 I에서 제시한 기존의 해결책을 넘어설 수 있는 사례들을 부각시키고, 이를 통해 정신모형 II를 받아들이는 접근법이기도 하다.

긍정적 일탈 프로그램은 1970년대 영양학 연구에서 선을 보이기 시작해, 1990년대에 스터닌 부부가 베트남 어린이 구하기 운동에 공식적인 접근 방법으로 채택하였다. 당시 대부분의 베트남 어린이들이 영양실조로 고생하고 있었다. 스터닌 부부가 그렇지 않은 가정의 아이들을 조사한 결과, 이들은 베트남 어디에서나 쉽게 구할 수 있는 돼지감자, 새우, 게 등을 주식으로 하고 있었다. 당시 베트남 사람들은 대부분 이 음식들을 주식으로는 적합하지 않다고 여기고 있었다. 또한 이 아이들은 식사하기 전에 반드시 손을 씻는 습관이 있었고, 영양실조로 고생하는 가정이 하루에 두 끼의 식사를 하는 반면 이들은 서너 끼의 식사를 했다. 이와 같은 차이를 연구한 결과 이들의 식습관이 아이들에게 풍부한 단백질과, 철분, 칼슘을 제공해준다는 사실을 알아낼 수 있었다. 이러한 식습관의 장점을 설파하여 습관화시킨 결과 영양실조로 고생하는 어린이들의 비율이 약 2년 만에 85%가량 감소했다. 중요한 점은 이런 결과가 이후로도 지속되었다는 점이다. 이처럼 긍정적 일탈은 문제의 답이 공동체 내에서 같은 사회적 맥락을 공유하고 있는 소수를 통해 제시되고, 이것이 공동체 전체에 전파된다. 공동체의 구성원들이 실천하고 있는 방법이니 사회적 인증 과정을 통과했다고 볼 수 있고, 같은 구성원들에 의해 해결책이 제시된다는 점에서 외부 프로그램을 강요할 때 생기는 부작용이 없다는 장점이 있다.

긍정적 일탈은 처음에는 영양 개선이나 희랍국가에서의 여성 할례 금지, 에이즈 전염을 막기 위한 콘돔 사용과 같은 공동체 개선 운동의 일환으로 사용되었으나, 기업에서도 차용하면서 성공 사례들이 속속 나타나고 있다.

HP의 엔지니어들은 컴퓨터를 장시간 켜놓을 때 생기는 열이 컴퓨터 고장의 치명적인 원인이라는 것을 알고 있었지만 누구도 나서서 이 문제를 해결하려 들지 않았다. 엔지니어들은 이와 같은 컴퓨터의 과열 현상은 모든 컴퓨터의 어쩔 수 없는 문제라고 생각하고 있었다. 또한 이 문제는 다른 혁신적 프로젝트에 비해 사람들이 알아주지 않는 일이라 여겼다. 이런 와중에 HP의 엔지니어였던 챈드라 파텔은 이 문제를 혼자서라도 해결하기로 결심한다. 그런데 우연히 회사 엔지니어 동호회에 참여했을 때, 똑같은 문제를 해결하기 위해서 프로젝트를 진행하고 있는 사람들이 여기저기에 퍼져 있다는 사실을 알게 된다. 이에 고무되어 회사 전체를 총괄해 이들을 소집해보니 상당히 많은 엔지니어들이 같은 문제로 고민 중이라는 것을 알았고, 사내인터넷을 통해 아이디어를 공유하면서 마침내 문제를 풀게 된다. 파텔의 노력 덕분에 HP의 컴퓨터는 다른 어떤 회사의 제품보다 높은 경쟁력을 갖게 되었다.

골드만삭스는 엔론 사건이 터지면서 금융 거래의 투명성을 제고시키기 위해 다양한 규제를 도입했는데, 이로 인한 높은 중개료가 도마에 올랐다. 중개수수료가 불투명할 뿐만 아니라 너무 높다는 것이었다. 골드만삭스가 살아남을 수 있는 방법은 중개수수료에 의존하던 구조를 버리고 실제 거래가 일어날 때마다 거래비용을 부담시키는 구조로 바꾸는 길밖에 없었다. 자산 컨설턴트들은 패닉 상태에 빠졌다. 고객과 좋은 관계를 유지해가면서 한 번 고객을 평생고객으로 삼아 안정적인 수입을 얻던 구조가 깨지게 된 것이다. 반발이 거세지자 회사에서는 거래수수료만으로도 성공한 컨설턴트가 실제로 있는지를 조사했다. 조사 결과 5명의 컨설턴트들이 긍정적 일탈의 케이스로 선정되었다. 이들은 회사의 지원을 받아 다른 자산 컨설턴트들에게 자신의 노하우를 전파하는 전령사로 나섰다. 이들의 실제적인 성공 사례 앞에서는 회사의 방침 변경에 반대하던 다른 컨설턴트들도 두 손을 들 수밖에 없었다. 결국 골드만삭스는 새로운 금융의 요구에 맞는 패러다임 전환에 대성공을 거두게 되었다.

2003년, 세계적 제약회사인 지넨테크에서는 회사의 사활을 걸고 천식 치료에 특효가 있는 치료약을 개발하는 데 성공했다. 하지만 모든 약효에 있어 다른 약에 비교가 되지 않을 만큼 성능이 뛰어났음에도 불구하고 예상 외로 판매가 부진하여 회사는 곤경에 처했다. 문제 해결을 위해 고민하던 중 회사 내 총 242명의 영업사원 중 2명이 다른 사람의 20배가 넘는 매출을 올리고 있다는 사실을 알게 된다. 이들을 긍정적 일탈의 케이스로 연구한 결과, 의사들에게 약을 팔기 위해 회사에서 권고한 기존의 대본이 전혀 현실에 맞지 않음을 알 수 있었다. 그들의 천식 약은 주사기를 통해서 주입해야 하는데 이에 익숙하지 않은 의사들이 이 천식 약 처방을 귀찮게 생각하는 것이 문제였다. 결국 두 영업사원이 의사들에게 접근하는 방식을 토대로, 회사는 의사들을 대면했을 때 쓸 수 있도록 대본을 수정했다. 수정된 대본에는 어린이들의 생활습관의 중요성에 대한 이야기와 의사들이 귀찮게 생각하는 주사기 사용 문제를 해결할 수 있도록 지원하겠다는 내용을 포함시켰다. 이 대본으로 전 영업사원을 훈련시킨 결과는 기대 이상이었다.

위에서 제시한 세 가지 예시 모두 조직 구성원 대부분은 기존의 정신모형 감옥에서 벗어나지 않으려 했다. 문제가 생기지 않으면 나서서 고칠 필요가 없다는 논리를 펴가며 정신모형의 감옥에서 벗어나기를 거부한 것이다. 이들을 감옥에서 벗어나게 할 수 있는 방법은 정신모형 I 의 가정이 잘못됐다는 사실을 증명할 수 있는 구체적인 사례를 보여주는 것뿐이다. 이 증거는 정신모형 I 에 길들여진 시각으로는 발견할 수 없다. 정신모형 II 에 대한 믿음이 있어야만 긍정적 일탈의 케이스들이 비로소 모습을 드러내기 시작한다. 사람들은 자신이 믿는 대로만 세상을 프레이밍해서 보기 때문이다. 즉, 긍정적 일탈이란 숨어 있는 긍정적 사건을 찾아내, 정신모형 II 에 대한 믿음이 없는 구성원들에게 반증의 사례로 이용하는 것이다.

1982년 타이레놀 독극물 사건에 대처한 존슨 앤 존슨의 모습은 회사의 정신모형Ⅱ에 대한 믿음이 위기 속에서 사건을 제대로 풀 수 있는 안목을 제공해주었기 때문에 가능했던 것이다.

미국의 제약회사 머크의 사례에서도 이를 확인할 수 있다. 1978년, 머크는 새로 개발한 신약 '멕티잔'을 놓고 고민에 빠졌다. 회선사상충증(흑파리 떼에 의해 시력을 잃는 병)을 예방하는 데 탁월한 효과가 있지만 이 약을 생산하는 것이 회사에는 이익이 되지 않기 때문이었다. 이 병은 아프리카에서만 주로 발생하는 풍토병으로 이 지역 주민들은 멕티잔을 구입할 만한 경제력이 없었다. 그러나 머크는 임상실험, 식품의약국(FDA) 승인 등에 드는 막대한 비용을 감수하고 대량 생산에 나섰을 뿐만 아니라, 1987년부터 이 약품을 아프리카 주민들에게 무상으로 공급하기 시작했다. 지금까지 멕티잔은 4억 8천여만 명에 이르는 아프리카인들의 시력을 찾아주었다. 이와 같은 결정도 결국은 머크의 경영진들에게 자사의 정신모형Ⅱ에 대한 강건한 믿음이 있었기 때문에 가능했던 것이다.

위 사례들은 두 회사에 부담도 되었지만 결국은 이들을 영구히 지속 가능한 회사의 반열에 올려놓았다. 회사를 구해줄 해결책이 조직의 어디에서 누군가에 의해 이미 실험되고 있어도 이를 찾아낼 수 있는 시각을 가지지 못했다면 이를 영원히 사장시키게 된다. 정신모형Ⅱ에서 제공해준 프레이밍이 이와 같은 긍정적 일탈과 회사를 살려낼 수 있는 눈을 제공해주는 것이다. 진정성 있는 조직은 기존의 규범에 반하지만 궁극적으로는 회사를 회생시키는 긍정적 일탈을 찾아낼 수 있는 진정한 정신모형Ⅱ를 가지고 있다. 어떤 회사든 회사를 회생시킬 수 있는 성공의 실마리는 회사 안에 반드시 존재한다. 단지 정신모형 I 의 눈으로만 보기 때문에 이것을 발견하지 못하는 것이다.

## 감사의 기적

〈감사나눔신문〉 2011년 12월 15일자에 다음과 같은 기사가 실렸다.

판교 본사에서 열린 포스코ICT의 감사 나눔 페스티벌은 그야말로 축제의 장이었다. 그간 감사 나눔 운동을 실천해온 성과를 발표하고 공유하는 자리였기 때문이다. 공장이 있는 광양과 포항에는 행사가 화상으로 중계되었다. 발표회에서 나타난 성과는 괄목할 만했다. 특히 성과몰입도가 매우 향상된 것으로 나타났다. 2009년 43%, 2010년 58%였던 것이 금년에는 84%로 2년 전에 비해 두 배가량 증가한 것으로 나타났다. 또 임직원들의 행복지수도 83%로 나타나 얼마 전까지만 해도 포스코 계열사 중에서 제일 불행하던 회사가 포스코 계열사 중 가장 행복한 일터로 변했다.

이처럼 감사, 행복, 자부심, 희망 등 긍정적 정서는 조직과 개인의 정신모형 II 를 열어주는 열쇠이다. 긍정적 정서를 경험할 때 뇌파와 심장 박동수가 일치하고 몸과 마음은 서로 상승작용을 일으킨다는 연구결과도 있다.

반면 짜증, 공포, 비난, 죄의식은 정신모형 I 의 산물이다. 세상에 대한 예측력이 떨어지면 정신모형 I 을 비난하기보다는 세상을 대상으로 짜증을 내고 비난하고 분풀이를 하기 때문이다. 또한 정서는 전염성이 강하기 때문에 정신모형 스위치를 끊임없이 돌려 부정적 정서를 차단하고 긍정적 정서를 전염시키는 노력이 필요하다. 정신모형 II 로 스위치를 돌리지 않으면 정신모형은 자동적으로 정신모형 I 로 회귀한다. 리더들은 회사에 출근할 때도 자신의 긍정적 정서의 잔고를 점검하고 들어가야 한다. 긍정적 정서의 잔고가 떨어진 상대로 회사에 들어갈 경우 자신의 짜증, 화, 분노가 직원들에게 그대로 전염된다. 특히 다혈질 민족인 한국인들에게는 긍정적 정서와 부정적 정서를 통한 리더십 효과가 더욱 크게 나타날 수 있음을 명심해야 한다.

# 20 위대한 기업의 단순한 미션

———— 사회적 책임 활동

"아침마다 빨래하고 옷 입는 일을 끝냈다면
다음은 지구를 가꾸는 일에 시간을 내는 것이
인간의 기본적 도리야."
_생텍쥐페리《어린왕자》中

## 기업의 부, 기업의 미션

기업의 사회적 책임(CSR : Corporate Social Responsibility)은 진정성 있는 조직의 리더라면 반드시 생각해봐야 할 이슈이다. 그간 조직의 사명을 실천할 수 있는 활동들은 제한되어 있었는데, 기업의 사회적 책임 활동은 조직의 사명을 실천하고 소통할 수 있는 기회를 제공해준다. 조직 정신모형의 가장 중요한 요체는 사명이다. 사명은 세상에 꼭 존재해야만 하는 신성한 이유이다. 이는 기업이 제품과 서비스를 생산하고 제공하는 까닭을 규명하는 과정에서 밝혀진다. 사회적 책임 활동은 생태계를 구성하고 있는 파트너들에게 이 사명을 전달하고 실천하는 방식이다. 따라서 사회적 책임 활동은 이 사명을 정확하게 계획하고 실천할 수 있도록 디자인되어야 한다.

잘 계획되고 실천된 사회적 책임 활동은 CEO가 진정성 있는 조직의 3가지 요소인 자기인식, 자기규율, 관계적 투명성을 달성할 수 있는 도구다. 먼저 기업의 사회적 책임 활동은 사명을 대변하는 것이기 때문에 이 활동들을 거울삼아 현재 자신들의 모습을 재발견하게 해준다. 또한 궁극적으로 달성될 사명과 현재 상태 간의 차이를 메울 수 있는 또 다른 프로젝트를 진행시키는 데 도움을 줄 수 있다. 이는 진성리더들에게 있어 자기규율의 과정이기도 하다.

사회적 책임 활동의 대상은 종업원과 고객을 넘어 플랫폼을 구성하고 있는 공동체의 모든 구성원들이다. 따라서 사회적 책임 활동에 있어 이들을 수단이 아니라 정당하게 존중받아야 하는 존재론적 대상으로 인식해야 한다. 제대로 된 사회적 책임 활동은 회사의 사명을 전파하고 실천할 수 있는 가장 좋은 방법이다. 사회적 책임 활동은 그 기업이 반드시 존재해야 하는 이유를 설파함으로써 자신을 생태계 내에 배태시킨다. 즉, 기업생태계에 그 기업이 뿌리를 내리게 도와준다. 바로 이 점 때문에 진정성 있는 조직의 CEO는 사회적 책임 활동을 구성원들에게 이양해야 할 가장 마지막 과제로 받아들인다.

아치 캐럴은 기업의 사회적 책임 활동의 수준을 경제적, 법적, 윤리적, 박애적이라는 4단계로 나눈다.[주36] 경제적 단계의 사회적 책임은 최소한 평균 이상의 임금을 주어 종업원의 생계를 책임져 공적자금이 투입되지 않도록 하는 것을 말한다. 법적 단계의 책임은 사회에 법적 손해를 끼치지 않는 행동을 말한다. 환경을 오염시키는 폐수나 기름 등을 유출하지 않는 것처럼 법으로 정한 테두리 안에서 정당하게 기업을 운영하는 것이다. 윤리적 책임은 법으로는 정해지지 않았지만 회사와 사회와의 암묵적 계약을 지켜나가는 행동을 말한다. 종업원이나 납품업자 등 기업의 이해당사자들과의 공정한 계약을 지켜나가고, 환경을 보존하며, 시민들의 기본권을 존중함은 물론이고 소비자의 권익을 보호하는 행동 등이 여기에 해당된다. 다시 말해 시민들의 기본권이나 환경을 지키려는 적극적인 입장이라고 할 수 있다. 이전까지의 단계가 수동적인 기업의 사회적 책임 활동이라면 박애적 단계의 책임은 회사가 사회를 구성하는 시민으로서 자발적으로 공동체의 복지를 위해 공헌하는 행동을 말한다. 사회를 위해 자신의 역량을 기부하거나 노동력을 제공하고, 공동체에 도움이 되는 프로그램을 운영하는 것이 그 예이다. 그렇게 하지 않는다고 해서 비난을 받지 않지만, 기업이 자신의 사명에 근거해 자발적으로 기여하는 행동이다.

신자유주의 패러다임의 창시자라고 불리는 밀턴 프리드먼은 윤리적인 관습이나 법제화된 사회적 규범에 충실하면서 가능한 많은 부를 축적하는 활동이 기업의 목적이라고 설명했다.[37] 프리드먼의 입장에서 보면 기업이 경제적, 법적, 윤리적 단계의 책임을 준수하는 것은 자신들의 목적에 부합하지만 박애적 단계의 책임은 준수할 이유가 없다. 그러나 이런 주장은 기업이 공동체에 뿌리를 내리고 있다는 사실을 간과한 것이다. 기업은 사회 공동체의 일원으로서 존경받을 때만 영속적으로 이윤을 낼 수 있다. 단순한 이윤추구를 넘어 기업의 존재이유를 명료하게 설파할 수 있을 때 공동체의 구성원들로부터 지지와 신뢰를 받을 수 있다. 그리고 이 박애적 단계의 사회적 책임 활동을 통해서만 기업은 자신의 사명을 구성원들에게 정확하고 구체적으로 설파할 수 있다.

박애적 단계의 책임을 부담스럽게 느끼는 CEO들이 있는데, 이는 '박애적'이라는 말을 재무적인 것으로 받아들이기 때문이다. 하지만 진정한 박애적 단계의 책임은 재무적인 수준을 넘어 기업의 존재이유를 전달하는 데 있다. 수재의연금이나 장학금을 낸 것만으로 박애적 책임을 실천했다고 생각하는 기업들은 회사의 존재이유를 부정하는 것과 같다.

가장 좋은 박애적 단계의 책임 활동은 서비스나 재화를 이용할 수 없는 고객들에게 기업이 자신들의 서비스와 재화를 제공하는 것이다. 이런 면에서 운동선수들을 대상으로 한 대교의 눈높이 교육이나, 현대카드의 버스정류장 디자인 등은 좋은 사회적 책임 활동이라고 볼 수 있다. 대교는 학생임에도 불구하고 교육을 받을 시간적 여유가 없는 운동선수들에게 회사의 대표적 역량이라고 볼 수 있는 눈높이 교육을 무상으로 실시하고 있다. 현대카드는 자신들의 핵심 고객인 제2금융권 이용 서민들이 자주 이용하는 버스정류장을 자신들의 디자인적인 역량으로 세련되게 꾸몄다.

사회적 책임 활동을 단지 경쟁사에게 뒤처지지 않기 위해, 책임을 면하기 위해, 회사의 이미지를 제고하여 판매를 늘리기 위해, 주가나 재무적 자산 가치를 높이기 위한 수단으로 활용한다면 이는 회사의 존재이유를 밝히는 데 도움이 되지 않는다.

최근에 사회적 책임 활동을 이해관계자의 관점에서 정의하려는 연구들이 프리만을 중심으로 제시되고 있다.[38] 이해관계자의 관점이란 '누구를, 왜 회사의 이해관계자로 정의할 수 있는지'의 논쟁이다. 전통적인 관점에서의 이해관계자는 종업원, 주주, 고객, 경영진, 공급업자 등이다. 하지만 이해관계자 관점에서는 그 범위가 이보다 더 확대되어야 기업이 제대로 된 사회적 책임 활동을 할 수 있다고 지적한다. 정부, 정치단체, 노동조합, 각종 연합회, 직간접적으로 관련된 회사와 기관들, 미래의 종업원, 잠재 고객, 일반 시민, 심지어는 경쟁자까지도 포함시켜야 한다는 주장이 설득력을 얻고 있다. 즉, 비즈니스 생태계의 플랫폼을 공유하고 있는 구성원 전체가 이해관계자라는 것이다.

또한 지금까지는 이해관계자들을 서로의 이익을 관철시키고자 하는 협상과 힘 싸움의 대상으로 보았다면, 새로운 주장은 제로섬 게임이 아니라 이해당사자들 간의 협동과 협업을 통해 어떻게 서로가 이득을 볼 것인가의 관점에서 보아야 한다는 주장이 제기되었다. 이 입장은 경영 환경의 변화를 잘 반영하고 있다. 기업의 환경은 이해당사자의 입장에서 단편적으로 분석될 수 있을 정도로 단순하지 않은 기업생태계 환경으로 편입되고 있다. 같은 생태계에서 같은 플랫폼을 공유하고 있는 회사는 겉으로는 경쟁자처럼 보이지만 잠재적 협력자도 될 수 있다. 이처럼 같은 생태계를 공유하고 있는 모든 사람들과 조직들은 모두 잠재적 협력자라는 관점에서 기업의 사회적 활동의 대상을 확대해야 한다.

생태계에서 플랫폼을 공유하는 구성원들 간 협업을 통해서 기업의 사회적 활동을 전개시킨 대표적 사례로 미국 화장품 회사인 에스티 로더의 핑크 리본 캠페인을 들 수 있다. 에스티 로더의 핑크 리본 캠페인은 1992년 여성들의 유방암에 대한 인식 고취와 조기 검진의 중요성을 알리기 위해서 기획되었다. 처음에는 자사 고객을 중심으로 핑크 리본과 자가진단 카드를 나눠주는 것으로 시작되었지만, 2010년에는 70여 개국에서 1억 1천만 개 이상의 핑크 리본이 배포되었다. 나아가 에스티 로더와 플랫폼을 공유하고 있는 식품, 의류, 항공사 등 다양한 협력 기업들에게까지 확대되었다. 이 기업들은 자사의 상품과 서비스에 핑크 리본을 부착하고, 이 상품과 서비스로 얻은 수입 일부를 유방암 연구재단에 연구기금으로 기부하고 있다. 기부금만 해도 지금까지 4천 5백만 달러를 기록했다. 대표적으로 여성의류업체인 앤 클라인은 핑크 리본 캐시미어 스웨터를 선보여 폭발적인 반응을 얻어 기부 목표액인 2만 5천 달러를 초과달성했다. 3M에서는 핑크색 포스트잇을 출시했다. 델타항공은 비행기를 핑크색으로 장식하고 핑크색 유니폼을 입은 승무원이 핑크색 레모네이드를 제공했다. 핑크 리본 캠페인은 70여 개 나라에서 약 20억 명의 여성들에게 도움을 주었다. 의도한 것은 아니었지만 결과적으로 에스티 로더는 엄청난 명성을 얻었다. 이를 브랜드 가치로 환산한다면 그 가격은 추정할 수 없을 정도일 것이다. 이처럼 세계적 진성기업들은 부를 모아가는 것이 아니라 진정성 있는 정신모형을 실현하고 그 결과로 엄청난 부를 얻는다.

# 야누스의 두 얼굴

종업원의 관점에서는 기업의 사회적 책임 활동이 회사에 독이 될 수도 있고 득이 될 수도 있는, 야누스의 얼굴과 같은 양면성을 가지고 있다고도 볼 수 있다. 이 관점에서는 기업의 사회적 책임 활동이 종업원들의 자발적 참여를 끌어내려면 어떻게 해야 할 것인가를 따져봐야 한다.

2009년 한국의 지속가능성 지수인 DJSI(Dow Jones Substantiality Index) Korea에 포함된 38개 기업을 연구한 결과는 기업의 사회적 책임 활동이 무조건 긍정적이지만은 않음을 밝혀냈다.[39] 회사가 사회적 책임 활동을 하는 이유가 '좋은 이미지를 만들어 경제적 이득을 획득하기 위해서'라고 생각하고 있을 때와 '조직의 사명을 구현하기 위해서'라고 믿고 있을 때 종업원들이 다른 행동을 보인다는 것이다. 전자인 경우의 종업원들은 회사가 진정성이 떨어진다고 생각해, 회사를 위한 조직시민행동을 하지 않거나 회사 이익에 반하는 행동을 상대적으로 더 많이 한다는 것이 규명되었다. 반면 후자인 경우 조직을 위한 조직시민행동에도 적극적으로 참여하고, 회사를 위해 반사회적 행동을 하지 않는 것으로 나타났다. 즉, 종업원은 자신의 회사가 사회적 책임 활동을 통해 얻는 경제적 이득만을 생각할 경우 회사의 진정성에 의구심을 갖는다는 것이다. 이를 통해 기업의 사회적 책임 활동이 그간 알려진 것처럼 모두 기업에 도움이 되지만은 않는다는 사실이 밝혀졌다. 기업의 사회적 책임 활동이 사명을 구현하려는 순수한 동기에서가 아니라 이득을 얻기 위한 수단으로 사용될 경우 조직에 해가 될 수도 있음이 밝혀진 것이다.

# 21 진정성이라는 토양에서 자라다

 ─── 리더십 성과

비즈니스에서 불멸의 법칙은
말은 말로 끝나고 약속은 약속으로 끝나지만,
성과는 현실을 만든다는 사실이다.
뛰어난 성과는 스스로 빛나는 다이아몬드와 같다.
_해럴드 재닌

## 진정성으로 피워낸 성과

진성리더십의 성공은 진성리더라는 씨앗과 이들의 토양이 되는 진정
성 있는 조직 간의 상호작용에 의해 결정된다. 아무리 좋은 씨앗이 있
다 하더라도 이들이 발아할 수 있는 토양이 없다면 씨앗은 그대로 고
사될 수밖에 없다. 그렇지만 진성리더십은 상황 구속성을 강조하는
기존의 상황이론과는 차이를 보인다. 진성리더는 상황이론처럼 상황
에 끌려 다니기보다는 상황을 자신의 정신모형으로 재해석하고 재구
성해 바꾸어나갈 수 있다는 믿음을 기반으로 하고 있다.

조직은 진성리더라는 씨앗을 발아시키는 토양이지만 이 토양이

만들어지는 과정도 진성리더가 성장하는 과정과 비슷하다. 진정성 있는 조직도 진성리더와 같이 조직의 정신모형을 기반으로 성찰하고 여기서 파악된 갭을 줄이는 자기규율의 과정을 통해 정신모형을 검증하는 활동에 관여한다. 조직의 경영자들도 조직의 정신모형Ⅱ를 세워 방어기제의 함정에 빠져들지 않도록 노력을 기울여야 한다. 또한 조직의 주요 후원자들과 관계적 투명성을 유지하도록 노력해야 한다.

진성리더십이 가장 힘을 발휘할 수 있는 상황은 조직의 CEO가 진성리더일 때이다. 조직의 CEO는 다른 구성원들이 진성리더십을 실천할 수 있는 가장 비옥한 토양이기 때문이다. 마찬가지로 팀리더가 진성리더라면 팀원들은 비옥한 토양을 가지고 있는 셈이다. 뛰어난 진성리더십을 실천하는 선배가 있다면 후배에게는 좋은 토양이 될 것이다. 이처럼 진성리더십은 조직에서 리더의 위치에 있는 사람들에 의해서 구현될 때 그 부하나 후배들에게 비옥한 토양이 마련된다. 반대로 리더에게 진정성이 결여되었을 경우 그 조직은 그 리더 때문에 농사도 지어볼 수 없는 오염된 토양을 가지는 셈이다. 이 경우는 구성원이 밑에서부터 진성리더십을 실천해 토양을 개선하는 방법밖에 없다. 리더의 지위에 있는 사람들은 자신이 해야 할 개인적 역할과 의무를 넘어 자신들의 존재 자체가 다른 사람에게 토양이 될 수 있음을 깨달아야 한다.

진정성 있는 조직이라는 상황과 진성리더라는 씨앗이 발아될 경우 리더십 행동이나 스킬 등은 리더십 역할로 표출된다. 이 역할이 구성원들에게 선한 영향력을 행사하면 조직은 성과를 거두기 시작한다. 조직의 성과는 재무적 성과, 주관적 성과, 사회적 성과, 부하의 육성

등으로 나타난다. 진정성 있는 조직이 목표로 하는 성과는 일반 기업들이 목표로 하는 단기적 성과를 넘어 장기적 성과를 목표로 한다.

## 재무적 성과

'과연 진정성 있게 조직을 운영하면서 재무적 성과를 낳을 수 있는가?' 하는 것은 많은 사람들이 가진 최대 의문 중에 하나이다. 그러나 이는 회사가 움직이는 원리를 너무 미시 경제학적으로 이해하는 데에서 생긴 오해이다. 조직의 정신모형 중 사명은 회사가 왜 특정 제품과 서비스를 생산할 수밖에 없는가에 대한 신성한 이유를 설명해준다. 그 이유가 바로 조직이 영속하는 이유이기도 하다. 사명을 구현하기 위해 열정적으로 헌신해온 회사가 이 지구상에서 사라지는 것을 바라는 사람은 아무도 없을 것이기 때문이다. 회사가 어려운 상황에 처했을 때 누군가가 기사회생에 도움을 주게 만드는 이유는 바로 이 회사의 사명 때문이다. 비전은 조직 구성원들에게 회사가 성장함으로써 이들에게 돌아갈 커진 파이를 보여주는 세속적인 측면을 반영하고 있지만, 사명은 조직의 후원자들에게 어떤 도움을 줄 수 있는가를 설명해주는 신성한 측면을 반영한다. 일반적인 기업들은 사명을 명목상으로만 내걸고 비전에만 주력한다. 그러나 진성기업들은 비전보다는 사명의 중요성을 깨닫고 있다. 사명은 회사의 존재이유를 설명하는 진북이기 때문에 여기에 도달하지 못할 때 중간기착지로서의 비전은 무의미할 수 있다. 지속 가능한 기업으로 알려진 기업들의 비밀은 비전이 아니라 이 기업들이 가진 차별적 사명에 있다.

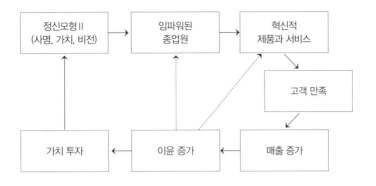

〈그림11〉 정신모형Ⅱ 기반의 기업가치 선순환 모형

기업의 정신모형Ⅱ가 이중몰입의 상태를 극복하고 단단한 믿음으로 변환될 경우 기업은 〈그림11〉과 같은 선순환 과정을 거쳐 성과를 창출한다. 먼저 조직의 정신모형Ⅱ가 명확하게 디자인되고 종업원들과 경영진이 이 정신모형에 대한 믿음을 가지게 된다. 이런 진정성 있는 조직의 종업원들은 더 이상 일개 월급쟁이가 아니라 자신의 일을 통해 회사의 사명과 가치를 구현하는 신념의 전사가 된다. 회사의 제품과 서비스에는 이들의 신념에 대한 진정성 있는 스토리가 반영된다. 이런 조직의 종업원들은 정신모형Ⅰ의 감옥에서 해방되어, 세상에 신성한 족적을 남기는 일에 헌신하는 사람이 된다. 다른 조건이 같다면 이들이 만들어낸 제품과 서비스는 타 기업들에 비해 혁신적일 수밖에 없다. 제품과 서비스에 진정성 체험이 부가되면 될수록 고객 만족은 증대한다. 고객 만족의 증대는 매출 증대와 이윤 증가로 이어져 회사의 정신모형에 끌리는 투자자들을 집결시킨다. 이윤 증가는 종업원의 처우나 훈련, 리더십 개발에 투자할 수 있는 여력과 기술 개발을 위해 R&D에 투자할 수 있는 여력을 가져온다. 결국 기업의 정신 모형을 매개로 종업원, 고객, 투자자들이 운명공동체로 거듭나게 된다. 바로 이것이 지속 가능한 성과의 비밀이다.

### 사회적 성과

진정성 있는 조직은 지속 가능한 객관적 성과 이외에도 명성이라는 사회적 성과를 거둘 수 있다. 전통적으로 기업의 사회적 성과는 기업이 기업생태계를 구성하고 있는 핵심적 이해관계자들의 이해를 얼마나 충족시켜 주었는지의 문제였다. 그리고 명성은 이 같은 행동의 결과로 구성원들이 그 기업의 미래 행동에 대해 기대하는 주관적인 지각이다. 결국 명성은 같은 생태계에 속한 구성원들이 이 기업에 대해서 주관적으로 부여한 사회적 지위라고 할 수 있다. 이는 자신의 생존을 넘어 플랫폼을 공유하고 있는 기업생태계의 공진화에 기여한 공으로 구성원들로부터 부여받은 상인 셈이다.

불확실한 경영 환경에 처한 기업이나 구성원들의 입장에서 명성은 유일하게 믿을 수 있는 사회적 가격표이며, 이는 이 기업이 특별한 사회적 문제를 일으키지 않는 한 지속 가능성을 보장해주는 보증수표라고 할 수 있다. 이 회사가 산출한 제품과 서비스의 가격은 이 제품과 서비스의 가치를 넘어 회사의 명성이라는 가격표에 따라서 실질적으로 산정된다. 명성은 브랜드 가치에 반영되어 자본으로서의 역할을 수행한다. 또한 명성에 맞는 구성원들을 끌어당기는 자석과도 같은 역할을 한다. 이 명성에 따라 이 기업과 거래를 개설하고자 사업 기회를 가진 기업과 인재들이 줄을 서게 되고, 서로의 성공을 도울 기회를 도모한다. 결국 사회적 성과는 원점으로 돌아가 진성리더의 재목이 조직으로 유입되도록 도와주고, 진정성 있는 조직의 토양을 더욱 비옥하게 만드는 거름 역할을 한다.

## 주관적 성과

진성기업들이 누릴 수 있는 또 하나의 열매는 '심리적 자본의 축적'이라는 주관적 성과이다. 대표적인 심리적 자본으로 '심리적 웰빙(Eudemonic Well-Being)'을 들 수 있다. 진정성 있는 조직의 구성원들은 심리적 웰빙이 충만한 상태에서 정신적, 육체적으로 최고의 건강상태를 만끽한다.

심리적 웰빙은 사람들에게 잘 알려진 주관적 웰빙(Subjective Well-Being)과는 다른 개념이다. 주관적 웰빙이 육체적인 개념이라면 심리적 웰빙은 정신과 육체가 통합된 상태에서 오는 최고의 행복감을 말한다. 좋은 음식과 여가를 즐기고 스트레스를 피하는 방식으로 도달할 수 있는 것은 주관적 웰빙이다. 그러나 회사에서 일하는 하루하루가 소풍 가는 날처럼 즐겁고 열정이 넘쳐 밤새 일을 해도 피곤한 줄을 모르는 것은 심리적 웰빙이다. 주관적 웰빙은 돈과 시간이 있으면 충족되지만 심리적 웰빙은 자신의 인생을 달굴 수 있는 매력적인 정신모형이 구축되어 있어야만 달성할 수 있다. 주관적 웰빙은 스트레스가 발생하는 일을 피하고 좋은 음식이나 여행 등을 취하면 성취할수 있지만, 어디까지나 단기적인 편안함과 안락함을 제공해줄 뿐 장기적으로는 인생의 활력을 빼앗아갈 수 있다. 포만감을 느끼는 음식을 먹고 편한 상태에서 휴식을 취할 때의 느낌을 생각해보자. 대체로 사람들은 '이 상태가 딱 좋다'는 느낌을 받는다. 주관적 웰빙에 중독되면 변화를 피하고 수동적인 상태에 머문다. 그러므로 주관적 웰빙에 지나치게 몰입해 있는 조직은 노화한다. 반대로 심리적 웰빙의 기반을 갖추고 있는 조직은 점점 젊어진다. 조직의 모든 구성원이 청년과 같이 열정적으로 일에 몰입해 있다면 이 조직은 심리적 웰빙의 수혜자라고 볼 수 있다.

조직에서 주관적 웰빙은 복지 시스템에 의해 결정된다. 복지가 잘 갖추어진 회사의 사람들은 그렇지 못한 회사의 사람들보다 주관적 웰빙을 더 느낄 수 있다. 문제는 심리적 웰빙이 바탕이 되지 않고 주관적 웰빙만 지나치게 강조할 경우 종업원들이 물질만능주의에 빠져들 위험이 있다는 것이다. 그리고 이보다 더 큰 문제는 공기업에서 흔히 발견되듯이 종업원들을 수동적으로 만들어 변화와 혁신을 기피하게 된다는 점이다.

심리적 웰빙은 진정성 있는 조직만이 경험할 수 있는 학습과 성장에서 비롯된다. 학습과 성장에서 느끼는 즐거움이야말로 진정한 심리적 웰빙의 원천이다. 그 이유는 진정성 있는 조직에서는 정신모형 II와 정신모형 I 이 각자 플러스극과 마이너스극이 되어 열정을 분출하기 때문이다. 진정성 있는 조직에 몰입한 모든 종업원들 역시 마찬가지다. 이들은 조직의 학습과 성장을 바탕으로 자신만의 매력적인 정신모형을 구축하고 있다. 자신의 삶을 스스로 경영하는 과정에서 하루하루 학습과 성장을 경험한다. 이때 느낄 수 있는 최고의 행복감이 바로 심리적 웰빙이다. 하루하루가 신비롭고 즐거움에 가득 찬 흥미진진한 삶을 사는 사람들은 정신모형이 열정의 불씨가 되어서 삶 자체를 임파워먼트시키고 있다.

하지만 심리적 웰빙과 주관적 웰빙이 서로 배타적인 것은 아니다. 무엇보다 둘이 선순환하도록 만드는 것이 중요하고, 그러려면 심리적 웰빙이 그 원천이 되도록 해야 한다. 매력적인 정신모형을 구축해 심리적 웰빙의 삶을 구가하고, 여기에서 새로운 성취와 학습을 경험했을 때 이에 대한 보상의 차원으로 주관적 웰빙을 성취하는 것이 올바른 선순환 모형이다. 그리고 진정성 있는 조직은 이런 선순환의 메커니즘을 잘 활용한다.

조직이 매력적인 정신모형을 기반으로 한 열정의 발전소를 가지고 있다는 것은 종업원들에게 돈으로 환산할 수 없는 심리적 웰빙을 선사한다. 진정성 있는 조직은 이런 점에서 조직 안에 산소가 펑펑 뿜어져 나오는 숲을 가지고 있는 것과 마찬가지다. 이 심리적 웰빙에서 얻어진 행복감은 전염성이 강하다. 프레드릭슨의 정서이론에 따르면 긍정적 정서의 확산은 구성원들의 창의적인 사고와 혁신을 위한 행동, 태도의 레퍼토리를 확장시키는 역할을 한다.[40] 진정성 있는 조직 안에 자연스럽게 혁신과 자발적인 행동이 늘어나는 것은 이 심리적 웰빙 덕분이다. 조직 문화 프로그램으로 유행하고 있는 '좋은 직장 만들기'나 '펀(fun) 경영'이 실효를 거두지 못하는 이유는 진정성 있는 조직과 달리 그 기업들에는 열정의 발전소가 없기 때문이다. 프로그램 진행자가 인위적으로 일회성 웃음을 만드는 식의 흥미 위주 프로그램은 외적인 압력이 없으면 그 에너지가 지속되지 못한다. 그래서 회사의 평가 항목에서 빠지게 되면 그 순간 자연스럽게 프로그램이 소멸되는 것이다.

심리적 웰빙 이외에 진성기업이 얻을 수 있는 또 다른 주관적 성과는 긍정심리학에서 심리적 자본으로 자주 거론되는 희망, 낙관, 회복탄력성, 자기효능감 등이다. 희망은 목표를 향해 정진하게 만드는 의지와 구체적 플랜으로 구성된다. 낙관은 귀인이론의 측면에서 긍정적 사건에 대해서는 내재적이고 일반적인 귀인을 이용하는 반면, 부정적 사건에서는 외재적이고 구체적 이유를 적용해 설명하는 경향을 말한다. 자기효능감은 어떤 일을 맡기더라도 이를 자신 있게 수행할 수 있다는 믿음을, 회복탄력성은 어려운 상황에서도 부러지지 않고 오뚝이처럼 다시 일어서는 성향을 말한다.

진정성 있는 조직의 구성원들은 일반 조직의 구성원들에게는 없는 정신모형 II를 가지고 있다. 이 정신모형 II는 난관 속에서도 고수됨으로써 강력한 믿음의 상태로 변환되어 있기 때문에 마치 마음에 단단한 근육을 가지고 있는 것과 같다. 마음의 근육은 지금까지 어렵고 부정적인 상황을 정신모형을 통해 극복하는 과정에서 생긴 것이다. 강철이 더 단단하게 단련되는 이유가 쇠망치로 부단히 두드려 맞았기 때문인 것과 같은 이유이다. 단단한 근육질로 단련된 미래의 지도인 정신모형 II와 지금까지 살아왔던 방식에서 얻어진 정신모형 I은 서로 스파크를 만들며 열정의 발전소를 돌린다. 이 열정의 발전소에서 산출되는 에너지는 상황에 따라 낙관과 희망의 플롯을 만든다. 앞으로 닥칠 역경 속에서 이를 극복하는 이야기를 만들기도 하고, 또 주어질 난제 앞에서는 누구보다 이를 잘 수행할 수 있다는 믿음을 산출하기도 한다. 진정성 있는 조직의 구성원들은 이 플롯에 기반을 두고 어려운 상황에서도 끝내 모든 난관을 극복하는 영웅적 이야기의 주인공이 된다.

희망은 정신모형의 비전과 관련되어 있다. 미래의 명확한 비전은 마음을 울렁이게 하고 이를 통해 의지를 불태우게 된다. 또한 비전에 대한 믿음은 이를 달성하는 다양한 방법에 대한 유연성에 눈을 뜨게 한다. 낙관은 목표에 대한 인식과 이를 달성하려는 대안에서 촉발되는 개념이 아니라 주어진 상황의 긍정적 혹은 부정적 가치에 대한 개념을 기반으로 한다. 진정성 있는 조직의 구성원들은 맹목적 낙관이 아닌 현실적 낙관주의자들이다. 현실적 낙관은 현재의 암울한 상황을 객관적으로 인식하면서, 동시에 미래에 대해 희망을 갖는 것이다. 현재가 아무리 비극적이라 하더라도 이를 냉철히 인식할 때 미래의 솔루션을 도출할 수 있다. 따라서 정신모형 I 이 지배하는 낙관은 맹목적 낙관이지만 정신모형 II가 만든 낙관은 현실적 낙관이다.

주관적 성과의 또 다른 요소인 자기효능감은 학습과 성장의 경험 그리고 주변 사람들의 기대에서 생긴다. 진정성 있는 조직은 자기규율 과정에서 수많은 과제를 창안해내고 이를 수행한다. 종업원들은 이 과정을 통해 누구보다 많이 학습하고 성장한다. 성장과 학습이 주는 내재적 즐거움은 외재적 동기에 근거한 학습보다 더 높은 전문성과 유용한 학습 경험을 축적해준다. 학습과 성장의 즐거움 때문에 과제를 수행하는 사람과 의무감이나 인센티브 때문에 과제를 수행하는 사람 간의 차이는 천양지차다. 이처럼 과제에 대한 학습 경험과 전문성은 어떤 과제를 할당받아도 해낼 수 있다는 자신감을 키워준다.

또한 과제를 성공적으로 수행해서 성장했던 선배들이 멘토나 코치가 되어서 이들을 지원해준다. 진성코치나 진성멘토들은 누구나 기회를 주면 충분히 잘 해낼 수 있다는 믿음을 가지고 후배들의 학습과 성장을 지지하기 때문에 피그말리온 효과를 일으켜 종업원의 자기효능감을 키워준다. 진정성 있는 조직의 구성원들이 다른 조직의 구성원들보다 더 높은 자기효능감을 가지는 이유이다.

회복탄력성은 진성리더십의 기본 원리 중 하나인 존재론적 관계를 통한 긍정적 역할모델로 설명할 수 있다. 진성리더는 구성원들을 물질적 관계를 넘어 개별적 인간으로 존중하고 신뢰하는 환경을 만드는 데 최선을 다한다. 진성리더들은 같이 생활하는 구성원들이 최고의 자긍심을 누리며 조직 생활을 즐길 수 있도록 도움을 준다. 이들은 특히 어려운 상황에서 사랑과 측은지심으로 구성원들을 지지해준다. 이 존재론적 관계와 사랑을 통해 복원된 구성원의 자긍심은 어려운 상황을 극복해나가는 심리적 자원이다. 진성리더의 사랑과 관심에 의해 촉발된 자긍심은 어려운 상황을 만날수록 더 단단한 마음의 근육으로 단련된다.

지금까지 논의한 낙관, 희망, 회복탄력성, 자기효능감 등의 심리적 자본은 정신모형 II에서 구현하는 믿음을 더욱 강화하는 쪽으로 피드백된다. 이는 앞에서도 살펴본 바와 같이 뇌신경계의 매개를 통해 일어난다. 즉, 심리적 자본에 대한 지속적 경험은 뇌신경계를 변화시켜 정신모형의 행동, 감정, 태도, 언어가 자연스럽게 습관으로 자리 잡게 도와준다. 이처럼 정신모형이 모든 행동이나, 태도, 언행에 일관되게 표출될 때 품성을 갖춘 사람이 된다. 즉, 품성을 갖춘 진정성 있는 조직은 구성원들을 품성을 갖춘 진성리더로 육성해내는 인큐베이터 역할을 수행하는 것이다.

리더십 인사이트
## 조직의 각성사건

각성사건은 진성리더들에게만 일어나는 사건이 아니다. 많은 진정성 있는 조직이나 심지어 국가도 각성사건을 경험한다. 현 포스코의 전신(前身)인 포항제철 건립에서도 각성사건을 살펴볼 수 있다.

포항제철 건립 자금이 된 1억 달러는 대일청구권 자금으로, 우리나라를 36년간 식민 지배한 일본에게서 사죄금 명목으로 받은 돈이다. 한마디로 일제치하에서 겪은 치욕에 대해 더 이상 왈가왈부하지 않겠다고 각서를 쓰고 받아낸, 국가의 목숨과도 같은 돈이었다. 포항제철 건설을 맡았던 고(故) 박태준 회장은 이 돈의 신성한 의미를 잘 알고 있었다. 따라서 이 돈을 사용해 만들어낼 사명을 '제철보국'으로 정했다. 제철 산업을 꼭 성공시켜 국가에 은혜를 갚겠다는 뜻이다. 국가의 목숨과도 같은 돈으로 완성해야 하는 사업이니만큼 실패할 경우 모두가 우향우해서 영일만에 빠져 죽자는 소위 '우향우 정신'으로 몰입했다. 포항제철 즉,

박태준에게 건설은 국가의 사명을 세우는 목적지향적 프로젝트였다.

돈을 마련했어도 기술이 문제였다. 박태준은 일본의 3대 철강회사 사장과 소유주를 따라다니며 기술 이전을 요청했다. 철강회사 소유주들은 박태준이 일본을 방문하는 일정을 파악해 피해 다녔으나, 박태준은 그들의 휴가지까지 찾아내 집요하게 따라다녔다. 이때 일본에서 한국에 제철소가 생겨도 수십 년 내에는 절대로 일본을 따라잡지 못할 것이고, 인접국에 철강 산업이 생길 경우 자신들에게 긍정적 효과도 있을 것이라는 여론이 일어났다. 박태준은 마침내 뜻을 이루었다. 박태준은 공사의 80%가 진행된 시점에서 부실공사가 발견되면 가차 없이 전체를 폭파시키고 처음부터 진행하는 완벽주의로 프로젝트를 진행했다.

박태준에게는 정치적 유혹도 많았다. 하지만 이를 모두 뿌리치고 제철소 건설에만 몰두한 그는 1992년에 연간 2100만 톤 규모의 양산 체제를 구축했다. 박태준은 다음 날인 10월 3일 개천절에 국립묘지에 있는 박정희의 묘역을 찾아 보고문을 낭독했다.

"…(상략)…25년 전의 그 마음으로 돌아가, 잘사는 나라 건설을 위해 매진할 수 있도록 굳게 붙들어주시옵소서."

포항제철은 세계 최강의 철강 기업으로 성장했다. 글로벌 철강 분석 기관 'WSD'는 2011년 세계 34개 철강사 대상으로 기술력·수익성·원가 절감 등 23개 항목을 평가, 포스코를 세계 1위 철강사로 선정했다. 포스코는 시가총액도 세계 1위 철강 기업으로 올라섰다.

## 22 진성리더는 스토리로 자서전을 쓴다
##### 진성리더의 육성과 개발

> 플롯 가운데 최악의 것은 에피소드 플롯이다.
> 이야기 속에서 여러 가지 에피소드가 서로 개연성, 필연성 없이 존재할 때
> 이를 에피소드 플롯이라고 한다.
> _아리스토텔레스

## 플롯을 갖춘 삶의 신화적 스토리

진성리더가 되는 과정을 튼튼한 플롯을 기반으로 자신만의 신화적 스토리를 써가는 과정이라고 할 수 있다. 이 스토리는 소설과 차이가 있다. 소설은 마지막 장을 다 읽으면 스토리가 끝나지만, 인생 스토리의 결말은 미래에 있기 때문에 어떻게 결론이 내려질지 아무도 모른다. 따라서 사람들은 자신이 지금까지 써온 이야기의 독자이기도 하고 앞으로 써나갈 미래 이야기의 작가이기도 하다. 진성리더들은 정신모형Ⅱ의 플롯을 기반으로 나만의 이야기를 기록함으로써 나의 운명이 존재한다는 것을 확인한다.

기록이 없으면 역사도 없고 자신의 세계도 없다. 기록의 형태는 일기여도 좋고 메모여도 좋다. 홈페이지에 써도 좋고 사진첩으로 남겨도 상관없지만, 자서전의 성격을 띠어야 한다. 자서전 저술을 통해 자기성찰, 자기규율, 진정성 있는 관계가 공진화하게 되고 이 과정을 통해 개인의 역사는 스스로 편찬된다.

스토리를 써가면서 작가의 품성을 대변하는 캐릭터를 창출해야 한다. 좋은 소설도 장편인지 단편인지보다는 얼마나 흥미진진한 내용을 담고 있는지가 중요하듯, 인생도 얼마나 오래 사는지가 아니라 얼마나 흥미진진한 스토리를 들려줄 수 있는지가 더 중요하다. 유사 리더들은 스토리를 남기지 못하고 존재감 없이 세상에서 사라지지만, 진성리더들은 자신들만의 흥미진진한 신화적 스토리를 남긴다. 신화적 스토리의 플롯은 정신모형 II의 사명, 비전, 가치 등에 대한 믿음에서 나온다. 정신모형 II가 제대로 검증되지 못한 이들의 이야기는 정신모형 I을 통해서 만들어진다. 정신모형 I에 의해 써진 스토리는 일관성이 없어서 이들의 삶은 단순한 에피소드 모음으로 끝나게 마련이다.


## 자서전의 플롯

리더가 품성을 갖춘 진성리더로 태어나는 과정은 긴 여행의 과정이다. 이야기의 플롯은 다음과 같다. 리더는 자신 또는 부족의 문제를 해결하기 위해 편안했던 정신모형 I 이 지배하는 생활을 포기하고 정신모형 II 가 가리키는 진북을 찾아 긴 여행을 떠난다. 이 여행에서 리더는 험준한 산도 만나고, 적대적인 부족도 만나고, 강, 길동무, 스승도 만난다. 여행은 험난하지만 리더는 이 모든 과정을 극복하여 진북에 이르고 여기서 자신과 부족을 구해낼 수 있는 불로장생의 명약, 즉 품성을 얻어 금의환향한다.

이 여행의 첫 번째 단계는 준비기이다. 준비기는 지금의 삶의 방식으로는 리더로 성장할 수 없다는 것을 깨닫는 단계로, 주로 학교에서의 공부를 통해 리더로서의 전망을 탐색하는 기간이다. 이 기간에는 리더십 훈련이 제한되어 있다. 공부도 주로 지식 습득 위주여서 일원학습의 수준에 머문다. 후반부는 대학을 졸업하고 첫 직장을 가지게 되고 직장에서 다른 사람의 지시를 받아 과업을 수행하는 단계까지가 이 기간의 후반부에 해당된다. 이 시기에 진성리더들은 각성사건을 통해 자신만의 정신모형 II 에 대한 밑그림을 그리게 된다.

두 번째 단계는 주체적으로 선택한 리더로서의 삶을 살아가는 단계로, 조직생활에서는 관리자가 되어 후배나 부하들과 같이 일을 하는 단계이다. 조직에서는 직책을 부여받기 시작한다. 하지만 단지 리더로서 직책을 부여받은 것과 진성리더로서 태어나는 것은 전혀 다른 문제이다. 아무리 높은 직책을 가지고 있다 하더라도 스스로 리더가 되기를 선택하고 그에 맞는 정신모형을 구축하지 못할 경우 진성리더의 여정을 시작한 것이 아니다. 리더는 부하들과 정신모형을 공유하여 조직에 성과를 내야 한다. 리더의 정신모형은 '나'에서 '우리'

의 관점으로 확장되어 있어야 한다. 이 시기에 진성리더는 자신이 잘할 수 있는 것, 좋아하는 것, 사회적으로 기여할 수 있는 것의 영역을 찾아 현재와 미래의 차이를 성찰해내고 자기규율을 통해 갭을 채워나가며 내공을 기르게 된다. 이 단계는 리더가 고난과 시련을 통해 정신모형을 검증하는 단계로 마무리된다.

마지막 단계는 험난한 리더십 여행을 끝내고 자신과 주변의 문제를 치유할 수 있는 불로장생의 만병통치약을 얻어서 귀환하는 단계이다. 이 단계는 리더십의 완성기로, 리더로서의 품성을 공인받고 후학들의 후원자가 되어 진성리더로서의 정신모형을 유산으로 넘겨주는 단계이다.


## 문화로 조직의 혼을 깨우다

셰인은 리더들이 조직의 문화를 만들고 구성원들이 이 문화에 적응해가는 사회화 과정을 7단계로 시뮬레이션했는데, 학자들은 이 사회화 시뮬레이션이 진성리더십의 프로그램에도 그대로 응용될 수 있다고 본다.[주41]

첫째는 대상을 선정하는 단계이다. 진성리더 훈련의 대상은 일반리더십의 훈련 대상을 선정하는 것과는 다른 과정이 요구된다. 유사리더십의 문제점을 절실하게 경험한 사람이나 어떤 이유든 진성리더가 되기를 진정으로 열망하려는 욕구가 높은 사람들을 중심으로 대상을 선정해야 한다.

둘째는 진성리더십을 받아들이게 할 수 있는 탈 학습 과정이다. 진성리더십 프로그램은 변혁을 요구하기에, 기존의 가정들을 미리 제거하지 못할 경우 실패한 프로그램으로 끝날 가능성이 높다. 기존의 유사리더십을 탈 학습시키는 프로그램들이 전제되어야 한다.

셋째는 본격적으로 진성리더십의 프로그램을 디자인하고 훈련하는 단계이다. 지금까지 리더십 훈련의 원리가 되어온 스킬 중심의 프로그램에서 탈피해 진성리더십의 원리인 믿음, 성찰, 실천, 품성을 각성시킬 수 있는 프로그램이 만들어져야 한다. 즉, 자신과 조직의 정신모형에 대한 믿음을 발전시키는 방법, 정신모형을 통한 자아와 조직에 대한 성찰, 실천을 통한 정신모형의 검증, 인품으로 무장한 사회적 카리스마로의 환골탈태 등이 강조된다. 실제 업무에서도 자신의 정신모형을 적용하고 검증하는 기회로 디자인한다. 이렇게 육성된 리더들은 조직의 일탈적 긍정을 창출할 수 있는 전령사가 된다.

넷째에서 마지막 단계까지는 긍정적 일탈의 전령사들이 조직에서 뿌리를 내릴 수 있도록 조직의 문화와 체계를 점검하는 작업이다. 넷째는 진성리더십을 실천할 경우 생길 수 있는 내재적 · 외재적 보상이 명확히 증명되는 단계이다. 내재적 보상으론 진성리더로 성장한 자아가 가져다주는 새로운 의미와 사회적 영향력에 대한 체험이 필요하다. 현업으로 복귀했을 때 구성원들이 진성리더로 성장하는 모습을 보는 것이나 구성원들로부터 자신의 진성리더십에 대한 지지를 얻어내는 것도 중요한 내재적 보상이다.

다섯째 단계는, 조직에서 요구되는 의무나 희생조차도 진성리더십으로 정당화하고 설명할 수 있는 조직의 정신모형 Ⅱ가 완성되고 공유되어야 한다. 정신모형 Ⅱ의 정비를 통해 진정성이 회사의 모든 중요한 문제 해결의 원천으로 작용하게 만들어야 한다.

여섯째 단계는, 조직에서 진성리더십을 통해서 긍정적 효과를 낸 숨어 있는 신화적 이야기나 실천 사례 등을 찾아내 공유하는 단계이다. 이들을 발굴해서 공유하는 워크숍이나 세미나 등이 활성화되어야 한다. 이들은 진성리더십이 조직에서 잘 작동하고 있다는 사실을 검증해주는 중요한 증거가 된다.

일곱째 단계는 진성리더십에 해악이 되는 사례가 만들어질 경우 이에 대한 조직 차원의 대응 체계를 구축하는 단계이다.

리더십 인사이트
## 성공한 사람들의 여덟 가지 공통점[주42]

리처드 세인트 존 해리스는 지난 7년간 세상을 바꾸는 혁신적 아이디어를 주로 소개하는 'TED'에 출연한 500명과의 인터뷰를 통해 이들이 세상에서 성공하게 된 공통요소 8가지를 찾아냈다.

첫 번째 요소는 열정을 가지고 일하는 사람들이라는 점이었다. 이들은 돈 때문에 일한 것이 아니라 자신이 좋아하는 일을 찾아 열정을 불사른 사람들이었다. 심지어 라디오 프로듀서로 출연한 캐롤 콜레타의 경우는 "나는 내가 돈을 내고 하라고 해도 지금 하는 일을 하겠다"고 말했다. 둘째, 이들은 다른 사람들의 성공에 봉사하는 일에서 자신의 성공을 찾았다. 이들 중 누구도 자신이 백만장자가 되어 잘 먹고 잘살아 보겠다는 세속적인 꿈을 가지지 않았다. 세 번째 요소는, 이들은 주변 사람들이 측은하게 생각할 정도로 자신의 일에 몰입해 열심히 한다. 이들은 말보다는 실천을 하는 사람들이었다. 넷째, 이들은 자신이 선택한 일에 있어서는 어느 전문가보다 높은 수준의 전문성을 성취할 수 있었다. 이들은 지칠 줄 모르는 훈련을 통해 이 같은 전문성을 성취했다. 다섯째, 이들은 일에 몰두할 때는 누구도 방해할 수 없을 만큼 집중했다. 여섯째, 이들은 자신에 대한 확신이 강했고, 자기에 대한 의심과 부끄러움으로 시간을 낭비하는 일이 없었다. 일곱째, 이들은 아이디어가 풍부했다. 그러나 그 아이디어는 천부적이기보다는 다른 사람들의 이야기를 듣거나 관찰, 질문을 통해 또는 문제 해결에 대한 근원적 동기를 통해 얻은 것이다. 마지막 요소는 역경을 만났을 때 포기하지 않고 더 의지를 불살랐다는 것이다. 이들은 한 번의 실패에 절대로 좌절하지 않고 실패를 학습으로 생각했다. 또한 어떤 난관에서도 자신을 포기하지 않았다. 즉, 진성리더십의 원리를 실천한 것이 이들의 성공 비결이다.

<br>

## 나는 급진적 거북이다

> 단순히 리더가 된다는 것은 자아에게 매력적인 선물일 수 있으나
> 진성리더가 된다는 것은 두려움의 대상이다.
> 더 큰 목적을 위해 자아를 희생하거나 자아를 포기해야 하기 때문이다.
> _코헨

아서 애쉬는 흑인으로는 처음으로 테니스 챔피언이 된 사람이다. 애쉬가 활약하던 1960~70년대까지만 하더라도 테니스는 흑인들에게 사치에 가까운 운동이었다. 즉, 흑인들은 테니스를 할 수 없다는 고정관념이 지배적이었다. 애쉬는 이와 같은 고정관념을 깨고 흑인으로서는 처음으로 68년 US오픈에서 우승을 해, 흑인도 테니스를 할 수 있다는 것을 알렸다. 애쉬가 이처럼 사람들이 가지고 있던 고정관념이라는 정신모형을 깨부수지 못했다면 현재 활약하는 수많은 흑인 테니스 선수들을 볼 수 없었을지도 모른다.

그러던 애쉬가 수혈을 받던 중 자신이 에이즈에 걸렸다는 사실을 알게 된다. 이때가 1990년이다. 에이즈에 걸렸다는 것은 사실상 사망

선고를 받은 것과 마찬가지였다. 이런 경우 대부분은 조용히 삶을 마무리하지만, 애쉬는 남은 기간에 자신이 세상에 어떤 도움을 줄 수 있을지 고심하다가 에이즈 퇴치 운동을 벌이기로 결심했다. 그는 누구도 자신처럼 에이즈 때문에 꿈을 접는 일이 없는 세상을 꿈꾼 것이다. 이와 같은 담대한 꿈에 누구보다 몰입했던 애쉬는 사람들이 에이즈 퇴치 운동에 동참하도록 독려하고 기금 마련 운동에 나선다. 주변 사람들은 애쉬를 말리며, 그런 일은 살날이 얼마 남지 않은 사람이 할 수 있는 일이 아니니 차라리 가족들과 시간을 보내며 조용히 인생을 마감하는 데 시간을 쏟으라고 조언한다. 또한 이들은 애쉬의 도움 요청에 자신들의 그 일에 큰 도움이 되지 못할 것이라며 거절한다. 이런 상황을 한탄하며, 애쉬는 다음과 같은 말로 자신을 격려했다.

위대함을 이루고자 한다면, 지금 있는 그 자리에서 시작하세요. 가진 게 적더라도 그것만으로 할 수 있는 일부터 바로 시작해보세요. (To achieve greatness, start where you are. Use what you have. Do what you can).

애쉬는 아주 오래전에 세상을 떠났지만 그가 시작한 에이즈 퇴치 운동은 미국 대통령이 아프리카를 방문해 기금을 전달해주는 국제적 운동으로까지 번졌다. 자신이 구현하고자 하는 정신모형에 대해서는 굳건한 믿음을 유지하지만 이를 구현하는 방법에서는 지금 가진 것만으로 지금 서 있는 자리에서 당장 할 수 있는 것에서 거북이처럼 시작하는 사람을 '급진적 거북이'라고 한다. 애쉬라는 급진적 거북이가 없었더라면 부시 전 대통령이 한 나라의 에이즈 환자를 구제할 수 있는 큰 기금을 마련하는 것은 감히 상상도 할 수 없었을 것이다.

급진적 거북이의 삶의 원칙은 진성리더로 세상에 큰 족적을 남겨놓은 사람들의 공통된 삶의 원칙과 같다. 이들은 자신의 정신모형 II에 대해서는 세상의 누구 못지않은 믿음을 가지고 있다. 이들은 말로만 번듯하게 사명과 가치를 치장하지 않는다. 이들은 자신의 사명과 비전과 가치에 대한 절대적인 믿음으로 세상의 사탕발림에 넘어가지 않는다. 이들은 남들이 다 바보짓이라고 손가락질을 해도 자신이 만들어나갈 세상에 대한 믿음을 견지한다. 또한 이들은 자신이 만들어갈 세상과 지금과의 차이를 성찰하고 이를 메워나가는 일에 있어서는 거북이처럼 지금 당장, 가진 것만으로 시작할 수 있는 일부터 시작한다. 구약 욥기에 "네 시작은 미미하였으나 그 끝은 창대하리라"라는 말씀처럼 급진적 거북이들이 역사의 주인공이었다. 지금까지 성공적인 진성리더들이 만들어놓은 세상도 이와 같은 방식으로 만들어졌고 앞으로도 급진적 거북이들만이 진성리더로서의 꿈과 이상을 실현해 세상에 자신만의 스토리로 족적을 남길 것이다.

이 책을 읽을 독자들도 자신의 사명에 대한 믿음을 잃지 않으면서도 현실과의 차이를 메우는 과제에 대해서는 조급함을 버리고 급진적 거북이처럼 뚜벅뚜벅 완성해나갈 수 있기를 바란다. 이 책의 모든 독자가 자신의 삶에 있어 진성리더가 되어 소중한 사람들에게 자신만의 영혼의 종소리를 들려줄 수 있는 날을 기대하며 책을 마친다.

부록

## 자기인식 Self-Awareness

자신의 삶의 목적과 사명을 정확하게 인지하고 있다.

미래에 대한 자신만의 비전을 분명하게 가지고 있다.

일관된 가치기준을 가지고 성찰한다.

자신의 강점과 약점을 잘 알고 있다.

다른 사람들이 자신을 어떻게 생각하는지를 잘 안다.

높은 도덕적 가치를 가지고 있다.

## 자기규율 Self-Regulation

행동과 신념을 일치시키려 노력한다.

의사결정시 자신의 신념에 기초한다.

가치와 일관되게 행동한다.

윤리에 어긋나는 일을 하지 않는다.

비전을 달성하기 위해 꾸준히 노력한다.

말보다는 실천이 앞선다.

역경을 자신만의 신념으로 이겨낸다.

## 관계적 투명성 Relational Transparency

개인적 감정까지도 솔직하게 공유하려 노력한다.

다른 사람의 성장과 학습에 관심이 있다.

다른 사람에 대한 공감능력이 뛰어나다.

사람들과의 관계가 솔직 담백하다.

남 이야기를 가끔 하는 편이다. (역변환)

좋은 관계를 유지하기 위해서 중요한 사실을 숨기기도 한다. (역변환)

자신에게 솔직한 만큼이나 다른 사람에게도 진솔하다.

상대를 인격적으로 존중해준다.

## 균형 있는 정보처리 Balanced Information Process

소통을 개선하기 위해서 여러 사람에게 피드백을 구한다.

자신의 입장과 반하는 관점도 수용한다.

결론을 내리기 전에 다른 관점도 경청한다.

모든 정보를 솔직하게 공유한다.

자기 자신을 과장하거나 포장하지 않는다.

변명이나 구실을 찾지 않는다.

정보처리가 편향적이다. (역변환)

## 진정성 지각 Perceived Authenticity

진정성이 있다.

속과 겉이 다르게 행동한다. (역변환)

누구보다 진솔한 사람이다.

훌륭한 품성을 가지고 있다.

양면성을 보일 때가 있다. (역변환)

## 각
## 주

**1부**

1) Annabelle Gawer & Michael A. Cusumano 《Platform Leadership : How Intel, Microsoft, and Cisco Drive Industry Innovation》(Harvard Business Review Press, 2002)

2) 임파워먼트는 '기계적 임파워먼트'와 '심리적 임파워먼트'로 구분된다. 기계적 임파워먼트는 자신의 권한을 부하에게 나눠주는 권한위양을 뜻하고, 심리적 임파워먼트는 과거의 잘못된 생각이나 믿음의 감옥에서 사람들을 해방시켜주는 것을 말한다. 본문에서는 심리적 임파워먼트의 의미로 사용한다.

3) Christopher Bruell 'On Plato's Political Philosophy'(《Review of Politics》 56 : 261-82, 1994) / Christopher Bruell 《On the Socratic Education》(Rowman and Littlefield Publishers, 1999)

4) Richard Appignanesi 《Introducing Existentialism(3rd ed)》(Icon Books, 2002) / David E. Cooper 《Existentialism : A Reconstruction(2nd ed)》(Wiley-Blackwell, 1999) / Emmy van Deurzen 《Everyday Mysteries : a Handbook of Existential Psychotherapy(2nd ed)》(Routledge, 2010)

5) Carl R. Rogers 《The Actualizing Tendency in Relation to 'Motives' and to Consciousness》(University of Nebraska Press, 1963)

6) Abraham H. Maslow 《Motivation and Personality》(Harper, 1968)

7) Erik H. Erikson 《Dimensions of a New Identity : Jefferson Lectures in the Humanities》(W. W. Norton &Company, Inc., 1974)

8) Erving Goffman 《Asylums: Essays on the Social Situation of Mental Patients and Other Inmates》(Anchor, 1961)

9) William Louis Gardner, Bruce J. Avolio, Fred Luthans, Douglas R. May & Fred O. Walumbwa 〈"Can you see the real me?" A self based model of authentic leader and follower development〉(The Leadership Quarterly 16 : 343-372, 2005) / Fred Luthans & Bruce J. Avolio 〈Authentic leadership development. In K. S. Cameron, J. E. Dutton, & R. E. Quinn (Eds.)〉(Positive organizational scholarship : 241-258, Berrett-Koehler; 2003) / William Louis Gardner, Bruce J. Avolio, & Fred O. Walumbwa 〈Authentic leadership theory and practice : Origins, effects and development : 387-406〉(Elsevier Science, 2005)

10) 본 장은 〈리더십연구〉 2011년 6월에 발표한 논문 '21세기 리더십의 신화들'을 기반으로 작성한 것임

11) Burt Nanus 《Visionary Leadership》(Jossey-Bass, 1995)

12) Craig Pearce 〈The Future of Leadership : Combining Vertical and Shared Leadership to Transform Knowledge Work. The Academy of Management Executive〉(2004) 18 (1) : 47-59 / Peter Gronn 〈Distributed Leadership as a Unit of Analysis. The Leadership Quarterly〉(2002) 13(4) : 423-451.

13) 주변에서 일어나는 일의 원인을 찾아 이론적으로 설명을 만들어나가는 과정을 '귀인과정'이라 한다. 귀인과정은 과학적인 방법으로 이론을 만드는 것이 아니므로 많은 오류가 발생한다. 예를 들어, 자신에게 유리한 일은 자신의 탓으로, 불리한 일은 남의 탓으로 원인을 돌려 설명하는 경향이 대표적인 귀인의 오류이다.

14) Jay A. Conger & Rabindra A. Kanungo 'Toward a Behavioral Theory of Charismatic Leadership in Organizational Settings'(《Academy of Management Review》 12(4) : 637-647, 1987)

15) Charles C. Manz & Henry P. Sims 《Superleadership》(Berkley Trade, 1990)

16) James R. Meindl, Sanford B. Ehrlich & Janet M. Dukerich 'The romance of leadership(《Administrative Science Quarterly》 30 (1) : 78-102, 1983)


**2부**

17) J. M. Kouzes & B. Z. Posner 《Credibility : How Leaders Gain and Lose It, Why People Demand It》(Jossey-Bass, 2003)

18) 마셜 골드스미스 등 저 《모조 MOJO》(리더스북, 2010)

19) 마하트마 간디 《간디 자서전》(동해출판, 2007)

20) 김주환 《회복탄력성》(위즈덤하우스, 2011)

21) 샤론 베글리 《달라이라마, 마음이 뇌에게 묻다》(북섬, 2008)

22) 얼윈 스콧 《마음에 이르는 계단》(이화여자대학교출판부, 2001) / 에릭 캔델 《기억을 찾아서》(랜덤하우스코리아, 2009)


**3부**

23) Paul Adler & Seok-Woo Kwon 'Social capital : Prospects for a New Concept'(《Academy of Management Review》 27: 17-40, 2002)

24) Robert K. Greenleaf, Larry R. Spears & Stephen R. Covey 《Servant Leadership》(Paulist Pr, 2002)

25) Erich Fromm 《Escape from Freedom》(Henry Holt and Company, 1941), 《On Being Human》(Continuum, 1997)

26) 신일철 외 《프랑크푸르트학파(청람논단2)》(청람문화사, 1989)

27) Jürgen Habermas 《The Theory of Communicative Action : translated by Thomas McCarthy》(Beacon Press, 1984), (《Moral Consciousness and Communicative Action》(Polity Press, 1990)

28) Douglas McGregor 《The Human Side of Enterprise》(McGraw-Hill, 2005)

29) Jürgen Habermas 《The Theory of Communicative Action : translated by Thomas McCarthy》(Beacon Press, 1984)

30) Peter Salovey, & John D. Mayer 'Emotional intelligence'(《Imagination, Cognition, and Personality》 9 : 185-211, 1990) / Peter Salovey & David Sluyter 《Emotional Development And Emotional Intelligence》(Basic Books, 1997) / Daniel Goleman《Working with Emotional Intelligence》(Bantam, 1998)

31) Charles C. Manz & Henry P. Sims. Jr 《The New SuperLeadership : Leading Others to Lead Themselves》 (Berrett-Koehler Publishers, 2001) p. 77 인용

32) R. Kark, B. Shamir, & G. Ghen 'The two faces of transformational leadership'(《Journal of Applied Psychology》 88 (2) : 246-255, 2003)

**5부**

33) Mark S. Granovetter 'The Strength of Weak Ties'(《The American Journal of Sociology》 78 (6) : 1360-1380, 1973)

34) Steven Sinofsky & Marco Iansiti 《One Strategy : Organization, Planning, and Decision Making》(Wiley, 2009) / Marco Iansiti & Roy Levien 《The Keystone Advantage : What the New Dynamics of Business Ecosystems Mean for Strategy, Innovation, and Sustainability》(Harvard Business Review Press, 2004) 'Strategy as Ecology'(《Harvard Business Review》 82, no. 3, March, 2004) / Marco Iansiti 《Technology Integration : Making Critical Choices in a Turbulent World》(Harvard Business Review Press, 1997)

35) Roy Baumeister, Ellen Bratslavsky & Catrin Finkenauer 'Bad is stronger than good'(《Review of General Psychology》 5 : 323, 2001)

36) Archie B. Carroll 'A Three-Dimensional Conceptual Model of Corporate Social Performance'(《Academy of Management Review》 4, 4 : 497-505, 1979), 'In Search of the Moral Manager'(《Business Horizons, March-April, 1987, pp. 7-15)

37) Milton Friedman 'The Social Responsibility of Business Is to Increase its Profits'(《New York Times》 September 13 1970, pp. 122-126)

38) Robert Phillips & Edward Freeman 《Stakeholder Theory and Organizational Ethics》 (Berrett-Koehler Publishers,2003) / Edward Freeman 《Strategic Management : A stakeholder approach》(Harpercollins College Div, 1984) Thomas Donaldson & Lee E. Preston 'The Stakeholder Theory of the Corporation : Concepts, Evidence, and Implications'(《Academy of Management Review(Academy of Management)》 20 (1) : 71, 1995) / R. K. Mitchell, B. R. Agle & D. J. Wood 'Toward a Theory of Stakeholder Identification and Salience : Defining the Principle of Who and What Really Counts'(《Academy of Management Review(Academy of Management)》 22 (4) : 853-886, 1997)

39) 이수정, 윤정구 '기업의 사회적 책임활동의 야누스 효과'(《경영학연구》 40, 4 : 919-954, 2010)

40) Barbara Lee Fredrickson 'The Role of Positive Emotions in Positive Psychology'(《American Psychologist》 56 (3) : 218-226, 2001), 'The value of positive emotions'(《American Scientist》 91, 330-335, 2003) / M. A. Cohn & Barbara Lee Fredrickson 'Beyond the Moment, Beyond the Self: Shard Ground between Selective Investment Theory and the Broaden-and-Build Theory of Positive Emotions'(《Psychological Inquiry》, 2006) / M. M. Tugade & Barbara Lee Fredrickson 'Resilient Individuals Use Positive Emotions to Bounce Back from Negative Emotional Experiences'(《Journal of Personality and Social Psychology》 86 (2) : 320-333, 2004) / Barbara Lee Fredrickson, M. A. Cohn, K. A. Coffey, j. Pek & S. M. Finkel 'Open Hearts Build Lives : Positive Emotions, Induced Through Loving-Kindness Mediation, Build Consequential Personal Resources'(《Journal of Personality and Social Psychology》 95 (5) : 1045-1062, 2008)

41) Edgar H. Schein 《Organizational Culture and Leadership(2nd ed)》(Jossey-Bass, 1992) / C. D. Cooper, T. A. Scandura & C. A. Schriesheim 'Looking forward but learning from our past: Potential challenges to developing authentic leadership theory and authentic leaders'(《Leadership Quaterly》 16 : 475-495, 2005)

42) http://www.ted.com/talks/richard_st_john_s_8_secrets_of_success.html

소크라테스가 세상의 리더들에게 묻다

# 진정성이란 무엇인가

2012년 4월 5일 1판 1쇄 발행
2019년 9월 5일 1판 5쇄 펴냄

**지은이** 윤정구
**펴낸이** 김철종

**펴낸곳** 한언
**주소** 103146 서울시 종로구 삼일대로 453(경운동) 2층
**전화번호** 02)723-3114 **팩스번호** 02)701-4449
**전자우편** haneon@haneon.com **홈페이지** www.haneon.com
**출판등록** 1983년 9월 30일 제1-128호
ISBN 978-89-5596-637-4 03320

# 한언의 사명선언문

Since 3rd day of January, 1998

**Our Mission** – 우리는 새로운 지식을 창출, 전파하여 전 인류가 이를 공유케 함으로써
인류 문화의 발전과 행복에 이바지한다.

– 우리는 끊임없이 학습하는 조직으로서 자신과 조직의 발전을 위해 쉼
없이 노력하며, 궁극적으로는 세계적 콘텐츠 그룹을 지향한다.

– 우리는 정신적, 물질적으로 최고 수준의 복지를 실현하기 위해 노력
하며, 명실공히 초일류 사원들의 집합체로서 부끄럼 없이 행동한다.

**Our Vision**     한언은 콘텐츠 기업의 선도적 성공 모델이 된다.

저희 한언인들은 위와 같은 사명을 항상 가슴속에 간직하고
좋은 책을 만들기 위해 최선을 다하고 있습니다.
독자 여러분의 아낌없는 충고와 격려를 부탁 드립니다.

· 한언 가족 ·

## HanEon's Mission statement

**Our Mission** – We create and broadcast new knowledge for the advancement and
happiness of the whole human race.

– We do our best to improve ourselves and the organization, with the
ultimate goal of striving to be the best content group in the world.

– We try to realize the highest quality of welfare system in both
mental and physical ways and we behave in a manner that reflects
our mission as proud members of HanEon Community.

**Our Vision**     HanEon will be the leading Success Model of the content group.